民國歷史與文化研究

十八編

第 2 冊

中國近代化歷程中的路線博弈
——中間路線研究（1927～1949）（上）

陳任遠 著

花木蘭文化事業有限公司

國家圖書館出版品預行編目資料

中國近代化歷程中的路線博弈——中間路線研究（1927～
1949）（上）／陳任遠 著 -- 初版 -- 新北市：花木蘭文化事業
有限公司，2024〔民 113〕
序 4+ 目 4+228 面；19×26 公分
（民國歷史與文化研究　十八編；第 2 冊）
ISBN 978-626-344-631-1（精裝）
1.CST：新中間路線 2.CST：現代史 3.CST：中國
628.08　　　　　　　　　　　　　　　　112022503

ISBN-978-626-344-631-1

9 786263 446311

民國歷史與文化研究
十八編　第二冊　　　　　　ISBN：978-626-344-631-1

中國近代化歷程中的路線博弈
——中間路線研究（1927～1949）（上）

作　　者　陳任遠
總 編 輯　杜潔祥
副總編輯　楊嘉樂
編輯主任　許郁翎
編　　輯　潘玟靜、蔡正宣　美術編輯　陳逸婷
出　　版　花木蘭文化事業有限公司
發 行 人　高小娟
聯絡地址　235　新北市中和區中安街七二號十三樓
　　　　　電話：02-2923-1455／傳真：02-2923-1452
網　　址　http://www.huamulan.tw 信箱 service@huamulans.com
印　　刷　普羅文化出版廣告事業
初　　版　2024 年 3 月
定　　價　十八編 22 冊（精裝）新台幣 55,000 元　　版權所有・請勿翻印

中國近代化歷程中的路線博弈
——中間路線研究（1927～1949）（上）

陳任遠　著

作者簡介

陳任遠（1974～），湖南邵陽人，歷史學博士、博士後，教授，碩士生導師，現供職於贛南師範大學，主要研究方向為中國現代政治思想史。先後在《學術研究》、《江漢論壇》、《湖南大學學報‧社科》等刊物上發表論文 20 餘篇，其中有數篇分別被人大複印資料、高等學校文科學術文摘轉載，出版專著 1 部；主持完成國家社科基金、國家重大社科基金子課題各一項，主持在研教育部重大招標課題一項。主要講授《中國近代史》、《中華人民共和國史》等本科課程。

提　　要

　　鴉片戰爭發生後，古老的中華民族在西方船堅炮利與西學東漸的雙重夾擊下，不得不踏上近代化的艱難征程。在此征程中，一部分有著強烈憂患與擔當意識的中國人為回應「路在何方？」的時代考問，分別從器物上、制度上與思想上提出了各自的應對方案，甚至為實現自己的方案行進在或偏於保守、或偏於激進的路上。然而，歲月輪轉，時代更替，直到國共兩黨在大革命失敗中分道揚鑣，「中國走向何方？」依然是一個有待求索者們去用生命、熱血與眼淚去求證的命題。是以，面對國共兩黨的政爭，以自由知識分子為主體的中間派人士在借鑒前人經驗與考量現實需要的基礎上，提出了以自由主義為主導、以國家主義、國社主義與村治主義為補充的中間路線，並為實現該路線的救亡建國目標，中間派人士不僅利用抗戰的有利時機，組建了自己的政治團體——中國民主同盟，揭櫫起中間路線的大旗，而且利用國共兩黨政爭的空隙，既在觀念上宣揚民主、自由、憲政的政治主張，也在行動上開展空前廣泛的鄉村建設運動。遺憾的是，儘管中間派人士為堅持自己的黨派立場和實現自己的政治理想，以不同的面孔斡旋在國共之間，但隨著抗戰的勝利，中間派人士及其中間路線只能在國共政爭日益尖銳的政局中做出非「左」即「右」的選擇。至此，不僅意味著近代以來困擾中國人的「路在何方？」的歷史命題，終於找到了自己的答案；而且意味著近代以來中華民族的近代化歷程，也走到了又一個歷史的拐點。

序

陳先初

　　我一向不太願意為人寫書序，包括自己的學生。原因很簡單。每一部著作都是著者潛心研究之所得，都是著者的獨到思考，外人是沒有多大發言權的。若礙著情面一定要說點什麼，則要麼是發一通溢美之詞，要麼只能說一些題外話，而這樣一來就沒有多少意義了。任遠君是我的學生，他一再讓我為其著作寫個序，只好破例。至於所言是否有點意義，我是不敢保證的。

　　任遠君寫的是中國的中間路線。談到中間路線，我首先想到的是這個概念的提出問題。印象中「中間路線」的提法出現得比較晚，大概到 20 世紀 40 年代中期才由當時的著名知識分子張東蓀、施復亮等人提出來。張東蓀在 1946 年 6 月發表了一篇演說，題目叫做《一個中間性的政治路線》（《再生》第 118 期）。施復亮則有兩個提法，一個和張東蓀的相同，即「中間派的政治路線」，一個是「中間路線」，前者是他於 1946 年 7 月 14 日在上海《文匯報》所發表的一篇名為《何謂中間派？》的文章中提出的；後者是他在《時與文》1947 年第 8 期上發表的一篇文章的標題的一部分。這兩個提法沒有實質性差別，不過此後人們更多採用的是「中間路線」，這或許是因為「中間路線」的提法比較簡潔，也更適合概括國共兩黨之外那條特有的政治路線。正因為如此，中間路線主張者對這一提法表示認可；而當時以及之後在對中國的「資產階級錯誤路線」或「資產階級反動路線」進行批判時，批判者也多以此冠之。如 1948 年初，時任新華社香港分社社長的喬冠華發表專文，提出要對「中間路線」進行「追擊」；新中國成立後對「中國資產階級中間路線」的系統批判，則是人所共知了。「中間路線」概念的正式提出雖然是 20 世紀 40 年代中期，但作為一

種政治立場，一套思想主張，一種黨派態度，早在 20 年代後期就出現了。1927 年夏天，蔣介石、汪精衛集團先後叛變革命，第一次國共合作破裂。叛變後的國民黨在南京建立起一黨專政的政權。中國共產黨則轉向武裝暴動，以農村為中心從事蘇維埃運動。此時一部分國民黨「左」派人士和一些處於彷徨中的文化人，出於對國民黨政權的不滿和對共產黨鬥爭方式的不認同，組成俗稱「第三黨」的中國國民黨革命行動委員會，主張進行平民革命，建立平民政權。這是最早出現的中間路線主張。抗日戰爭全面爆發後，國共兩黨再度攜手，但由於在如何合作以及如何抗戰等重大問題上分歧嚴重，兩黨關係很快進入不斷磨擦的局面。基於這一現狀，為緩解國共矛盾，也為了將抗戰引向自己設定的建國目標，一些業已取得合法身份的小黨小派聯合起來組成中國民主政團同盟，提出「抗戰、民主、團結」而以「民主」為中心的政治主張，並以國民參政會為陣地積極開展政治活動。這標誌著中間黨派已經成長為一支具有影響力的政治力量，也標誌著中間路線的初步形成。臨近抗戰勝利，國共兩黨圍繞著中國之命運的鬥爭加劇，民盟也積極參與其中。它一方面系統提出「十足道地的民主國家」的政治綱領，以區別於國民黨「六大」確定的政治路線和共產黨「七大」確定的政治路線；同時通過以與國共兩黨平等的身份參加政治協商會議並在會議中積極發揮作用，凸顯了自己特有的政治地位。由上可見，中間路線的形成與國共兩黨關係的演變密切相關，換言之，它是國共兩黨特殊關係下的產物，而這也就決定了它在本質上是一條區別於國共兩黨或介於兩黨之間的政治路線，若從國家主張上看，可以稱之為英美式的民主主義路線。

談到英美式民主主義路線，則不能不指出，中間路線並不是它在中國的「全權代表」，因為在它之前，早已有自己的代言人，這就是 19 世紀末形成的維新派和革命派。那時，以康梁為代表的維新派主張通過和平改革把傳統的中華帝國改造成為英國、日本式的君主立憲國；以孫中山為代表的革命派主張通過暴力革命推翻帝制，建立一個美國式的民主共和國。二者所選擇的手段不同，政體模式有別，但無論君主立憲還是民主共和，都屬於近代憲政國家類型，本質上並無區別。後來興起的中間黨派所主張的中間路線，其國家主張與此也一脈相承。然而能否將當年維新派和革命派的國家主張稱為中間路線或第三條道路呢？顯然不能。如上所述，中間路線首先是一條區別於國共兩黨的政治路線，或國共兩黨之外的第三條道路，其成立前提是國共兩黨及其政治路線的同時並存及其鬥爭。戊戌變法和辛亥革命時期，還不存在後來才出現的黨派格

局。無論是維新派主張的君主立憲，還是革命派追求的民主共和，其所代表的都是當時中國社會的最新追求，都不具有中間性，因而不能稱為中間路線，更不能和後來的中間路線混為一談。還有一點，說中間路線是英美式的民主主義路線，這當然是對的，但又不完全準確，因它不是對英美制度的全盤照搬，自然更不是對蘇聯制度的照搬。比如民盟就認為，英美國家在政治上陷入了「一人或一部分人的專制獨裁」，蘇聯在經濟上陷入了「一人或一部分人的獨享獨佔」，這便影響了「全體人民的政治」和「全體人民的經濟」之實現。據此民盟提出，中國的民主制度建設，絕對不能全盤抄襲英美或蘇聯，而是要避免它們的弊端，借鑒它們的經驗，具體來說，就是「拿蘇聯的經濟民主來充實英美的政治民主，拿各種民主生活中最優良的傳統及其可能發展的趨勢，來創造一種中國型的民主」，「樹立適合中國國情的民主制度」。民盟這樣一種帶有明顯調和色彩、反對全盤抄襲、追求「中國型民主」的政治主張，顯然只能屬於 20 世紀三四十年代的中間黨派，在此之前的任何其他政黨或派別，比如戊戌維新派和辛亥革命派，是全然談不上的。

總之，中國的中間路線，是 20 世紀 20 年代後期至三四十年代中國特定政治形勢演變尤其是國共兩黨關係演變的產物，由此具有了許多特點，包括對英美和蘇聯制度模式的調和，也包括和平、民主的活動方式。但是歸根結底，在黨派關係上謀求與國共兩黨對等的第三黨地位，在政治路線上主張建立一個既不同於國民黨的「大地主大資產階級專政」，也不同於共產黨的「新民主主義共和國」，本質上屬於英美類型而又具有某些特點的民主共和國，是中間路線的最主要特色。

任遠君在攻讀碩士學位期間開始關注中間路線問題，自此一直保持著這方面的興趣，後來攻讀博士學位也是以此為論題，本書即是其在這一領域長期思考和潛心研究所取得的成果。任遠君的這部著作，論及中間路線的特徵、理論基礎、政治目標、黨派立場、社會實踐、現代化意義等多個方面，視野開闊，涉及面廣，問題意識強。書中提出了許多較為獨到的觀點或見解，雖然未必無懈可擊，但大多有理有據，是可以成立或具有啟發性的。全書以「救亡與建國」為視角。「救亡」屬於民族主義範疇，它涵蓋了近代史上幾乎所有社會階層、政黨派別的基本訴求，是近代以來各種社會政治主張以及社會運動的出發點和總目標。「建國」跟「救亡」不同，它事關國家的制度模式選擇，因而在不同社會階層、不同黨派之間呈現出巨大差異。雖然如此，「建國」與「救亡」

仍然具有不可分割的內在關聯。救亡目標必然包含建國，而建立一個什麼樣的國家，直接決定著救亡目標能否實現。「救亡與建國」視角既可為近代以來各不同黨派及其思想的研究所共享，則用於中間黨派、中間路線的研究也就沒有問題。只是在從事這項工作時，需要充分注意研究對象所具有的個性差異，努力揭示其獨有的歷史面貌及其特徵。任遠君在這方面做得比較好，其專著出版可喜可賀！希望其繼續發揚勤於思考、勇於創新的精神，潛心學術研究，不斷有更多更好的成果問世。

　　是為序。

陳先初

2018 年 1 月

目

次

前　言

　　筆者之所以把中間路線作為研究對象，除卻其確實是近代以來一部分有識之士所崇尚的建構理想化國家的路徑外，還在於如果將其置於中國近代化轉型過程中的路線博弈語境之下進行探討，不僅有著重要的學術價值，而且有著深刻的歷史意義。

　　首先，可以加深和拓展學界對中間路線的研究。筆者視野所及，當前學術界對中國中間路線的研究基本上都局限於 20 世紀 40 年代中後期，且研究焦點也大都集中於對人物與事件的分析和評判，如對施復亮、張東蓀、羅隆基、張君勱等的研究，對民盟與國共兩黨關係及與之相關的政協會議、憲政運動、共和國方案等的分析。〔註1〕但若想進一步還原中國中間路線的本來面目，追

〔註 1〕當前有關中間路線的研究基本上都集中在戰後那一段時期，代表性的文章有：
田武恩：《試述第三次國內革命戰爭時期的中間路線》（《史學月刊》1982 年第
5 期）；沙健孫《論解放戰爭時期的中間路線》（《北京大學學報（哲學社會科
學版）》1987 年第 3 期）；齊衛平《論施復亮與抗戰勝利後的中間路線》（《近
代史研究》1988 年第 3 期）；徐山平《戰後中間路線評議》（《上海大學學報（哲
學社會科學版）》1996 年第 2 期）；宋亞文《試析張東蓀的中間路線思想》（《河
北大學學報（哲學社會科學版）》2003 年第 1 期）；陳永忠《抗戰勝利後民主
人士內部關於「中間路線」的論戰》（《浙江學刊》2006 年第 1 期）；左玉河《最
後的絕唱：1948 年前後關於自由主義的討論》，（《四川大學學報（哲學社會科
學版）》2008 年第 4 期）；沈紹根《中國資產階級民主黨派「中間路線」破產
正議》（《求索》2009 年第 3 期）；章清《中國自由主義的正名——戰後自由主
義的浮現及其意義》（《華東師範大學學報（哲學社會科學版）》2011 年第 2 期）。
學位論文有：林林《論解放戰爭時期「中間路線」的歷史演變》（碩士學位論
文，華東師範大學，2005 年）。衛春回《四十年代中後期自由主義學人與中間
路線研究》（博士學位論文，南京大學，2004 年）。

尋其發展軌跡，就很有必要把研究視角拉長到 20 年代國共相爭出現的時代，因為它既為中間路線的形成提供了歷史條件，也促成了本就分散的中間力量的自我認同與聚合。由此可以說 40 年代中間路線只是二三十年代中間勢力及其主張發展的必然結果，而不是中間路線的全部。〔註2〕再者，如果對中間路線的設定僅局限於 40 年代中後期，就極有可能給人造成一種中國只在 40 年代才有中間路線的錯覺。

　　其次，有助於梳理近代以來路線博弈中的改良路線的發展脈絡，同時加深對近代以來「中國向何處去」之歷史課題的探討。因為自鴉片戰爭爆發後，隨著民族危機的加深，越來越多的中國人開始探討國家民族向何處去的問題。在這條求索的路上，既有側重於器物革新的洋務運動，著力於制度創新的維新運動，專注於思想變革的新文化運動；也有主張用暴力改變現狀的太平天國運動與資產階級革命黨人的武裝鬥爭。遺憾的是，這些方案都未能承擔起「中國向何處去」的歷史重任。即便歷史的車輪進入 20 世紀 20 年代，中國依然處於「向何處去」的困境之中。所以國共相爭背景下出現的中間路線，在某種意義上無疑是此前改良路線的延續和發展。因為在歷史使命上，它承擔著相同的歷史課題；在手段選擇上，它始終抱著一種改良取向；在與政府關係上，它一直徘徊於忠誠與反對、擁護與批評之間；在對暴力革命的態度上，它仍然堅持著有限抵制與支持的立場。故此，對中間路線的研究，不僅使一條自鴉片戰爭以來就存在的改良路線在發展脈絡上變得更加的完整和清晰，而且使得「中國向何處去」的歷史課題在方案的選擇上擁有了更廣闊的空間。

〔註 2〕如王宗榮、王素梅在《略論解放戰爭時期的中間路線》（《齊魯學刊》1995 年第 2 期）一文中認為，中間路線在中國已有很久的歷史，從俄國十月革命後馬克思列寧主義傳入中國、中國共產黨成立時起，中國民族資產階級的右翼就打起了第三條道路的招牌，開始揭櫫中間路線，用以對抗無產階級領導的新民主主義革命，只不過其政治影響在當時並不大。王衛華在《解放戰爭時期中間路線評析》（《天中學刊》1996 年第 2 期）一文中也指出：「在我國新民主主義革命時期，一直存在著兩條路線的激烈鬥爭，即以大地主大資產階級為代表的半殖民地半封建的反革命路線和以無產階級為代表的新民主主義革命路線的鬥爭。此外還存在一條介於兩者之間的中間路線，這條路線在解放戰爭時期逐漸形成了一條有理論、有綱領、有策略、系統而又完整的路線。」汪守軍在《「中間路線」的歷史宿命與中國共產黨領導的多黨合作和政治協商制度的歷史必然性》（《中央社會主義學院學報》2013 年第 2 期）一文中提出：中國中間路線，發端於 20 世紀 20 年代，發展於三四十年代，抗戰勝利前後正式出現了完整、系統、明確的政治綱領，並產生了一定的社會影響；但是隨著第二次合作的破裂，很快地走向沒落。

　　再次，對中國近代化進展路向具有一定的參考價值。中間路線作為古老中國近代化征程上的一種政治現象，雖然隨著國共戰爭硝煙的散去而消失，但它仍有其積極意義。一方面在 20 世紀三四十年代國共對峙背景下，中間派人士在中國社會政治舞臺上扮演著重要角色，對當時產生廣泛的影響，如反對國民黨專制獨裁，批評暴力革命，抗擊日寇侵略，尤其是在國共相爭的夾縫中，斷然打出了中間路線的旗幟，這一切無疑為中國現代史冊增添了許多令人動容而深思的篇章。另一方面，它為回答危機四伏的中國向何處去的問題所提出了各種主張，如梁漱溟的鄉村建設理論、晏陽初的平民教育觀、張君勱的修正民主政治、羅隆基的民主共和國方案、青年黨的國家主義思想等，也為即將到來的新中國復興中華民族留下了許多寶貴的思想資源；尤其是一部分中間派人士在「傳統與經濟」如何現代化問題上所引發的紛爭，對於日後順利推進中華民族的現代化更有積極作用。因為儘管中間路線所包含的一些觀點與主張跟當時中國所呈現的弊病有藥不對症的流弊，但於其所處社會的進步和改造仍有其不可替代的作用，並且在某種意義上對未來社會發展也有一定的借鑒作用。所以，有學者在研究中間路線有關歷史時感歎道：「歷史不能以成敗論英雄，更不能以此判斷真理與謬誤。許多東西的價值，要相隔一段歷史歲月才能看得清楚。儘管中間路線在中國左右不了歷史的發展方向，但它留下了許多可貴的精神，尤其是社會民主主義中間路線的思想實驗，對未來中國現代化道路的選擇，很可能提供寶貴的歷史參考與借鑒。」〔註3〕

　　最後，有助於對國際上所流行的「第三條道路」的理解。所謂「第三條道路」是歐美的一些資本主義國家在 20 世紀 90 年代社會主義陣營解體後，針對國際國內形勢的新變化，而對原來的國內外政策進行大規模調整後所形成的一種新的內政外交模式。〔註4〕其代表性主張有當時美國總統克林頓的「新進步主義」、德國總理施羅德的「新中間道路」和英國首相布萊爾的「第三條道路」，這些政策在許多地方難免重合或相似，如思想方法上，主張超越傳統左右之爭的新思維；政治策略上，強調破除左右兩極的對立，團結和吸收以中間

〔註 3〕林紅民、吳加權：《近 25 年內戰後中間路線研究述評》，《唐山師範學院學報》
　　　　2006 年第 6 期。
〔註 4〕比如吉登斯在陳述第三條道路出場的原因時也說：「在我看來，第三條道路政
　　　　治並不是要試圖在控制嚴密（top-down）的社會主義和自由市場之間佔據一個
　　　　中間立場（mid-dle ground），而是專注於重構社會民主主義的原則以回應同時
　　　　發生的兩大革命——全球化與知識經濟。」〔英〕吉登斯：《第三條道路及其批
　　　　評》，孫相東譯，中共中央黨校出版社 2002 年版，第 165～166 頁。

力量為核心的各種政治勢力；社會政策上，注重建立新的混合型經濟，倡導政府由管理性向治理性轉變；國際關係上，主張協調國家關係，參與國際合作等。這些政策也有區別，如在對「第三條道路」的認識上，德國總理施羅德認為：「第三條道路絕非套在民眾頭上的一個封閉的圓圈或一個封閉的體制，就像戴帽子一樣；相反它需要開放，迎接變化。面對日新月異的社會，面臨不斷發展的經濟，最糟糕的事莫過於死搬硬套、墨守成規……發展第三條道路的正確途徑是進行對話，取長補短，這是我們現在所嘗試的。」〔註5〕而英國「第三條道路」代言人吉登斯則宣稱：在政治價值方面，第三條道路繼承了老左派的社會主義觀點，但放棄其階級政治，同時拒絕新右派的極端自由主義，卻又肯定其反權威主義與反排外主義的主張；在經濟體制方面，它倡導一種新的混合型經濟模式，該模式既不像老左派那樣強調管制，也不像新右派那樣崇尚自由，而力爭在兩者之間達到平衡；在國家主權方面，既反對老左派對民族國家的輕視，也不滿新右派對民族國家的自信，而主張建設一種世界主義的民族國家；在社會福利問題上，既認同新右派對福利國家的批評，也接受老左派對福利國家的肯定，故而計劃在兩者之間建立一種國家與個人相結合的社會福利體系。〔註6〕不過，它們所有的這些特點，並不影響其與中國 20 世紀 40 年代中間路線所存在的通約性，因為雙方都強調超越傳統的左右之爭，以一種更加開放與包容的心態對不同觀點和主張進行適當吸納，從而在妥協中讓不同利益集團達成一致，並開創出一條新型的民族國家的發展道路。從此意義上看，本書對中間路線的研究，試圖有助於對「第三條道路」的認知，有益於對其自身價值與意義的發掘。

由此可見，筆者之所以把中間路線置於中國近代化歷程的語境中研究，離不開以上諸因的作用。當然，筆者之所以如此，也並不是試圖去改變人們對中國近代化歷程中中間路線的固有看法，而只是想藉此提出一些個人對其研究的心得與體會，同時更希望這些心得與體會能有助於完善人們對其的看法。無須諱言的是，筆者在中間路線研究中的某些心得與體會，難免會夾帶個人的某些偏見，甚至可以說不是最好的見解，但除非搞錯了，否則，它仍有其應有的意義與價值。

〔註5〕歐陽景根選編：《背叛的政治——第三條道路理論研究》，生活·讀書·新知三聯書店 2002 年版，第 54 頁。
〔註6〕參見林波《歐美政治運動中的「第三條道路」》，《科學決策》2004 年第 5 期。

第一章　時勢的孕育物

　　作為南京國民政府時期的改良路線，中間路線不僅具有重要的歷史使命，而且具有鮮明的時代印痕。因為自清末以來，中華民族就開始面臨救亡與建國兩大現實問題，但是直到國民黨南京國民政府建立，國家仍處於內憂外患之中。在此情況下，中國當時的各種政治力量，紛紛提出了自己解救時局和引領中華民族走出困境、邁向復興的方案，而中間路線則是統稱有別於國共兩大政治團體的中間派人士所提出的政治主張。何謂中間路線？踐行中間路線的群體是什麼？中間路線又是如何在中國近代化路線博弈這一紛繁複雜的政治變局中登上歷史舞臺的？本章對此將一系列問題做出正面的回答。

第一節　中國向何處去

　　自鴉片戰爭後，中國向何處去？就逐漸成為所有關心國事的炎黃子孫不得不面臨的歷史課題，因為西方列強船堅炮利給中華民族所造成的「三千年未有之變局」，使得古老的中國長期陷入內憂外患的困局之中。為此，一部分先進的中國人在不同時空中，先後提出了四套應對方案：器物上更新、體制內改良、體制外革命、文化上的革新，希望藉此使中華民族邁出困境，走向新生。

一、器物上更新

　　1840 年鴉片戰爭的炮聲打破了清王朝「天朝上國」的迷夢，但顢頇的統治者仍抱著「天不變，道亦不變」的教條，執迷於已重複千年的陋俗與舊制，依然奢望著用孔孟之道和程朱理學來構築起禦敵的長城。然而，以林則徐、龔

自珍、魏源以及後來的奕訢、文祥、曾國藩、李鴻章、左宗棠、張之洞等為代表的一批地主階級開明之士，逐漸意識到僅憑空談性理與仁義道德之高調已無法鞏固「夷夏之大防」，若還希望古老的帝國在這亘古未有的變局下繼續生存，就必須作出適應時代的改變。因為千古的變局已經向所有的中國人提出了一個必須應對的時代性課題：「面對著資本主義侵略的腥風血雨，中國向何處去？堅持把西方先進的軍事裝備視為『奇技淫巧』，拒絕一切變革，固有『閉關政策』；還是順時應變，學習西方先進技術，走向自強？」〔註1〕

為此，出於應對時局的需要，林則徐在以欽差大臣身份抵達廣州後，不僅命人收集西方情報、購置西方書刊，而且組織力量先後翻譯出《四洲志》《華事夷言》《各國律例》等書。而魏源在林則徐所編訂《四洲志》的基礎上編成了《海國圖志》一書，提出了「師夷長技以制夷」的主張，並且在該書中用了整整12卷篇幅專門介紹西方的輪船、火炮、炮彈、炮臺、水雷等製做原理、方法和用法。為了學習西方的戰艦、火器、養兵和練兵之法，他建議設立造船廠與機器局，聘請洋人技師教造船隻、炮械及行船、演炮之法，甚至援引俄羅斯彼得大帝厲行改革、學習西方的故事來進諫清政府採納他的「師夷」之策。因為他通過第一次鴉片戰爭的血的教訓與自己對世界的瞭解，已經逐步樹立起「欲制外夷，必先自夷情始」「不悉敵勢，不可以行軍」「不悉夷情，不可以籌遠」等觀念〔註2〕。而且，為了能真正地「師夷長技」，魏源還指出：「夫蠻狄羌夷之名，專指殘虐性情之民，未知王化者言之……非謂本國而外，凡有教化之國，皆謂之夷狄也……誠知夫遠客之中，有明禮行義，上通天象，下察地理，旁徹物情，貫串古今者，是瀛寰之奇士，域外之良友，尚可稱之曰夷狄乎？聖人以天下為一家，四海皆兄弟……彼株守一隅，自畫封域，而不知牆外之有天，舟外之有地者，適如井蛙蝸國之識見自小自部而已。」〔註3〕同時，還告誡清統治者不要拘泥於陳見，執古繩今，因為「三代以上，天皆不同今日之天，地皆不同今日之地，人皆不同今日之人，物皆不同今日之物」〔註4〕。讓人遺憾的是，魏源的主張既沒有得到當政者應有的關注，也沒有在當時的知識界引起多少反響。其他與其有類似主張的梁廷梧、徐繼備、姚瑩、汪文泰等，遭遇

〔註1〕王先明主編：《中國近代史（1840～1949）》，中國人民大學出版社2011年版，第41頁。
〔註2〕《魏源全集》，第6冊，嶽麓書社2004年版，第1585～1586頁。
〔註3〕《魏源全集》，第7冊，嶽麓書社2004年版，第1866頁。
〔註4〕《魏源集》，中華書局1976年版，第47頁。

也都大同小異。儘管如此，但作為近代中國第一批睜眼看世界的先行者們，其努力畢竟為後來者繼續思索相同問題提供了某種範式和路徑。

時隔十幾年以後，以奕訢、文祥、曾國藩、李鴻章、左宗棠等另一批地主階級開明之士，沿著林則徐、魏源等人所開闢的「師夷長技」的路徑，繼續從事挽救國家和民族的大業。此時，他們既從對外戰爭中看到了夷技的長處，也從對內戰爭中發現了夷技的益處；並且，也更清楚地認識到局勢的嚴峻。所以，曾國藩主張在購買洋人船炮以後，「訪募覃思之士，智巧之匠，始而演之，繼而試造」，從而達到「勤遠略、剿髮逆」的目的；〔註5〕左宗棠認為：「至中國自強之策，除修明政事、勤練兵勇外，必應仿造輪船，以奪彼族之所恃。」〔註6〕而 1864 年李鴻章在給當時的軍機大臣奕訢與文祥的信中說得更迫切：「鴻章竊以為天下事窮則變，變則通……日人以海外區區小國，尚能及時改轍，知所取法。然則我中國深維窮極而通之故，夫亦可以皇然變計矣。」於是他們以「自強」「求富」相號召，掀起了頗具聲勢的洋務運動：其中不僅創辦了一批軍用工業，如江南製造局、福州船政局、天津機器局等；而且也開辦了一批民用工業，如開平礦務局、上海機器織布局、輪船招商局等；尤其是為培養和儲備現代技術人才，還先後選派兒童與青年赴美、英、德、法等國學習。然而，令人悲歎的是，經過多年的努力，儘管就師夷長技而言，洋務派已取得了不錯的成績，但就制夷而言，卻收效甚微〔註7〕；特別是甲午一役，更是使洋務運

〔註5〕《曾文正公全集·奏稿》第 14 卷，河北人民出版社 2016 年版，第 126 頁。

〔註6〕《左文襄公全集·書牘》第 7 卷，文海出版社 1979 年版，第 2901 頁。

〔註7〕19 世紀後半期中國邊疆出現的新危機，可見其收效甚微。西北方向，英、俄兩國支持阿古柏侵佔新疆，以換取它們在新疆的特權；此外，沙俄還藉口代清政府收復失地，派兵直接佔領伊犂地區；西南方向，英、法兩國分別以緬甸和越南為基地，窺視雲南和廣西；同時，英、俄兩國還把其侵略魔爪伸向了西藏。東南方向，美、日兩國先後派兵入侵臺灣，日本還乘機吞併琉球，並改為沖繩縣。東北方向，日本加緊入侵朝鮮，覬覦中國東北，使東北亞的局勢日趨緊張。所以，面對這一系列的邊疆危機，清政府在有限退讓的前提下，只有訴諸戰、和兩種手段。戰的方面，清軍先後進行了 1875～1878 年的收復新疆的戰爭，1883～1885 年的中法戰爭，1888 年抗擊英軍的西藏隆吐山戰役，1894～1895 年的甲午中日戰爭。和的方面，清政府先後與日本簽訂了 1874 年的《臺事專條》與 1895 年的《馬關條約》；與英國簽訂了關於馬嘉理事件的《煙台條約》與《入藏探路專條》，關於西藏的《藏印條約》與《藏印續約》；與俄國簽訂了 1881 年的《伊犂條約》和《改訂陸路通商章程》；與法國簽訂了 1885 年的《中法新約》。清政府通過戰、和兩種手段雖然在某種程度上達到了緩靖的目的，但是國家主權進一步受到列強們的蠶食，周邊門戶也進一步洞開。

動遭到了毀滅性打擊，因為它在某種程度上既宣告了洋務派自強藍圖的破碎，也意味著其求富理想的熄滅。

為什麼長達幾十年的洋務運動竟脆弱得抵擋不了甲午戰爭的風雲？對此，梁啟超認為其癥結在於：「知有兵事而不知有民政，知有外交而不知有內治，知有朝廷而不知有國民，知有洋務而不知有國務，以為吾中國政教風俗，無一不優於他國，所不及者惟槍耳，炮耳，船耳，機器耳。吾但學此，而洋務之能事畢矣。」蔣廷黻則分析道：「自強運動的領袖們並不是事前預料到各種需要而定一個建設計劃。他們起初只知道國防近代化的必要。但是他們在這條路上前進一步以後，就必須再進一步；再進一步以後，又必須更進一步。其實必須走到盡頭然後才能生效。近代化的國防不但需要近代化的交通、教育、經濟，並且須有近代化的政治與國民。半新半舊是不中用的。換句話說：我國到了近代要圖生存非全盤接受西洋文化不可。曾國藩諸人雖向近代方面走了好幾步，但是他們不徹底，仍不能救國救民族。」〔註8〕梁、蔣二氏的言下之意：洋務運動之所以不能救國救民，其根源在於洋務運動推行過程中，缺乏現代化制度和思想建設，從而使其在效能上大打折扣。當然，保守派的阻撓與反對，侵略者的破壞與干擾，也在很大程度上延緩和遏制了中興名臣們自強與求富的實踐。

事實上，雖然洋務運動的領袖們先後創辦了一批近代軍用、民用工業，購置了西方的先進軍事裝備，可由於衙門化的管理模式、道德優越論的思維定式以及政治軍事優先的功利偏好，特別是封建專制制度的制約，即使得它們在經濟上難以產生應有的效益，也使得它們在軍事上難以進行必要的更新，更使得它們在政治上難以達到預期的目的。因此，中國的洋務運動雖發動於日本之先，可成效卻遠不及日本，最後竟敗給了日本。洋務運動的失敗表明：中國若想求得一條真正的出路，僅僅從器物層面上「師夷長技」是遠遠不夠的。當然，儘管曾、左、李、張等中興名臣們所進行的洋務實踐未能讓清王朝這棵沒落腐朽的百年老樹再發新芽，但畢竟在軍事、工礦、紡織、交通運輸、電信通訊和文教事業諸領域，興辦了一批近代企業與新式學堂，對中國城市的發展、社會風氣的開化、國人思想的解放、現代化人才的培養、新職業人群的出現、自然科學的進步、生產工具的改進、中西文化的交流等，具有相當重要的作用；並且其經驗教訓，對中國日後現代化事業的發展，無疑也具有某種借鑒性意義。

〔註 8〕蔣廷黻：《中國近代史》，上海古籍出版社 1999 年版，第 46 頁。

二、體制內改良

　　也許是對前人失敗教訓的總結，作為後來者的康有為、梁啟超、譚嗣同等溫和派資產階級知識分子代表人物開始認識到單純的器物上更新，既不足以挽救眼前的民族危亡，也不足以明示未來的國家方向，中國若想圖存，就必須從制度層面上尋找出路。為此，康有為特意撰寫了《新學偽經考》《孔子改制考》等宣傳變法的文章，其中不僅把傳統士大夫所篤信的儒家經典定性為劉歆出於迎合王莽「篡漢立新」的目的，而特意製造偽經；而且，從法先王的角度出發，把孔子描述成一個「託古改制」的先鋒；同時，從救亡圖存的緊迫性出發，上書皇帝說：「若徘徊遲疑，因循守舊，一切不行，則幅員日割，手足俱縛，腹心已封，欲為偏安，無能為計。」〔註9〕而梁啟超則在其《變法通議》的長文中說：「法者，天下之公器也；變者，天下之公理也⋯⋯變亦變，不變亦變；變而變者，變之權操諸己，可以保國、可以保種，可以保教。不變而變者，變之權讓諸人，束縛之，馳驟之。」〔註10〕如是，以康、梁、譚為代表的維新派帶著幾分「能變則全，不變則亡」的救世心態與「變亦變，不變亦變」的悲壯和無奈，在光緒皇帝的支持下，發起了一場以政治制度變更為基本內容的戊戌變法。

　　政治方面，改革行政機構，裁撤閒散、重疊機構，裁汰冗員，澄清吏治；提倡向皇帝上書言事；准許旗人自謀生計，取消他們享受國家供養的特權。經濟方面，保護、獎勵農工商業和交通採礦業，中央設立農工商總局與鐵路礦務局，各省設立商務局；提倡開辦實業，獎勵發明創造，注重農業發展，提倡西法墾殖，建立新式農場；廣辦郵政，修築鐵路；改革財政，編制國家預決算。軍事方面，裁減舊式綠營兵，改練新式陸軍；採用西洋兵制，練洋操，習洋槍等。文化教育方面，創設京師大學堂，各省書院改為高等學堂，在各地設立中、小學堂；提倡西學，廢除八股，改試策論，開經濟特科；設立譯書局，翻譯外國書籍，派人出國留學，獎勵新著，獎勵創辦報刊，准許自由組織學會。維新派希望通過這樣一種制度上的創新來挽狂瀾於既倒，但由於操之過急而遭到以慈禧太后為首的頑固派的阻撓與鎮壓，於是其維新運動在歷經百天的風雨後，隨著「六君子」喋血菜市而化作了歷史的雲煙。

　　究竟是什麼原因導致維新派的改良方案不能承擔扶大廈將傾之重任？簡

〔註 9〕湯志鈞編：《康有為政論集》（上冊），中華書局 1981 年版，第 209 頁。
〔註10〕梁啟超：《變法通議》，華夏出版社 2002 年版，第 15 頁。

言之，一方面是當權者難以承受改良所帶來的利益變動的衝擊，從而對維新變法多持消極甚至反對立場。如康、梁在政治方面所推行的改革行政機構、裁撤閒散重疊機構、裁汰冗員、澄清吏治等主張，就使得原有的官僚體制面臨著巨大的壓力和挑戰；同時在權利核心成員的構成上，康有為又建議皇帝擢用小臣、提攜新進而打壓老臣、排斥權貴的做法，也使得原來位高權重者驟生一種大權旁落的感覺；尤其是康、梁的「帝黨」改良路線更是從根本上觸動了以慈禧太后為首的「後黨」集團權益。如此三者合一，即便是支持或希望變法的當權者也會慢慢地向變法的對立面挪移，甚至成為變法的死敵。另一方面是既得利益集團難以容忍變法者對傳統威權的僭越與輕慢。雖然說隨著洋務運動的推行與西學東漸的擴展，中國的士大夫們已艱難地從「夷夏之別」的束縛中掙脫出來，但是華夏文化的優越感並沒有因之而消失。早在洋務運動時期，李鴻章就認為中國的文物制度是「本」，西洋的機器是「末」；馮桂芬在《採西學議》一文中也說：「以中國之綱常名教為原本，輔以諸國富強之術。」〔註11〕

洋務運動失敗以後，也許是出於對民族危機的焦慮，士大夫們傳統文化的認同感更為強烈。晚清名臣張之洞就在其《勸學篇》中高舉起「中學為體，西學為用」的旗幟，其後又進一步闡發道：「夫不可變者，倫紀也，非法制也；聖道也，非器械也；心術也，非工藝也。」〔註12〕就是慈禧太后也說：「變法乃素志，同治初即納曾國藩議，派子弟出洋留學，造船製械，凡以圖富強也，若師日人之更衣冠，易正朔，則是得罪祖宗，斷不可行。」〔註13〕由此觀之，當權者無論是對西學的引進還是對現有制度的更新，都有其不可逾越的底線，即不得危及綱常名教。然而維新派為了實施其刷新政治的主張，難免不去觸動或逾越這根底線。其中康有為出於給變法製造輿論和依據的需要，先後發表了《孔子改制考》和《新學偽經考》兩文，就大大地動搖了士大夫心目中原有聖人與聖學的崇高地位；其後在維新變法中所提倡的君主立憲和百姓上書言事的觀點，無疑更是對封建綱常的一種褻瀆與挑戰。而譚嗣同在《仁學》中針對現實的各種束縛，更是喊出了衝決各種封建網羅的口號：「初當沖決利祿之網羅，次沖決俗學若考據、詞章之網羅，次沖決全球群學之網羅，次沖決君主之

〔註11〕馮桂芬：《校邠廬抗議》，沈雲龍主編：《近代中國史料叢刊》第62輯，文海出版社，第151～152頁。

〔註12〕張之洞：《勸學篇》，華夏出版社2002年版，第109頁。

〔註13〕馮琳主編：《重新認識百年中國——近代史熱點問題研究與爭鳴》上冊，改革出版社1998年版，第160頁。

網羅，次沖決倫常之網羅，次沖決天之網羅，次沖決全球群教之網羅，終將沖決佛法之網羅。」不僅如此，譚嗣同還專門就封建綱常名教進行批評：「俗學陋行，動言名教，敬若天命而不敢渝，畏若國憲而不敢議。嗟夫！以名為教，則其教已為實之賓，而決非實也。又況名者，由人創造，上以制其下，而不能不奉之，則數千年來，三綱五倫之慘禍烈毒，由是酷焉矣！君以名桎臣，官以名扼民，父以名壓子，夫以名困妻，兄弟朋友各挾一名義相抗拒，而仁尚有少存焉者得乎？」〔註14〕譚嗣同這種強烈否定傳統與歷史虛無主義的思想傾向，不可避免地給維新派變法主張的推行增添了阻力。

所以，儘管變法難以得到主流社會尤其是當權者的認同。即使其維新主張曾在光緒皇帝的強力支持下，從中央到地方頒行全國，可真正落到實處的實在寥寥。此外，康、梁、譚等變法的領導者在策略上的失誤，也給維新的成功帶來難以估量的困難，對此當代學者蕭功秦有過很好的論述：其一，先聲奪人的改革聲勢造成了政治認同危機；其二，「快變、大變與全變」的一攬子解決方式加大了社會磨合的難度；其三，對傳統中心象徵的挑戰，難以形成思想上對改革的共識；其四，孤立與排斥太后的路線加劇了政治集團的利益衝突。〔註15〕當然，維新派內部思想的不統一，也是其中的主要原因。對此，李澤厚有過深刻的分析：「作為一個政治派別，就九十年代主張維新變法的維新派是一個複雜的混合體。除開所謂純粹的『假維新分子』等投機政客、冒牌新學家以外，也有許多是洋務派的代表或與洋務派政治關係十分密切的人物，如陳寶箴保薦的楊銳以及張蔭桓等人，此外很大一部分是中央和地方上的中上級封建地主開明官吏，如翁同騄、陶模、劉光第以及陳寶箴父子等。這兩者構成了一個龐大的改良派右翼。他們有較高的政治地位與社會威望，有實際的政治背景和權勢。但他們的思想的特點卻是，只贊成最溫和的改革（如允許發展民營工業、舉辦學校、整頓內政等），而並不贊同資產階級民權平等理論，反對破壞封建主義的綱常秩序。他們的思想認識最高也不過只達到上階段鄭觀應、陳熾等人的水平，而很多還停留在五六十年代馮桂芬的水平上……他們在除了在必須變法和當前某些和部分的具體變法措施上取得大體一致的看法以外，在變法的理論基礎和變法的遠景等等問題上，都不但沒

〔註14〕譚嗣同：《仁學》，華夏出版社2002年版，第2、23頁。
〔註15〕馮琳主編：《重新認識百年中國——近代史熱點問題研究與爭鳴》上冊，改革出版社1998年版，第63～65頁。

有堅固統一的認識，而且潛伏著嚴重對立與分歧。這是很值得注意和研究的90年代改良派思潮的一個重要情況。而從這裡也就可以看出，改良派內部思想上的脆弱渙散也是其變法運動失敗的重要原因。」〔註16〕故此，失敗是維新派不可避免的結局。當然也就意味著急功近利式的溫和型資產階級知識分子救國方案，對愚頑難化的統治者而言，並不是一條引導落後的中國走向獨立、富強與昌盛的理想之路。

其實，作為改革者，既然把自己的變法定位於體制內的改良，那麼就必須有一種摸著石頭過河的心態及問題導向意識，把宏觀上的漸進與微觀上的激進有機地結合起來，在由點及面、由易到難的路向上，有目的、有步驟地利用現有權威的合法性來化解改良措施跟原有體制的矛盾，從而逐步把改革向成功的彼岸推進。遺憾的是，要達到這一境界，並非所有的改革者都能做到。在此，美國政治學者亨廷頓曾感慨道：改良遠比革命更需要智慧，因為它成敗的關鍵在於，如何在某一階段使變法勢力超過反對力量。然而，康、梁、譚諸人則在變法過程中抱著一種「但行吾心所安，他事非所計」的泛道德主義情懷，自然是難堪大任的。並且，變法固然需要勇往直前與鍥而不捨的獻身精神，但更需要縱橫捭闔的權謀和當機立斷的魄力，因為它不僅要革除原有體制的積弊，而且要在革除積弊的過程中儘量地降低革新的成本，而康、梁、譚諸人顯然都染有前者有餘而後者不足的通病。所以，他們可以坦然地面對頑固派的屠刀迎天長笑，而面對光緒皇帝的衣帶詔，則只能是舉手無措、抱頭痛哭，最後也在痛哭中把變法送上了不歸之路！如是，不僅使維新運動中已經取得的成果淪為帝后之爭的祭品，而且使得維新派所渴求的傳統政治權威的現代轉型化作了鏡花水月。

維新派的改良方案雖然在回應歷史命題上是無果而終，但不能說他們的路徑取向出了問題，也不能說他們改良的內容是錯誤的。正因為如此，康、梁諸人並沒有因為這次變法的失敗而放棄其改良的政治理想，其後仍然繼續在國內外宣傳維新變法和君主立憲的主張，為此他們還創辦報刊、組建政黨、反對革命、鼓吹和推動立憲活動。即使清王朝覆滅後，他們及其追隨者在認同北洋政府的前提下，依然為改良奔走呼號。故而，他們不僅通過幫助袁世凱解散國民黨甚至取消國民黨議員資格的辦法來顯示其反對革命的一以貫之的立場，而且還用「第一流人才內閣」的招牌來掩蓋袁世凱獨裁的實質；當段祺瑞

〔註16〕李澤厚：《中國近代思想史論》，安徽文藝出版社1994年版，第83～84頁。

主政後，他們又成立憲法研究會，積極為其出謀劃策；其後，隨著北洋軍閥之間的內訌，又在依曹（錕）、依吳（佩孚）、依張（作霖）的過程中，繼續充當起北洋政府同路人的角色。〔註17〕此外，為了從民主與法治的角度出發來引導和規制北洋政府，在政權制度的建構上，他們就內閣制與總統制、單一制與聯邦制在中國的可行性充分發表了自己的看法；在政黨政治的實施上，他們就一黨政治、兩黨政治與多黨政治的各自優劣問題展開了積極的討論；在憲法的制定上，他們更是表現出少有的熱情，從《天壇憲草》到《民八憲草》再到《賄選憲法》，每一部都傾注著大量的心血。

　　然而，以康、梁為代表的改良派們，在近代中國政治變遷的棋局中，無論是作為局外的旁觀者，還是局內的局外人，他們所付出的種種努力並沒有得到應有的回報，明顯的事實是：他們反對革命，但革命仍然向前發展；他們支持政府，可政府照樣還是封建的或軍閥的性質；就是他們所追求的民主、自由、獨立、富強等理想，直到北洋軍閥在中國統治的終結，仍可望而不可即，而貧窮、愚昧、專制、獨裁的現實猶如清末，仍然是中國人所不得不面對的災難。這樣的結局對改良派而言也許有點殘酷，因為他們多方求索，並沒有找到能夠證明幫助中華民族走向富強繁榮的道路。從此意義上說，在當時的中國，傳統的改良之路其實早在維新變法失敗之時就已走到了窮途末路，而日後改良派為其所進行的奮鬥和抗爭，只能算是心憂國事的士人們，繼續為迷失方向的中國尋找未來做最後的嘗試與拼搏。

　　如是，體制外的革命，自然成為另一批先進的中國人在探索國家民族前途時的必然選擇，換句話說，革命的火種在改良無望的土壤中，自然也就找到了燎原的地氣與養分。

三、體制外革命

　　就在以林則徐、龔自珍、魏源為代表的地主階級知識分子提出「師夷長技以制夷」的方案來應對「中國向何處去」的歷史課題時，以洪秀全為代表的農

〔註17〕北洋軍閥自袁世凱去世後一分為三：即直、皖、奉三系，分別以馮國璋、段祺瑞、張作霖為首。起初皖系實力最強並控制北京政府；但是在 1920 年直皖戰爭中，皖系遭到了毀滅性的打擊，於是直系新貴曹錕、吳佩孚開始掌控中央政權。然而到了 1924 年，在第二次直奉戰爭中，直系被奉系擊敗，這樣張作霖得以入主北京。1928 年，隨著北伐軍的節節勝利，張氏被迫退回關外，從而也就意味著北洋軍閥在中國統治的終結。

民階級知識分子明確地提出了建立太平天國的主張，希望用它來取代日趨沒落的清王朝，同時給古老的中國拓展出一條嶄新的前進之路。為此，洪秀全一方面積極領導廣大農民進行武裝起義，從事推翻清政府的鬥爭；另一方面，借助軍事上的有利形勢，頒布了《天朝田畝制度》，勾畫出一幅「有田同耕，有飯同食，有衣同穿，有錢同使，無處不均勻，無處不保暖」的經濟上絕對平等的社會藍圖。其後他的族弟洪仁玕又寫了《資政新編》一書，提出了在中國發展資本主義的構想〔註18〕。遺憾的是，無論是洪秀全的絕對平均主義天國，還是洪仁玕的近代資本主義藍圖，很快淹沒在中外反動勢力聯合鎮壓的刀光劍影之中。

時隔30年後，以孫中山、黃興為代表的激進派資產階級知識分子，鑒於當時中國的政局與民族危機不得不繼續行進在革命的路上。因為在他們看來，中華民族之所以危機四伏、任人宰割，根本原因是當政者的懦弱與無能，是舊制度的腐朽和沒落。正如陳天華在其《猛回頭》一書中說：「怎奈他，把國事，全然不理；滿朝中，除媚外，別無他長。俺漢人，再靠他，真不得了！好像哪，四萬萬，捆入法場。俄羅斯，自北方，包我三面；英吉利，假通商，毒計中藏。法蘭西，占廣州，窺伺黔桂；德意志，膠州領，虎視東方。新日本，取臺灣，再圖福建；美利堅，也想要，割土分疆。這中國，哪一點，我還有份？這朝廷，原是個，名存實亡。替洋人，做一個，守土官長；壓制我，眾漢人，制我，眾漢人，拱手降洋。」〔註19〕孫中山在《駁保皇報書》一文中也認為：中華民族之所以陷入被瓜分豆剖的境地，就是因為政府不振作之故。因此，根據「重症須用猛藥」的原則，對這樣的政府和社會只能採取革命的手段，才有可能為暗無天日、全無前途的中國殺出一條血路。

在此，孫中山等革命派人士對革命表現出無比的自信與嚮往。如章太炎針對改良派人士提出的所謂「舊俗俱在」「公理未明」等不可行革命的論調，回擊道：「然則公理之未明，即以革命明之。舊俗之俱在，即以革命去之。革命非天雄大黃之猛劑，而實補瀉兼備之良藥矣！」〔註20〕鄒容則對革命進行熱情的謳歌，他在著作中寫道：「革命者，天演之公例也。革命者，世界之公理也。

〔註18〕洪仁玕發展資本主義的主張主要涉及四個方面：學習西方科學技術；建立和發展近代企業；重視商品貨幣關係；強調對外開放。（王先明主編：《中國近代史（1840～1949）》，中國人民大學出版社2011年版，第84～85頁。）

〔註19〕陳天華：《猛回頭·警世鐘》，華夏出版社2002年版，第20頁。

〔註20〕章炳麟：《章太炎政論選集》上冊，中華書局1977年版，第204頁。

革命者，爭存爭亡過渡時代之要義也。革命者，順乎天而應乎人者也。革命者，去腐敗而存良善者也。革命者，由野蠻而進文明者也。革命者，除奴隸而為主人者也。」〔註21〕與此類似，刺殺安徽巡撫恩銘的吳樾在其遺書中寫道：「夫然我同志諸君，若欲驅除強胡，不得不革命；欲保存種族，不得不革命；欲去奴隸之籍而為漢土之主人翁，不得不革命。革命！革命！予耳聞之，而不禁口流涎沫矣。」〔註22〕也許正出於對革命的滿懷豪情和希望，激進派人士在孫中山、黃興、陶成章等領導下，不僅先後組建了革命團體興中會、華興會與光復會等，而且還以此為基礎組建了革命政黨—同盟會。同時，為了統一盟員思想與進行社會動員，孫中山還以「民族、民權、民生」思想為指導，在國內外積極宣傳推翻清政府、實行民主共和、進行社會革命等主張。此外，出於擴大社會影響及進一步打擊清政府反動統治的目的，革命黨人又先後舉行了廣州起義、惠州起義、萍瀏醴起義、鎮南關起義、河口起義、皖浙起義、黃花崗起義等大小十餘次反清鬥爭。

由於孫、黃等人的努力，革命終於以一種「順天應人」的名分，成為影響清末社會的一種思潮與實踐。不過，儘管在長期的革命實踐中，革命的結果與革命的希望相去甚遠，但孫中山、黃興等革命者仍前赴後繼地奔走在反清的路上。所以，當歷史的車輪進入到1911年，革命者通過武昌起義的炮火，既讓清政府統治者退出了歷史舞臺，也結束了兩千多年歷史的封建君主專制，更建立起亞洲第一個資產階級民主共和國—中華民國。但令人失望的是，新生的中華民國政府在以袁世凱為首的北洋軍閥統治下，不僅沒有承擔起民族復興的重任，而且走到了革命的反面，成為反動勢力統治和愚弄國人的工具。

為什麼孫中山、黃興等革命黨人所領導的革命，在推翻清王朝、建立新國家後，卻在結果上如同康、梁所領導的體制內改良一樣，都未能完結「中國向何處去」的歷史課題，其原因究竟是什麼呢？

首先，孫中山、黃興所領導的革命並沒有得到社會的廣泛認同與響應。就社會上層而言，它不僅遭到了來自當權者的仇視和鎮壓，而且遭到了來自改良派的詆毀和攻擊。比如，袁世凱之所以能夠取代孫中山成為新政權的臨時大總統，固然離不開自己強大的軍事實力，但改良派人士對革命黨人的疏離與排拒，無疑也是其中的重要原因。南京臨時政府成立後，出任政府重要閣員的張

〔註21〕鄒容：《革命軍》，華夏出版社2002年版，第8頁。
〔註22〕吳樾：《吳樾遺書》，《民報》1907年3月6日。

謇、陳錦濤、湯壽潛、程德全等立憲派人士或舊官僚，就沒有去南京就職，並且張謇還積極為袁世凱出謀劃策，其密電袁世凱說：「甲日滿退，乙日擁公，東南諸方一切通過」，「願公奮其英略，且夕之間勘定大局」〔註23〕。就社會下層而言，它不僅沒有得到一般市民的同情與理解，而且也沒有得到廣大農民的響應與支持。

其次，在思想上革命黨人並沒有達成真正的共識。雖然在革命過程中，革命黨人高舉三民主義的旗幟，但在實踐中支撐革命者信念的往往是一民主義即「民族主義」，而且該「民族主義」常常是大漢族主義。如鄒容在《革命軍》一書中說：「吾同胞今日之所謂朝廷，所謂政府，所謂皇帝者，即吾疇昔之所謂曰夷、曰蠻、曰狄、曰匈奴、曰韃靼。其部落居於山海關之外，本與我黃帝神明之子孫不同種族者也。」〔註24〕光復會領導人陶成章也曾說：「為我仇者不僅清帝一人，凡滿洲人皆我仇也，勢不兩立，必盡而殺之。」〔註25〕民族主義尚且如此，國民黨人對民權、民生二主義的認識就更不用說了，如在南京臨時政府成立後，國民黨人就婦女的選舉權問題而召開的討論會上，就出現了唐群英毆打宋教仁的鬧劇，原因是唐認為宋對婦女的選舉權支持不力。同時，隨著清政府的倒臺，許多革命者也在「革命軍起革命黨消」及功成身退的道德錯覺中消退了原有的革命鬥志。如是，為袁世凱竊取辛亥革命的成果在思想上打開了方便之門。

最後，新政權的幹部隊伍中湧進了大批立憲黨人與封建遺老遺少。從表面看，中華民國政府是一個革命黨人的政府，但就實質來說，它是代表革命勢力的孫黃派、代表改良勢力的康梁派與代表封建殘餘勢力的袁世凱集團相互妥協與鬥爭的產物。這一點從三方勢力在全國的政治布局就能得到體現：北方諸省大權就基本上控制在北洋派勢力手中，南方的諸省大權也大多掌握在立憲派之手，而真正革命派主導的區域僅有廣東、江西、安徽、上海區區幾隅。因而在這樣的政權中，想真正推行革命的主張顯然是困難重重。

辛亥革命的如此結局，無疑宣告了孫中山、黃興等革命黨人所奉行的資產階級革命路線，在探索中國未來道路的失敗。即使他們及其同志日後繼續高舉起革命的大旗，先後進行了「二次革命」「護國戰爭」、兩次「護法運動」「北

〔註23〕《張季子九錄·政聞錄》第4卷，文海出版社1983年版，第1頁。
〔註24〕鄒容：《革命軍》，華夏出版社2002年版，第29頁。
〔註25〕轉引自張玉法編《清季的革命團體》，中研院近代史研究所1982年版，第472頁。

伐戰爭」等，也儘管他們在這些鬥爭中也取得一定的戰果，如袁世凱退位，張勳復辟失敗等，但也難以改變已成的定局。不過，此種定局，無論是對中國已有的革命者而言，還是對未來的革命者而言，並不意味著革命在回應時代命題的考問上走到了盡頭，事實上，更大規模的革命已山雨欲來。同時，也不能因此而否認辛亥革命作為一次巨大的政治變革而對中華民族所產生的積極意義。正如有研究者對其評價道：「雖然沒有達到既定的目標和理想，雖然給 20 世紀的中國留下了諸多的難題和困惑，但由於這次革命在總體上代表了中國歷史發展的總趨向，符合人類進步的潮流，因而它在中國現代化發展過程中依然具有至關重要的意義。」〔註 26〕

四、思想上革新

　　隨著辛亥革命的失敗與共和政體的異變，以陳獨秀為代表的新文化學人群強烈地意識到晚清以來的康、梁改良與孫、黃革命之所以沒有取得預期的成效，重要原因是他們所從事的活動從來就只是少數人的活動，他們所宣傳的觀點與主張也從來只為少數人所理解和接受。對此，陳獨秀曾深刻地反省道：「吾國年來政象，惟有黨派運動，而無國民運動也……不出於多數國民之運動，其事每不易成就，即成就矣，而亦無與於國民根本之進步。」〔註 27〕當然，作為社會多數的國民為什麼對改良與革命既不理解也不同情更不參與呢？主要是他們的思想長期束縛在傳統綱常倫理所編織的網羅之中，在其意識中根本就不存在改良與革命的觀念，更缺乏個人自由與權利思想。如果用陳獨秀的話來說：「盤踞吾人精神界根深蒂固之倫理道德文學諸端，莫不黑幕層張，污垢深積。」〔註 28〕對於國民的麻木不仁，魯迅也以其特有的幽默進行鞭笞道：「假如有一間鐵屋子，是絕無窗戶而萬難破毀的，裏面有許多熟睡的人們，不久都要悶死了，然而是從昏睡而入死亡，並不感到死的悲哀。」〔註 29〕

　　因此，在新文化學人群看來，若想真正地救民於水火、解國於倒懸，必須從思想上進行革命，培養出具有現代思想的新國民，用陳獨秀的話來說：「欲

〔註 26〕馮琳主編：《重新認識百年中國——近代史熱點問題研究與爭鳴》上冊，改革　　　　出版社 1998 年版，第 179 頁。
〔註 27〕陳獨秀：《1916 年》，《青年雜誌》1916 年第 5 期。
〔註 28〕陳獨秀：《文學革命論》，《新青年》1917 年第 6 期。
〔註 29〕魯迅：《吶喊·自序》，《魯迅選集》，人民出版社 1980 年版，第 37 頁。

圖根本之救亡，所需乎國民性質行為之改善。」〔註30〕否則再好的良法美意，不僅在思想上難以得到人們的認同，而且在實踐中也可能異化成逾淮之橘，前者如康、梁變法，後者如辛亥革命，就是很好的明證。特別是針對當時北洋政府所推行的「尊孔讀經」逆流，〔註31〕就更有必要從思想文化的角度來啟蒙國民樹立現代觀念，因為從字面上看，北洋政府的「尊孔讀經」運動還是很迷惑人的。比如，袁世凱在「尊崇孔聖令」中標榜道：「天生孔子為萬世師表，既結皇煌帝諦之終，亦開選賢與能之始，所謂反之人心而安，放之四海而準者……值此誠邪充塞，法守蕩然，以不服為平等，以無忌憚為自由，民德如斯，國何以立。本大總統維持人道，夙夜兢兢，每遇古今治亂之源，政學會同之故，反覆研求，務得真理，以為國家強弱，存亡所繫。惟此禮義廉恥之防，欲遏橫流，在循正軌。總期宗仰時聖，道不虛行，以正人心，以立民極，於以祈國命於無疆，鞏共和於不敝。凡我國民，共有責焉。」〔註32〕根據袁世凱的意思，「崇孔」的原因，一方面是孔子思想與人格的偉大，另一方面是中國現實的需要。而他自己之所以發布這樣的命令，也是從利國利民的角度出發，經過深思熟慮所做出的決策。

為了給人們特別是青年人樹立現代觀念，同時防止其遭受北洋政府「尊孔讀經」思想的毒化，陳獨秀在《青年雜誌》發刊詞中，以中西文化的對比方式對傳統觀念進行猛烈抨擊的同時，提出了現代青年所必須具有的六大特質：即自主的而非奴隸的；進步的而非保守的；進取的而非退隱的；世界的而非鎖國的；實利的而非虛文的；科學的而非想像的。並再次聲稱：「改造青年之思想，輔導青年之修養，為本志之天職，批評時政，非其旨也。」〔註33〕此外，李大釗在其《晨鐘報》創刊號中也有類似的說法：「蓋青年者，國家之魂，《晨鐘》者，青年之友。青年當努力為國家自重，《晨鐘》當努力為青年自勉，而各以

〔註30〕陳獨秀：《愛國心與自覺心》，《甲寅》1914 年第 4 期。
〔註31〕自袁世凱以臨時大總統的身份在 1913 年 6 月 22 日發布「尊崇孔聖令」之後，尊孔讀經運動就開始在全國蔓延開來。為了推進該運動的發展，袁世凱還先後發布了「尊孔典禮令」「規復祭孔令」「崇聖典例令」「祀孔典禮令」等文件。此外，政府中的重要人物黎元洪、倪嗣沖、王懷慶、鄭士琦、熊炳琦等，文化界著名人士康有為、陳煥章、王錫蕃、薛正清、劉宗國等，也在其中推波助瀾。如是，從而使得「尊孔讀經」運動成為陳獨秀等人發起和推動新文化運動最直接的背景與動力。
〔註32〕中國第二歷史檔案館編：《中華民國史檔案資料彙編·文化》第三輯，江蘇古籍出版社 1991 年版，第 1～2 頁。
〔註33〕陳獨秀：《通信》，《青年雜誌》1915 年第 1 期。

青春中華之創造為唯一之使命，此則《晨鐘》出世之始，所當昭告於吾同胞之前者矣。」〔註34〕

　　那麼以陳獨秀為代表的新文化學人群是怎樣來樹立現代觀念呢？就陳獨秀而言，一方面大力鼓吹西方啟蒙運動以來就廣泛宣傳的民主、自由、人權、平等、博愛等理念，另一方面以此為標準對以儒教為代表的各種束縛人發展的傳統觀念進行抨擊與否定。如其在《東西民族根本思想之差異》一文中說：「舉一切倫理，道德，政治，法律，社會之所向往，國家之所祈求，擁護個人之自由權利與幸福而已。思想言論之自由，謀個性直發展也。法律面前，個人平等也。個人之自由權利，載諸憲章，國法不得而剝奪之，所謂人權是也。人權者，成人以往，自非奴隸，悉享此權，無有差別。此純粹個人主義之大精神也。」〔註35〕接著又對儒家的三綱之說進行批評道：「儒者三綱之說為一切道德政治之大原：君為臣綱，則民於君為附屬品，而無獨立自主之人格矣；父為子綱，則子於父為附屬品，而無獨立自主之人格矣；夫為妻綱，則妻於夫為附屬品，而無獨立自主之人格矣。率天下之男女為臣、為子、為妻，而不見有一獨立自主之人者，三綱之說為之也。緣此而生金科玉律之道德名詞，曰忠、曰孝、曰節，皆非推己及人之主義道德，而為以己屬人之奴隸道德也。人間百行，皆以自我為中心，而此喪失，他何足言？」〔註36〕陳氏希望藉此喚起人們對個人權利與責任的自覺。跟陳氏觀點與態度相近的有易白沙、吳虞等，如易氏對被人們尊為聖人的孔子直接批評道：「孔子尊君權，漫無限制，易演成獨夫專制之弊；孔子講學不許問難，易演成思想專制之弊；孔子少絕對之主張，易為人所藉口；孔子但重做官，不重謀食，易入民賊牢籠。」〔註37〕而吳虞則乾脆喊出「打倒孔家店」的口號。

　　相對於陳獨秀、易白沙、吳虞等人的激進與直白，作為新文化運動另一主將的胡適，則要顯得理性與含蓄，並且在「新民」的視角上也有所不同。他在《易卜生主義》一文中說：「社會國家沒有自由獨立的人格，如同酒裏少了酒麴，麵包裏少了酵，人身上少了腦筋：那種社會國家專沒有改良進步的希望。」但「自治的社會，共和的國家，不只要個人有自由選擇之權，還要個人對於自

〔註34〕李大釗：《〈晨鐘〉之使命》，《晨鐘報》創刊號，1916 年 8 月 15 日。

〔註35〕陳獨秀：《東西民族根本思想之差異》，《青年雜誌》1915 年第 4 期。

〔註36〕陳獨秀：《1916 年》，《青年雜誌》1916 年第 5 期。

〔註37〕易白沙：《孔子評議》（上），《青年雜誌》1916 年第 6 期。

己所作所為都負責任。若不如此，決不能造出自己獨立的人格。」〔註38〕針對時人用文言作文的諸多弊病，他提出了改良文學的八不主義：「一曰，須言之有物。二曰，不模仿古人。三曰，須講求文法。四曰，不作無病之呻吟。五曰，務去濫調套語。六曰，不用典。七曰，不講對仗。八曰，不避俗字俗語。」〔註39〕針對世人信古崇古的嗜好，他以從美國學回來的實驗主義做理論依據，鼓吹疑古考古、整理國故；而且，胡適還身體力行，把自己的理論主張應用到實踐中去。也許從表面看，胡氏的這些主張似乎跟新文化運動的「新民」主旨沒有多大的關係，但本質上就是為了「新民」。例如，他改良文學的八不主義，不僅有利於新思想、新觀念的傳播與發展，而且有利於人們從舊思想、舊觀念的桎梏中解脫出來。又如他的《中國哲學史大綱》，不僅用白話文來解讀古聖先賢的言語論說，而且打破了封建時代哲學史書代聖賢立言、為經傳作注而不議論聖賢的禁例。

　　當然，作為一個鼓吹思想解放的新文化學人群，其代表人物除陳獨秀、胡適二氏外，還有李大釗、魯迅、周作人、蔡元培、錢玄同、劉半農等，他們也通過自己的文章，要麼宣傳西方的民主自由觀念，揭露傳統文化所存在的弊端，希望藉此達到解放民眾思想、再造新式國民的目的。李大釗在《東西文明根本之異點》一文中通過對比，認為東方文明並沒有如其推崇者傳說的那樣完美無缺，為此對其弊端進行列舉道：「（一）厭世的人生觀不適於宇宙進化之理法；（二）惰性太重；（三）不尊重個性之權威與勢力；（四）階級的精神，視個人僅為一較大單位中不完全之部分，部分之生存價值全為單位所吞沒；（五）對於婦女之輕侮；（六）同情心之缺乏；（七）神權之偏重；（八）專制主義之盛行。」〔註40〕李氏的言外之意，東方文明既缺乏個人主義思想，也缺乏理性、寬容、進取、平等的精神。蔡元培認為：「夫人類共同之鵠的，為今日所堪公認者，不外乎人道主義。」〔註41〕而魯迅則在《狂人日記》中借狂人之口，對封建綱常倫理的虛偽和罪惡進行淋漓盡致的刻畫與鞭撻，最後在「救救孩子！」的呼號中得出「禮教吃人」的結論，並因此主張：「無論是古是今，是人是鬼，是《三墳》《五典》，百宋千元，天球河圖，金人玉佛，祖傳丸散，秘

〔註38〕胡適：《胡適文存》第 1 集第 4 卷，亞東圖書館 1921 年版，第 36 頁。

〔註39〕胡適：《文學改良芻議》，《新青年》1917 年第 5 期。

〔註40〕蔡尚思主編：《中國現代思想史資料簡編》第 1 卷，浙江人民出版社 1982 年版，第 130～131 頁。

〔註41〕蔡元培：《蔡元培全集》第 2 卷，中華書局 1984 年版，第 379 頁。

製膏丹，全都踏倒它。」〔註42〕錢玄同為了真正做到從思想上去舊迎新，提出廢滅漢文的主張，因為在他看來，以孔學為代表的各種頑固野蠻的舊思想之所以長盛不衰，重要原因就是漢文這種載體的存在，如其在文章中說：「欲祛除三綱五倫之奴隸道德，當然以廢孔學為唯一之辦法；欲祛除妖精鬼怪煉丹畫符的野蠻思想，當然以剿滅道教──是道士的道，不是老莊的道，一為唯一之辦法。欲廢孔學，欲剿滅道教，惟有將中國書籍一概束之高閣之一法。何以故？因中國書籍，千分之九百九十九都是這兩類之書故；中國文字，自來即專用於發揮孔門學說，及道教妖言故。」〔註43〕也許在錢氏的預設中，只要漢字一廢，那些舊思想、舊道德、舊觀念就會成為無源之水，從而也為新思想、新道德、新觀念的移植與生長創造了條件。

正因為新文化學人群對西方思想文化的傳播與鼓吹，以及對傳統思想文化的反思與批判，不僅使得西方的民主、自由、平等、人權及科學觀念成為中國思想界的一股清流，並開始蕩滌著知識分子頭腦中的「污泥濁水」，而且也有力地抵制了北洋政府所推行的「尊孔讀經」運動，使其利用孔子來維護專制統治的目的破滅。然而，正當新文化學人群為國人思想革新繼續努力的時候，國內外發生了兩件大事：即國外俄國十月革命的勝利和國內五四運動的爆發，從而嚴重干擾甚至打斷了他們所從事的思想現代化工程。

就前者而言，俄國十月革命的勝利使新文化學人群中一部分先進的中國人，不僅在信仰上開始了由自由主義向馬克思主義的轉變，而且在思考救國救民道路的問題上重新由思想層面向政治層面回歸。如李大釗隨著俄國十月革命勝利消息的傳來，就很快地寫出了《布爾什維主義勝利》《庶民的勝利》《我的馬克思主義觀》《階級競爭與互助》《再論問題與主義》等一系列宣傳馬克思主義的文章，其中除了簡要介紹馬克思主義的經濟基礎決定論、階級鬥爭學說、資本主義必然滅亡論、科學共產主義等基本觀點外，還大膽地預言走俄國十月革命的道路是中國也是世界發展的必然趨勢。如其在《庶民的勝利》一文中說：「須知這種潮流，是只能迎，不可抗拒的。我們應該準備怎麼能適應這個潮流，不可抵抗這個潮流。人類的歷史，是共同心理表現的記錄。一個人心的變動，是全世界人心變動的徵兆。一個事件的發生，是世界風雲發生的先兆。一七八九年的法國革命，是十九世紀中各國革命的先聲。一九一七年的俄國革

〔註42〕魯迅：《魯迅全集》第3卷，人民文學出版社1981年版，第40頁。
〔註43〕錢玄同：《中國今後之文字問題》，《新青年》1918年第4期。

命是 20 世紀中世界革命的先聲。」〔註44〕李大釗甚至還滿懷豪情地宣告：「人道的警鐘響了！自由的曙光現了！試看將來的環球，必是赤旗的世界！」李大釗如此熱情地謳歌馬克思主義與俄國十月革命，是因為該思想與實踐，在某種意義上有利於廣大民眾反抗意識尤其是自我意識的覺醒，對於國民性再造更有其積極性作用。不過，他對無產階級專政和階級鬥爭的強調，跟新文化學人群當初所倡言的「新民」取向，無疑有著相當大的距離。

就後者而言，五四運動的爆發，一方面使中國知識分子再一次感受到國運從未有過的阽危，另一方面也加深了他們對歐美這些所謂自由民主國家的認識。當時的學生在遊行宣言中喊出：「中國的土地可以征服不可以斷送！中國的人民可以殺戮不可以低頭！國亡了，同胞起來呀！」〔註45〕陳獨秀針對巴黎和會中國外交的失敗，反思道：「這回歐洲和會，只講強權不講公理，英、法、意、日各國應用強權擁護他們的倫敦密約，硬把中國的青島送給日本交換他們的利益……但是經了這番教訓，我們應該覺悟公理能夠自己發揮，是要有強力擁護的。」〔註46〕所以，北洋政府在巴黎和會外交的失敗，使得一部分新文化學人不得不重新思考自己對西方與中國的既有認知。

隨著俄國十月革命與五四運動對新文化學人群影響的加深，他們此前所從事的思想現代化工程，也就只能在人們進行救亡與追求強力的腳步聲中慢慢地淡出了時代視野。如果用李澤厚的話來說，那就是「救亡壓倒了啟蒙」。事實上也是這樣，五四運動爆發後，新文化學人群開始出現了分化，最明顯的莫過於李大釗和胡適就「問題與主義」進行公開的爭論；同時隨著新文化運動的主將陳獨秀向馬克思主義靠攏，作為新文化喉舌與陣地的《新青年》也逐步轉變成宣傳馬克思主義的重鎮；而仍然標榜自由主義者的胡適，在發下 20 年不談政治的宏願後，又不得不談起政治來；其他諸人如錢玄同、劉半農等也悄悄地退隱到學術領域中去，把更多的精力與時間投入文字或文學工作之中。就此而言，新文化學人所開創的思想現代化工程遠沒有完成，其「新民」的歷史重任還有待後來者的繼續努力！不過，儘管新文化學人群在思想現代化工程中因時代激流的沖湍，而在有意無意間影響了中國的歷史路向，但他們因此而留給歷史的影響和現實的作用並沒有隨之而結束，因為在隨後的歲月裏，許多

〔註44〕李大釗：《布爾什維主義的勝利》，《新青年》1918 年第 5 期。
〔註45〕許紀霖編：《20 世紀中國知識分子史論》，新星出版社 2005 年版，第 234 頁。
〔註46〕陳獨秀：《山東問題與國民覺悟》，《每週評論》1919 年第 23 期。

經過新文化運動洗禮的青年學子紛紛加入到了探索救國救民的隊伍中。

　　至此，自近代以來關於「中國向何處去」的歷史課題，先進的中國人先後提出了四種不同的方案予以回應，然而卻沒有一種方案達到預期的目標。可以說盡管每種方案有其無可諱言的缺陷，但同樣也有其超越時人的洞見；問題是危機四伏的中國猶如身患重症的病人，決非一、兩劑良方就能藥到病除的，換言之，貧窮愚昧、落後挨打的中國想走向獨立富強、繁榮昌盛，絕不是單純片面地借器物、制度或思想文化的改變能解決所有問題的。因而，當這些方案在運用到實際中時，一方面因其固有的缺陷而束縛了自身功能的發揮，另一方面，由於其本身價值取向的偏好，又常使其陷入一種顧此失彼、動輒得咎的困境之中。是以在實踐中，當這些方案的優點與長處往往還沒有來得及充分體現與發揮時，其所產生的弊端卻早已初見端倪，從而既給反對者提供了打擊的口實，也給同情者設置了聲援的障礙，更給奉行者造就了退隱的臺階。但不管如何，這些方案的本身都是值得肯定的：無論是器物上的更新，還是制度上的創新，或者是思想上的革新。

　　這些方案之所以沒有成功，除卻本身存在問題外，作為方案的倡導者也有著不可推卸的責任。如以康有為、梁啟超為代表的改良派和以孫中山、黃興為代表的革命派而言，由於他們常常拘於政見之爭，在敵意與仇視中相互排擠和攻擊，從而不僅自我削弱了變革的力量，而且使得保守勢力與敵對勢力顯得更為強大。所以，雖然從 19 世紀末期開始，他們相繼行進在改良與革命的路上，可是直到 20 世紀 20 年代初，都沒有讓人看到改良或革命成功的希望。如此結局，一則是革命派反改良的人太多，改良派反革命的人亦不少，從而使得改良派因革命的存在而缺少改良的空間與時機，而革命派因改良的出現也削弱了革命的力量和基礎，於是改良派自然是難以取得成功，革命派當然也難以獲得勝利；二則是作為改良派，認同政府反對革命的傾向本是無可厚非，但是認同政府絕不是依賴政府，反對革命絕不是仇視革命，顯然中國的改良派們常常把自己置於一種政府不可靠、革命派不可聯一左右為難、兩面夾擊的困境中，這樣當然只會增加自己實現改良目標的難度；三則是作為革命派，反對政府固然屬於革命的重要內容，但不應該把所有支持或擁護政府的社會力量都當成革命的對象來討伐，這種做法對革命目標的實現無疑是弊多利少，因為它不僅讓自己處於一種孤立的位置，而且讓自己犯錯而不自知。故而革命在中國之所以遲遲未見成效，並非全是革命者在探求中華民族未來的路向上出了問題，而是

革命者自己出現了一些不該出現的失誤。因此，革命如同改良一樣，與成功總是相隔一道難以逾越的鴻溝。

其實，作為清末改良派的康有為、梁啟超與革命派的孫中山、黃興，在根本目的上並沒有本質的不同，都是為了在改變中華民族落後挨打現實的基礎上，把中國建立成一個以西方民主政治為主要內容的共和國，不同的只是彼此實現目的的手段存在著差異。比如，梁啟超從改良的角度，談到「破壞」的必要性時指出：「不祥哉！破壞之事也；不仁哉！破壞之言也……蓋當夫破壞之運至相迫也，破壞亦破壞，不破壞亦破壞。破壞既終不可免，早一日則受一日之福，遲一日則重一日之害。早破壞者，其所破壞可以較少，而所保全者自多；遲破壞者，其所破壞不得不益甚，而其所保全者益寡。」〔註47〕顯然，梁啟超也是主張改變現狀的。所以，從情理上來說，彼此似乎沒有必要把對方看做水火難容的政敵。故而有學者在研究中指出：康有為的「以君主之法，行民權之意」與孫中山通過奪取國家政權以建立民主共和乃同一理路，不同之處只在於前者為保持社會平穩過渡而依託傳統政治權威來促其向現代立憲政體轉換，即「想靠國中固有的勢力，在較有秩序的現狀之下，漸行改革」；後者則希望打倒原有的政治權威由自個來建設一個新的共和國家，即「要打破固有的勢力……『你不行，等我來』」〔註48〕。

再如，五四時期以陳獨秀、胡適為代表的新文化學人群，希望借助文化革新來達到推進中國現代化的目的，但是剛一登上歷史舞臺，就把自己置於傳統文化的對立面。如作為新文化運動旗手的陳獨秀在文章中說，為了現代化，就要「破壞禮法，破壞國粹，破壞貞節，破壞舊倫理（忠、孝、節），破壞舊藝術（中國戲），破壞舊宗教（鬼神），破壞舊文學，破壞舊政治（特權人治）」〔註49〕；並認為：「全部十三經，不容於民主國家者蓋十之九九，此物不遭毀禁，孔廟不毀，共和招牌，當然掛不長久。」〔註50〕顯然，新文化學人群這樣一種我即真理與道義的孤傲心態，很容易把自己推向一種曲高和寡甚至四面楚歌的困境中。同時，這樣一種完全否定傳統或以傳統為敵的做法，在某種程度上也阻塞了文化革新的路徑。對此，正如有論者評價道：「五四運動所倡導

〔註47〕梁啟超：《理想與氣力》，內蒙古人民出版社1999年版，第56頁。
〔註48〕董羅民：《梁啟超的國民運動思想》，《社會科學論壇》2005年第8期。
〔註49〕陳獨秀：《獨秀文存》，安徽人民出版社1987年版，第242頁。
〔註50〕任建樹等編：《陳獨秀著作選》第1卷，上海人民出版社1993年版，第320頁。

的啟蒙運動，其實是把西方的某種思想體系引入中國，並用它來批判乃至代替現行的思想體系。這種做法，我認為，並不是真正的啟蒙。」〔註51〕因為任何文化的革新或思想啟蒙，固然佔有順應時代潮流的道德優勢，但並不意味著就擁有了現實優勢，同時，若想讓這種道德優勢轉化成現實優勢，那麼從傳統中吸取資源不失為一種方法。所以，英國著名保守主義者埃德蒙·柏克在解釋政治制度的形成與發展原因時說：「政治制度不是發明或製造出來的，而是歷史發展的結果，是一套龐大而複雜的約定俗成的權力體系和習慣遵守的慣例，這些慣例產生於過去，在不打破連續性的條件下使自己適應於現在。」〔註52〕可見，傳統之於政治制度革新的需要。

因此，從大歷史的視角出發，自19世紀後半期以來，先進的中國人在尋找民族國家出路上的接連失敗或者說不成功，無疑既給後來者繼續思考這一命題留下了機遇和挑戰，也給後來者繼續解答這一命題提供了經驗和教訓。事實上，中間路線之所以能在國共黨爭的背景下登上歷史舞臺並向前發展，一方面是其踐行者們得益於此種機遇和挑戰的存在，另一方面也得益於對此種經驗和教訓的吸取。

第二節　國共之爭與中間路線的出場

雖然自近代以來先進的中國人在回應「中國向何處去」這一歷史課題的挑戰上，並沒有取得令人滿意的成效，但隨著第一次國共合作的出現，迷茫裏的中國似乎又找到了一條擺脫危亡、走向復興之路。因為在兩黨合作的綱領與行動中，國人既看到了救亡的可能，也發現了建國的希望。可是，就在人們對其滿懷期望的時候，古老的中華民族卻在國共相爭的硝煙中迷失了航向。

一、國共之爭

國民黨自孫中山組建興中會以來，就開始尋求解答中華民族救亡與建國問題，並為此高舉革命旗幟，進行了前赴後繼的鬥爭，但自清末到民初，國民黨人所倡言「順天應人」的革命，卻常處於「天不順、民不應」的困境之中。故而，到了20世紀20年代早期，在蘇聯撮合下，國民黨不得不與剛成立不久的中國共產黨攜手合作。剛成立的中國共產黨，雖然沒有國民黨那樣光榮的革

〔註51〕謝文郁：《啟蒙的反思》，《開放時代》2006年第3期。
〔註52〕徐大同主編：《西方政治思想史》，天津教育出版社2005年版，第361頁。

命經歷，但也沒有那樣沉重的歷史包袱，並且，由於其經歷了新文化運動啟蒙與五四運動洗禮的雙重孕育，使得其不僅充滿著生機與活力，而且有著新的思想與組織。不過，鑒於敵我力量對比的巨大差異和自身影響力的嚴重不足，自然在革命的挫折面前，接受了蘇聯的建議，跟孫中山領導的國民黨進行合作。應該說，國共兩黨的合作，無論是對中國前途而言，還是對同為革命者的國共兩黨而言，都是一個不錯的選擇。事實上也是這樣，隨著國共兩黨合作的展開，不僅國家民族的前途變得清晰與光明起來，而且國共兩黨兩黨的力量也得到了長足的發展。遺憾的是，國共紛爭的暗流卻在其合作的河床中不時湧動，並最終隨著北伐戰爭的勝利進軍，再次陷國家民族於對立、衝突和戰亂之中。為什麼國共兩黨會在合作前景看好的情況下，會分道揚鑣、反目成仇呢？

其一，策略性合作是相爭的前提。眾所周知，國共兩黨之所以走向合作，是因為彼此在當時都不同程度地陷於困境之中，雙方都希望借合作來渡過難關；再加上別有用心的蘇聯從旁「架橋鋪路」，合作自然就形成了，但破裂的隱患也就埋下了〔註 53〕。

就國民黨而言，自陳炯明叛變事件發生後，孫中山就意識到，國民黨必須去尋找新的盟友，方能打破在與反動勢力做鬥爭時那種孤立無援的困境。可是放眼四顧，國內外除了中國共產黨和蘇聯，已少有政治集團對其行動表示理解，對其處境表示同情。孫中山曾在向黨內保守派陳述聯俄聯共的緣由時說：「我國革命向為各國所不樂聞，故嘗助反對我者以撲滅吾黨，故資本國家斷無表同情於我黨，所望為同情只有俄國及受屈之國家及受屈之人民耳。」〔註 54〕這樣聯俄聯共就成為國民黨鬥爭策略上的必然選擇，即使明知自己在意識形態方面與蘇聯、中國共產黨存在著不可逾越的屏障，也只能暫且將其遺忘。國民黨人的此種無奈，還可以從其領導人廖仲愷在討論聯俄聯共政策的可行性時所說的話得到印證，他說：「世界各國和中國都不能聯絡，我們在國際上正缺少朋友，現在俄國既誠心與我們聯絡，我們便不應該拒絕它的黨徒（中共）。」〔註 55〕同時，他們還認識到聯共有利於聯俄，因為如果不聯共，那麼不僅俄援未得，而且蘇聯還很有可能援助中共，於是中共力量就會飛速

〔註 53〕陳任遠：《促成第一次國共合作的矛盾因素新論》，《湛江師範學院學報》2002
年第 4 期。

〔註 54〕孫中山：《批鄧澤如等的上書》，《孫中山全集》第 8 卷，中華書局 1985 年版，
第 458 頁。

〔註 55〕李雲漢：《從溶共到清共》，北京圖書館藏，出版時間不詳，第 226 頁。

增長，為利害計，也必須聯共。此外，中國共產黨與蘇聯是馬列主義藤上的兩個瓜，在政見上有著先天的趨同性，故而對國民黨來講，聯共是其聯俄的橋樑。因為在民族與國家利益上，中國共產黨可以緩解國民黨同蘇聯因意識形態的差異而產生的矛盾和衝突。再者，當時中國共產黨也是國內最新革命的政黨，儘管人數少，但代表著一種新興階級的力量，具有很強的生命力和發展潛力，所以與其合作，既可以為日漸老邁的國民黨輸入新鮮血液，也可以為暮氣日重的國民黨恢復革命活力。如此利害相較，即便感情上不願聯共，可理智上卻不得不聯共。對此，楊奎松在分析孫中山「容共」的原因時也持類似的觀點。他指出，孫中山之所以「容共」，一方面認為黨不過是傳播主義的工具，多一些人入黨，就多一些主義的傳播者與同情者；另一方面是因為中國共產黨背後有共產國際與蘇俄的支持，通過容共，既能更好地吸取俄國的革命經驗和充實自己的幹部隊伍，也能夠更好地得到蘇俄甚至共產國際的幫助〔註56〕。

就中國共產黨而言，儘管自成立起就堅持獨立自主的原則，但惡劣的國際國內環境、力量弱小的現實、舉步維艱的革命形勢，使它不得不外依蘇聯、內聯國民黨。儘管也知道這樣做，會給自己的正常發展帶來一定的危害，並且也相對矮化了自己的政治地位，但為了更大的發展，只得在前進的車輪上套上聯俄、聯孫的韁繩。因為隨著第一次工運高潮的回落，中國共產黨就認識到單靠無產階級及其先鋒隊的力量是難以戰勝中外反動勢力的，若想革命的勝利，就必須去尋找革命的盟友。正如他們在有關文件中說：「中國革命的敵人是異常強大的，為了戰勝強大的敵人，僅僅依靠無產階級孤軍奮鬥是不夠的，必須利用一切可能的機會，爭取一切可能的同盟者。」反之，「如果不團結一切可以團結的力量，結成最廣泛的統一戰線，黨就不可能把中國革命引向勝利」〔註57〕。然而，他們到哪裏去尋找理想中的盟友呢？環顧國內，也許國民黨是一個不錯的選擇。因為根據當時的實際情況，國民黨不僅是有組織、有綱領、人數眾多、勢力遍布全國的大黨，而且是標榜革命的政黨。同時，由於蘇聯從中撮合，即使中國共產黨不願意，也只得與國民黨攜起手來。比如，當蘇聯與共產國際提議中國共產黨跟國民黨合作時，作為中國共產黨的主要領導人陳獨

〔註56〕 楊奎松：《國民黨的「聯共」與「反共」》，社會科學文獻出版社2008年版，第7～9頁。

〔註57〕 胡繩：《中國共產黨的七十年》，中共黨史出版社1991年版，第37、40頁。

秀就曾表示異議，他在給共產國際的信中說：共產黨與國民黨革命之宗旨及所依據之基礎不同，國民黨聯美國，聯張作霖、段祺瑞等政策和共產主義不相容。〔註 58〕但是在蘇聯和共產國際的堅持及其紀律的約束下，中國共產黨只得服從，而共產國際代表馬林在其中發揮了重要作用〔註 59〕。

就蘇聯而言，它之所以熱心於國共合作，固然有其「無產階級解放全人類就是解放自己」的遠大抱負，但更多的還是出於維護國家利益的考量。誠如章百家在分析 20 世紀 20 年代初蘇聯對華政策的動機時說：「十月革命後，蘇俄處境艱難。為擺脫困境，列寧想到了中國。不過，蘇俄對華外交的對象不是單一的，它試圖腳踩兩隻船甚至幾隻船。蘇俄一方面派遣正式外交代表赴北京，與北洋政府接觸；另一方面又派遣共產國際的使者，聯絡他們心目中的革命勢力，希圖推翻這個政府，促進東亞與世界革命。」〔註 60〕所以，蘇聯正是在這樣一種功利而實用的外交政策的導向下，針對國共兩黨的實際情況，明裏大力支持國共合作，暗中卻在不斷地算計自己的利益：如果只親共而遠孫，就會冒把國民黨推入英美懷抱的危險。如此，其對華政策就失去了短期利益；反過來，如果只抬孫而抑共，其對華政策又失去了長遠價值。故而，如何把長遠價值與短期利益結合起來呢？那正好採用國共兩黨的合作形式，而自己則充當合作的樞紐。一方面壓制中國共產黨接受國民黨提出的條件，使合作得以實現，以維護其暫得利益；另一方面則幫助中國共產黨，以逐步實現其長遠目標。正是出於這樣一種動機和目的，才使得蘇俄在國共合作中甘當紅娘。

是以，國共合作雖然隨著國民黨「一大」的召開而正式登上了歷史舞臺，但由於彼此在合作的動因上都抱著一種實用心態，進而使得合作本身走向破裂與消解成為不可避免的結局。因為當此種心態因合作不為我「實用」或妨礙我「實用」時，合作也就失去了繼續存在的必要。

其二，差異性信仰是相爭的根源。國共兩黨雖然因各自的困境走向了合作，但因為彼此間信仰的差異，使得合作一開始就蒙上了紛爭的陰影。如在國

〔註 58〕陳獨秀：《陳獨秀致吳廷康的信》，中央檔案館編《中共中央文件選集》第 1 冊，中共中央黨校出版社 1982 年版，第 31～32 頁。

〔註 59〕馬林來到中國後，通過對國共兩黨實際情況的考察，認為要取得革命的勝利，國共兩黨必須合作。為此，一方面建議中國共產黨加入國民黨，另一方面力勸孫中山接納中國共產黨加入國民黨，此外，游說莫斯科與共產國際命令中國共產黨加入國民黨。

〔註 60〕李玉貞：《國民黨與共產國際（1919～1927）》序一，人民出版社 2012 年版，第 1 頁。

民黨「一大」上，國民黨代表方瑞麟就提交了本黨黨員不得加入他黨的提案，主張已加入國民黨的共產黨員如果仍信仰馬克思主義，那麼就退出國民黨；如果真正服膺三民主義，那麼就脫離共產黨。當時方案一提出，附議者達十人以上。雖然中國共產黨領袖李大釗當即用革命的大義來回擊這種信仰上的質疑，如其所說：「我們加入本黨，是經過研究再四審慎而始加入的，不是稀里糊塗混進來的；是想為國民革命運動而有所貢獻於本黨的，不是個人的私利與團體的取巧而有所攘竊於本黨的。」廖仲愷先生也及時聲援，他說：「吾人第一要問：我們的黨是什麼黨？是不是國民黨？第二要問：我們的黨是否有主義的？是否要革命的？如對於我們的主義能服膺，革命能徹底則一切皆可不生問題。且加入本黨的人，我們只認他個人的加入，不認他團體的加入。只要問加入的人是否誠意來革命的，此外即不必多問。此次彼等加入，是本黨一個新生命。」〔註61〕可爭議的火星並未因此而熄滅，甚至為日後更大的爭議種下了隱患，因為李、廖二人用革命這樣一種空洞的政治性話語，難以冰釋人們因信仰的差異所導致價值上的隔閡。

　　隨著革命形勢的逐漸好轉與孫中山的逝世，一些國民黨右派人士為了排擠與壓制中國共產黨在合作中地位和影響，同時使自己所信仰的主義在輿論中成為革命的航標，從而不遺餘力地以黨義作為製造國共兩黨信仰矛盾的突破口，戴季陶應該就是當中的突出代表。一方面，他通過把孫中山先生的三民主義詮釋成中國道統思想嫡傳的辦法，來影射中國共產黨的馬克思主義非民族性，他在文章中說：「中山先生之三民主義，蓋自孔子之思想系統遞嬗而出，對於全世界人類共同欲求之理想與現實，一以貫之，以誠之一字為基礎，而成民族的哲學。故曰天下之達道三：民族也，民權也，民生也。所以行之者三：智仁勇也。貫智仁勇而為一者，誠也。誠也者，擇善而固執之者也。換言之，誠之為物，即民族精神之原動力也。」戴季陶這種把三民主義聖化傾向的目的非常明確，既指責馬克思主義不如三民主義，又批評馬克思主義不適合中華民族，同時還暗喻中國共產黨有媚外之嫌。另一方面，又以三民主義的「仁愛觀」立論，來責難馬克思主義的無產階級暴力革命論，他說：「先生所主張的國民革命，在事實上是聯合各階級的革命。但是這一個聯合各階級的革命，一面是要治者階級的人覺悟了，為被治者階級的利益來革命；要資

─────────────

〔註61〕王功安、毛磊主編：《國共兩黨關係史》，武漢出版社 1988 年版，第 50～51頁。

本階級的人覺悟了，為勞動階級的利益來革命；要地主階級的人覺悟了，為農民階級的利益來革命；所謂『成物智也』。一方面是要被治者階級，工人階級，農民階級，也起來為自己的利益而革命；所謂『成己仁也』……所以先生在這一點，是主張各階級的人，要拋棄了他的階級性，恢復他的國民性；拋棄了他的獸性，恢復他的人性。」〔註62〕其言外之意，即是說所謂的國民革命，就是要用「仁愛」之心去感化革命的對象，使其同樣加入革命隊伍中來，從而實現階級的大和諧；而那些強調階級鬥爭的人，不僅是國民性的喪失，而且是獸性的呈現。此外，戴季陶還以欲望的獨佔性與排他性為參照系，強調團體與主義同樣也具有此種特點。故而一個沒有排他性和獨佔性的團體一定是沒有主義與生存欲望的團體，反之，一個沒有排他性和獨佔性的主義，當然也不會為一個有生存欲望的團體所認同和接納。既然這樣，如果國民黨與共產黨都是有生存欲望的團體，三民主義與馬克思主義都是有生存欲望的主義，那麼其必然具有獨佔性和排他性；而兩個具有獨佔性和排他性的團體與主義，又怎麼同舟共濟、和諧相處呢？此之謂「共信不立，互信不生。互信不生，團結不固。團結不固，不能生存」〔註63〕。如是，戴季陶把排共與反馬克思主義提升到關係國民黨與三民主義生死存亡的高度，進而以引起其他國民黨人的共鳴。

而國民黨另一理論家胡漢民則以進化論為平臺，對馬克思主義的科學性與革命性提出質疑，他說道：「以馬克思主義為世界革命的基本理論，其最大弱點有二：第一是不新，第二是不夠，不新不夠，所以就沒有成績。何以不新呢？馬克思的主義，是就七十年前的歐洲經濟現象所下的結論，不是就世界進化現象全部所下的結論，所以不是新的，而且是不適用的。何以不夠呢？馬克思處處不肯失去其科學方法，這是他的好處；但正因其不肯失去科學方法，就證明其不夠。因為他的科學方法，受了時間與空間的阻制……馬克思充其量不過是世界革命的學者之一，他的主義哪能比得上包羅全部歷史事實和應合世界進化定律的三民主義。」而且，「共產主義在基本理論上不懂得民族主義和不要民權主義，是犯了不夠做世界革命基礎的幼稚病；在實際行動上卻只接受一點點民族主義和一點點民權主義，故其結果，最多不過做到一個國家資本主

〔註62〕 蔡尚思主編：《中國現代思想史資料簡編》第二卷，浙江人民出版社 1982 年版，第 616、603 頁。

〔註63〕 李甄馥、徐順教等編：《中國近代哲學史資料簡編》第四卷，上海社會科學院出版社 1989 年版，第 697 頁。

義的帝國主義，哪能配談世界革命？既幼稚又不徹底，便是共產主義的理論與方法都不行。何況馬克思共產主義定下的結論，是七十年前就一時一隅的經濟現象所定的，已是陳腐不適用，怎能用以實現世界革命的目的呢？」〔註64〕胡漢民這樣的言論，無非是為了證明國民黨所信仰的三民主義的高明與偉大，從而為反共提供理論依據。

針對戴、胡二氏這些故意挑起兩黨之間矛盾與衝突的言論，中國共產黨理論者站在馬克思主義立場，對之進行了批評和回擊。其中有人認為，孫中山先生的三民主義是在整理與綜合太平天國的革命思想及其他一些民間組織的社會主張的基礎上形成和發展起來的，絕不是繼承什麼堯、舜、禹、湯、文武、周公、孔孟的仁義道德思想，更不是中絕兩千多年的中國正統思想的復活，因為孫中山的革命實踐及其思想的發展脈絡都緊緊圍繞著近代以來中華民族反帝反封這一時代的主題。還有人對之進一步論證道：其實國民革命的三民主義只是一般工農群眾所切身感受到的政治經濟的要求，用不著什麼道統、什麼哲學思想做基礎。民族主義是中國要求解放，脫離帝國主義的壓迫；民權主義是中國民眾要推翻賣國軍閥的政權，建立起平民的政權；民生主義是中國一般民眾要求經濟生活的改善。在此基礎上，中國共產黨人士又對戴季陶「仁愛」式的國民革命觀針鋒相對地提出自己的階級鬥爭革命觀，認為中國的工人階級應當努力實現階級鬥爭，不但要求經濟生活的改善，而且還要力爭勞動民眾的真正民權；並提出無產階級的階級鬥爭和獨裁理論，是中國一般民眾要求民權實現民生的指針，因為沒有這個理論做指導，民權主義便是資產階級的民主的欺人政策，民生主義至多不過是資產階級性的「國家社會主義」罷了。所以，只有提倡和推行階級鬥爭，中國工人農民階級的覺悟才能越高，國民革命才會變得更有力量。〔註65〕顯然，中國共產黨理論者以馬克思主義作為觀察問題的視點，從而使得同樣一個三民主義與國民革命相對於戴季陶的詮釋卻變成了兩個完全不同的東西。

他們還對戴季陶團體與主義的排他性和獨佔性觀點進行了反駁，如中國共產黨總書記陳獨秀在一封信中說：「我並不反對季陶主張一個黨要有一個『共信』，三民主義就是國民黨的『共信』；然國民黨終究是各階級合作的黨，

〔註64〕蔡尚思主編：《中國現代思想史資料簡編》第二卷，浙江人民出版社 1982 年版，第 725、727 頁。
〔註65〕瞿秋白：《反戴季陶的國民革命觀》，《嚮導週報》1925 年 9 月總第 129 期。

而不是單純一階級的黨，所以『共信』之外，也應該容忍有各階級的『別信』，也就是各階級共同需要所構成的共同主義之外，還有各階級各別需要所構成的各別主義之存在……凡屬國民黨黨員，只要他信仰三民主義為三民主義工作，便夠了；若一定禁止他不兼信別種主義，若一定於共信之外不許有別信，若一定在一個團體裏不許有兩個主義，似乎不可能，而且也不必要。」〔註66〕根據陳獨秀的話語內容，儘管在一般意義上認同了戴氏觀點的合理性，但該觀點對國共合作和國民革命這一特殊的事物而言則無疑是錯誤的與有害的，因為它不僅無益於國共的團結，而且有害於革命的發展。

當然，國共兩黨因黨義不同而引發的論爭，在理論上是難有什麼優劣高低之分的，因為雙方不僅看問題的視角不同，而且在目的與動機上也有異。同樣一個孫中山和三民主義，在不同的話語系統中就出現不同的面孔，一方認為其是道統的、貴族的、仁愛的，另一方則認為是現代的、平民的、革命的。所以，這樣一種同一語境下對支撐合作的主義所進行的大相徑庭的言說無疑為雙方走向分裂和衝突種下了隱患，因為彼此都認為自己的信仰才是真理和道義的化身。事實上也是這樣，不久後蔣介石在四一二政變前夕就聲言：「我只知道我是革命的，倘使有人要妨礙我的革命，反對我的革命，那我就要革他的命。我只知道革命的意義就是這樣，誰要反對我革命的，誰就是反革命。」〔註67〕而中國共產黨面對國民黨的屠刀，「並沒有被嚇倒，被征服，被殺絕。他們從地上爬起來，揩乾淨身上的血跡，掩埋好同伴的屍首，他們又繼續戰鬥了」〔註68〕。國共兩黨之所以如此，根本原因就是各自的信仰使然。正因為這樣一種信仰上的差異，隨著合作的推進，彼此間也就沿著各自的政治理念而漸行漸遠。

其三，政治利益是相爭的動力。隨著國共合作的向前邁進，兩黨在力量上彼此都得到了空前的發展和壯大。國民黨方面，組織上，不僅告別了困居東南一隅的慘淡歲月，而且迎來了向全國發展的大好時光。如在「二大」召開前夕，「已有正式省黨部21處，特別市黨部4處，臨時省黨部9處，除新疆、雲南、貴州外，黨部組織分布幾遍全國」〔註69〕。軍事上，既創立黃埔軍校，組建黃

〔註66〕陳獨秀：《給蔣介石的一封信》，《嚮導週報》1926年6月總第157期。

〔註67〕《蔣總司令對黨務之重要演講》，《民國日報》1927年3月29日。

〔註68〕《毛澤東選集》，人民出版社1964年版，第937頁。

〔註69〕榮孟源主編：《中國國民黨歷次代表大會及中央全會資料》上冊，光明日報出版社1985年版，第116頁。

埔學生軍；也指揮以黃埔學生軍為核心的國民革命軍先後平定了發生在廣州的商團叛亂與桂系劉震寰、滇系楊希閔的叛亂；尤其是兩次東征的勝利，更是使廣東革命政府變得前所未有的強大。共產黨方面，組織上，雖然不如國民黨那麼迅速擴展，但也取得了一定的發展，「據不完全統計，到 1926 年 9 月，中國共產黨黨員已達 13281 人。全國除新疆、青海、西藏、臺灣外，都建立了黨的組織或有了黨的活動」〔註70〕。工農運動上，雖然自 1923 年京漢鐵路工人大罷工失敗後，工運就轉入低潮，但隨著國共合作的推進，工人運動迅速地恢復並發展起來，其中出現了歷時 16 個月的省港工人大罷工；然而就在工人運動向前發展的時候，農民運動也相應地開展起來，「到 1925 年 2 月，廣東全省已有 22 個縣建立了農民協會，會員達 21 萬多人」。「到 1926 年 6 月，全國各級農會組織達 5353 個，會員人數達 98 萬多人。除廣東外，廣西、河南、湖北等省也成立了省農民協會。各種農民武裝，如『挨戶團常備隊』、『梭鏢隊』等，也紛紛湧現。」〔註71〕這種國民革命向前蓬勃發展的形勢，無疑表明了國共合作取得了巨大的成功，但就在這成功的表象下，分裂與爭鬥的暗潮卻已悄然地湧動，並且日益凸顯。為什麼會這樣呢？因為這種成功，不僅提出了一個讓國共不能迴避卻又難以解答的命題——誰是這次合作的真正領導者，革命的發展方向由誰來決定？而且還摧毀了合作得以存在的重要前提——革命的困境，再加上雙方在信仰上的差異，從而使得雙方更多地關注對眼前革命成果的分享，於是在合作過程中彼此因各自利益的得失而產生矛盾和衝突便成為無可避免的結果。

其實，國共兩黨早在合作之初就因革命中的權益分享問題曾出現過矛盾，如國民黨右派為掌控革命的領導權於 1924 年二三月間就拋出了所謂的「警告書」，叫嚷已加入國民黨的中共黨員李大釗不得「攘竊國民黨黨統」。其後又於 6 月向孫中山和國民黨中央提交了「彈劾共產黨案」，指控加入國民黨的共產黨員和共青團員違反黨義、破壞黨德，對國民黨的生存有重大妨害。孫中山逝世後不久，一向以左派自居的戴季陶也在《國民們革命與中國國民黨》一文中公開污蔑中國共產黨說：「C・P 的寄生政策，不把國民革命當作真實

〔註70〕中共中央黨史研究室編：《中國共產黨歷史》第一卷上冊，中共黨史出版社 2002年版，第 236 頁。

〔註71〕王功安、毛磊主編：《國共兩黨關係史》，武漢出版社 1988 年版，第 92、93頁。

的目的，不把三民主義認作正當的道理，只借國民黨的軀殼，發展他自己的組織。」〔註72〕特別是針對跨黨共產黨人躋身國民黨中央及各省市權力中心並在國民黨內部發展黨團員的情況，國民黨右派人物更是感到不安。如國民黨人葛建時在文中寫道：「（一）C·P在黨內秘密宣傳組織，是不是為總理所許可？據惲代英君說：『這是總理許可的。』那麼，總理當時為什麼不叫我們放棄了三民主義去信仰共產主義，而悉數加入共產黨？（二）據中國共產黨青年團的決議案，要吸收國民黨中間的激進分子，證以我們同志被拉之經過，顯然是一種事實。試問，比較努力的分子如果完全拉過去，將來的國民黨是不是只剩下一個空殼子？我們的好朋友——共產黨呀！你們有什麼法子，消釋我們亡黨的恐怖？（三）國民黨的組織鬆懈，共產黨的組織嚴密，是我們承認的；但是你們既是國民黨黨員，為什麼不提議整頓組織？為什麼不設法整頓組織？而只是像新東橋的野雞似的，死拉活扯的拼命拉客？」〔註73〕國民黨右派的如此言論，其目的，一方面就是為了保證國民革命運動的領導權牢牢地控制在一個「純正的」國民黨手裏，另一方面就是為了確保國民黨的力量在合作運動中要優勝於共產黨的力量。也許正是此種思路的延續和發展，國民黨右派分子還制定了一系列排斥共產黨人的議案，如《取消共產派在本黨黨籍宣言》《開除中央執行委員會之共產派譚平山等案》《總理逝世後關於反對共產派被開除者應分別恢復黨籍案》等。

如果將上述言論與議案，視作國民黨為打壓中共並獨佔國民革命成果而進行的思想動員和政治設計的話，那麼蔣介石、汪精衛等國民黨實權派人物日後所製造的反革命事件，無疑就是此種思想的實踐。就蔣介石來說，為了篡奪革命的最高領導權和合作的話語權，首先藉口共產黨陰謀暴動，就自編自導製造了「中山艦事件」，從而某種程度上達到了排擠共產黨出軍隊的目的；接著又於國民黨二屆二中全會上拋出了「整理黨務案」，提出「凡他黨員加入本黨者，該黨應將其加入本黨黨員之名冊交本黨中央執行委員會主席保存」，「凡他黨黨員加入本黨者，在高級黨部（中央黨部、省黨部、特別市黨部）任執行委員時，其額數不得超過各該黨部執行委員總數三分之一」，「凡他黨黨員之加入本黨者，不得充任本黨中央機關之部長」等條款。事後，中共黨員被迫紛紛從

〔註72〕蔡尚思主編：《中國現代思想史資料簡編》第二卷，浙江人民出版社1982年版，第587頁。

〔註73〕葛建時：《忠告我們的好朋友——共產黨》，《民國日報》1926年1月7日。

國民黨高級黨部的領導崗位上退了出來。如是，為蔣介石進一步操控國民革命中的軍政大權提供了便利，同時也為其將來獨攬國民革命的果實創造了條件。所以，當國民革命軍揮師北上節節勝利的時候，蔣介石出於對最高權力的覬覦及對中國共產黨領導工農運動蓬勃發展的恐懼，公然製造了四一二反革命政變，並開始在控制區內進行清黨。不久，抱著跟蔣氏類似目的的國民黨另一巨頭汪精衛則在武漢召開分共會議，制定屠殺和驅趕中國共產黨及其所領導的革命群眾的政策。當然，蔣介石、汪精衛等人在由暗中反共到公開反共嬗變的過程中，並沒有脫下其革命的外衣，相反還一直是其用來蒙蔽對手與民眾的手段。比如，蔣介石在「整理黨務案」之後，為緩和因之帶來的與中共及蘇俄顧問的矛盾，並在「出師宣言」中說：「本黨使命為謀全民革命，且必植基於農工也，且與共產黨合作。」「帝國主義口中之所謂赤化者，實則革命之民眾化耳。政府為民眾化之政府，軍隊為民眾化之軍隊，以民眾化之軍隊，以民眾化之國民革命軍，擁護多數被壓迫之人類，即使雲赤，何嫌何疑。」〔註74〕汪精衛領導的武漢國民黨中央在「七一五分共事件」後，為顯示自己的無奈，在《告中國共產黨書》中惺惺作態地說：「我們明知共產黨的方法不能適應於中國，共產黨的同志決計不受本黨的指導，我們為中國整個革命前途計，為全國的貧苦人民的利益計，對於共產同志不能不加以制裁。」〔註75〕

面對國民黨反動勢力這一系列排共、仇共事件，中國共產黨對之做出了應有的回擊。一方面，從策略上採取必要的對策，1924 年 5 月，中共中央在上海召開的擴大會議上確定對國民黨的工作是「鞏固國民黨左翼和減少右翼勢力」的方針；〔註76〕到了「四大」，該方針又發展成為「擴大左派、打擊右派、阻止中派右傾」的政策；其後隨著蔣介石的日益右傾，黨中央又相應地採取「迎汪復職」「以汪促蔣」「以汪限蔣」等策略，希望藉此來分化和瓦解國民黨中的反共集團。此外，在蔣介石一手炮製的「中山艦事件」與「整理黨務案」事件中，中國共產黨儘管以退讓而做結，但也曾表示出自己的嚴正立場，從而在某種程度上既直接延緩了蔣氏的奪權步伐，也間接打擊了國民黨中的其他反共勢力。另一方面，中國共產黨也注意壯大自身的力量，組織上，由於黨在「四

〔註74〕蔣介石：《國民革命軍總司令出師宣言》，《蔣介石言論集》第三集，1964 年未刊編，第 137 頁。

〔註75〕汪精衛：《告中國共產黨書》，《民國日報》1927 年 7 月 26 日。

〔註76〕中央檔案館編：《中共中央文件選集》第 1 冊，中共中央黨校出版社 1982 年版，第 187 頁。

大」決議中把黨章原定 5 名黨員才可以組建黨小組的條文改作有 3 人以上即可以組建支部，同時還相應地降低了入黨條件，縮短了入黨時間，從而使得黨的隊伍得到了較快的發展，如黨員人數由 1925 年初的 947 人到年底就達到10000 多人，再到「五大」召開前夕更是增加到 57967 人；工農運動方面，在協助國民黨推進國民革命的同時，中國共產黨還積極發起和組織工農運動，如為配合北伐軍的順利進軍，黨不僅在上海領導工人發動了三次武裝起義，而且在兩湖地區領導農民開展打土豪、分田地運動。中國共產黨這些舉措，對於擴大自己在民眾中的威望、提高自己在革命中的影響、鞏固自己在合作中的地位，無疑有著不可估量的意義；不過也激發起一部分國民黨人的反共狂熱，尤其是面對中國共產黨在合作中力量的日趨發展和壯大，使他們更感到中國共產黨對國民黨領導地位的挑戰與威脅，從而在防範與恐懼意識中，更加主動積極地去製造彼此間的矛盾和衝突，甚至不惜為之採取武力手段，企圖以此來打壓中國共產黨。所以，隨著國民革命軍的節節推進和工農運動的蓬勃發展，國共兩黨因之而產生的矛盾與摩擦，也就益發變得頻繁與劇烈。

如是，國共相爭自然成為國共合作中的一種必然現象。因為策略性合作的客觀現實不僅使得其主體對合作缺乏應有的忠誠，而且削弱了其本身賴以生存的物質基礎。所以一旦時勢星移斗轉，其主體就極易在合作過程中放縱各自的目的與動機踐踏本應相互信守的原則和公約。這樣也就意味著合作已慢慢地失去其存在的價值，同時也為彼此相爭的出現打開了方便之門。而合作主體的不同信仰和對現實利益追求，既為雙方相爭的產生，提供了精神動力與合法性依據，也為雙方相爭的升級提供了現實動力，即便彼此有時明知此種相爭有違合作的宗旨和契約，但出於對各自信仰的守望與利益的追求，彼此也會為之給出自認為恰當而合理的解釋，哪怕該解釋在旁觀者看來，早已陷於狂熱和偏執之中。比如，武漢國民政府「分共」以後，一個「予遂」為筆名的國民黨人為顯示自己反共中的清白與無奈，撰文攻擊中國共產黨說：「共產黨為什麼要消滅國民黨？是有其理論上之根據的，並不是隨隨便便的盲目舉動，不相信共產黨會企圖消滅國民黨，或僅認為這是共產黨一部分之幼稚舉動，那未免太不瞭解共產黨了。共產黨認定國民黨是代表資產階級或小資產階級的黨，資產階級是共產主義的唯一敵人，那麼信奉共產主義的共產黨，怎能不把國民黨當作唯一的敵人呢？所以，共產黨在這所謂國共合作的過程中，如果是願意的來幫助國民黨，完成國民革命，在共產黨的眼光中，

無異出賣了共產主義，投降了國民黨，共產黨是願意出賣主義或投降敵人的嗎？當然不是的。那麼共產黨能坐視其敵人之長大嗎？能不想法來消滅敵人嗎？大家明白了這一點，則知共產黨之欲消滅國民黨，乃共產黨之生死關頭。國民黨長大了，鞏固了，共產黨向哪裏找出路呢？」〔註 77〕國民黨人為自己「分共、仇共、屠共」舉措的辯白，在局外人看來，無異於是「欲加之以罪，何患無辭」的把戲！

二、中間路線的出場

　　雖然國共第一次合作因彼此相爭的出現而破裂，但相爭並不因合作的破裂而終結，相反卻引發起規模更大、衝突更烈、時間更長的爭鬥。因為作為相爭中失利者的中國共產黨，並沒有因國民黨的屠殺而放棄自己的立場和追求，相反，而是如同毛澤東所說的那樣──堅強的共產黨人從地上爬起來，揩乾淨身上的血跡，掩埋好同伴的屍首，又繼續戰鬥了。所以中國共產黨以南昌起義為發端，開始在全國範圍內進行武裝反抗國民黨及其政府的鬥爭。〔註 78〕為此，他們不僅建立起自己的軍隊進行游擊戰爭，而且建立起工農政權開展土地革命，希望藉此為中華民族的未來殺出一條新路。作為相爭中獲利者的國民黨，也並沒有因獲利而放棄對中國共產黨及其革命群眾的追殺，相反，針對中國共產黨的武裝鬥爭，一方面在政治上對中國共產黨及其所領導的革命群眾進行殘酷鎮壓和迫害，據不完全統計，1927 年國民黨屠殺中國共產黨及其追隨者約有 3.8 萬人，到 1928 年則猛增到 30 萬之多，再到 1932 年竟達 100 萬。〔註 79〕並且，為了使這種屠殺行為合法化，國民黨通過其所控制的政府還頒布了《暫行反革命治罪法》與《危害民國緊急治罪法》等法律。另一方面在軍事上對中國共產黨武裝割據的區域實行嚴酷地軍事圍剿，僅就中央革命根據地而言，從 1930 年底到 1934 年下半年就先後遭受了來自國民黨軍隊的五次圍剿，並且規模一次大於一次；其他革命根據地如鄂豫皖、湘鄂西、川陝邊等，也都不同程度地多次遭受軍事圍剿。此外，國民黨為了全面地遏制與打壓中國

〔註77〕 予遂：《我們的回敬》，《民國日報》1927 年 7 月 29 日。

〔註78〕 自南昌起義爆發後到 20 年代末，中國共產黨又先後領導規模和影響比較大的起義有：1927 年的秋收起義、瓊崖起義、海陸豐起義、黃安起義、麻城起義與廣州起義；1928 年的弋陽起義、橫峰起義、桑植起義、閩西起義、渭華起義與平江起義；1929 年川東起義、商南起義、霍山起義、六安起義與百色起義。

〔註79〕 王功安、毛磊主編：《國共兩黨關係史》，武漢出版社 1988 年版，第 324 頁。

共產黨，還在全國實行特務統治，推行保甲制度與連坐政策。〔註80〕同時，在思想文化領域強行確立三民主義的領導地位，企圖以此來強固自己的政權，並宣示自己所選擇的道路才是引導國家走向獨立、民族走向復興的道路。

國共兩黨這樣一種相爭事實，對長期處於內憂外患與積弱積貧的中國而言，無疑一方面為中間路線的出場提供了可能，另一方面為中間路線轉化成現實創造了條件。

第一，它意味著近代以來「中國向何處去」的歷史課題仍然沒有答案。雖然國共合作出現和大革命向前推進，曾經使國人隱隱約約地感到革命之路正是民族未來與國家希望的託命所在，但隨著合作的最終破裂與黨爭的衝突加劇，再次使國家和人民陷於歧路和彷徨之中，因為在國共兩黨破裂後，無論是共產黨人還是國民黨人，以及其他具有抱負與擔當的知識分子，其中許多人難免在事關國家前途與個人國家前途與個人命運的問題上滋生困惑與苦悶。對此，陳公博就國民黨內部思想混亂的事實，在其《苦笑錄》中就有過很好的描述：「我們要走資本主義的路罷，依然受帝國主義的支配，我們要走非資本主義的路罷，然而抗不過帝國主義的壓迫。徘徊瞻顧，各路不通。左傾的同志們惟有慨歎、憂慮、消極，迫而被排於奮鬥的戰線。右傾的同志們只有將一切責任諉之於他們所謂『準共產黨』，極力排擠。腐傾的同志們實行其個人的『混混主義』，於幾個軍事均勢之上，杌陧求保目前的苟安。惡傾的同志們只有割據一個地方，希冀各張其私人勢力，逐漸火並其他的行省。」〔註81〕陳公博把大革命失敗對國民黨人思想所造成的消極影響，赤裸裸地呈現在世人面前。

自然，在時代大變局中，一部分共產黨人面對國民黨的圍攻和追殺，也同樣充滿著悲觀失望的情緒，其中施存統在其「退黨自白」一文中所流露出來的心境，可以說就是很好地反映。他說：「今天一旦宣告退出共產黨，在共產黨方面，一定有人要譏笑，甚至於謾罵我投機、變節，在國民黨方面，亦一定有人要譏笑，甚至於謾罵我投機或別有野心。這一些，都在我決定的預料之中。

〔註80〕所謂保甲制度與連坐政策，就是國民黨為了控制人民，禁止革命活動，規定十戶為一甲，十甲為一保，分設甲長與保長。保甲內各戶要互相監督、互相告發，保甲內如有人從事革命活動，而保眾或甲眾知情不報，一經發現，則實行連坐政策。同時，保甲之民還須承擔碉樓堡塞後其他工事之籌建與交通幹線之保護的義務。自1934年11月起，該制度在全國推行。

〔註81〕陳公博：《今後的國民黨》，榮孟源主編：《中國國民黨歷次代表大會及中央全會資料》上冊，光明日報出版社1985年版，第565頁。

我現在打算以十分的勇氣和堅強的忍耐來接受這一切的譏笑和謾罵。我不想以文字來計較或聲辯，一切的一切都只有行動能夠替我證明。不過我當時準備接受一切繼續與謾罵的時候，我的心不能不感覺沉痛。」〔註82〕就當時情況來說，施存統的此種思想與行為，與其說是革命者的個別表現，不如說是一種群體現象，因為在大革命失敗後，許多共產黨人投敵變節、脫黨立黨，其原因固然離不開國民黨的恐怖統治，但也跟其自身對黨與未來的認知出現錯誤有著莫大的關聯。

　　既然如此，作為具有強烈入世情懷的非國共知識分子及其他精英，自然也因時局的混亂與動盪，而在國家、民族乃至個人前途方面，陷於苦悶與彷徨之中。為此，他們一方面對國共相爭所造成的殺戮景象提出強烈批評。如《大公報》針對國民黨打著「清黨」旗號濫殺無辜的行為與共產黨針鋒相對的舉措，在社評中感慨道：「嗚呼！吾人誠厭聞所謂左右國共之爭，而實不能不代吾青年請求保障。夫不論左右國共，除其中少數姦猾野心之徒外，彼一般青年之從事其間者，寧非為救國救民來乎？縱心思幼稚，局量偏淺，手段凌雜，而指導者之過也。至不在黨之學生，亦甚多矣。夫新中國之建設，終須賴全國有志青年奮鬥，而非自私自利之寄生階級所能辦。則對於各方殺機之開，勢不能不大聲疾呼，極端抗議！」〔註83〕與此類似，周作人也持相同的見解，他對國民黨的「清黨」批評道：「青年男女死於革命原是很平常的，裏邊如有相識的人，也自然覺得可悲，但這正如死在戰場一樣，實在無可怨恨，因為不能殺敵則為敵所殺是世上的通則，從國民黨黨裏被清出而槍決或斬決的，那卻是別一回事了。」〔註84〕

　　另一方面，必須對國共相爭所衍生的時代課題做出回應：即是以國共所走道路作為自己回應歷史命題的路徑呢？還是走一條既超越國共革命路線又立足於其間的道路呢？如果屬於前者，那麼究竟是擁共呢？還是挺國呢？如果屬於後者，是不是以比國共更革命的姿態和更愛國的立場力行到實踐之中？對此，在那樣一個「問蒼茫大地，誰主沉浮」的現實裏，沒有誰能給出肯定的回答。面對歷史與時代的拷問，胡適在《我們走那條路？》一文中寫道：「我

〔註82〕施存統：《悲痛中的自白》，《民國日報》1927 年 8 月 30 日。
〔註83〕社論：《黨禍》，《大公報》1927 年 4 月 29 日。
〔註84〕周作人：《偶感》，高瑞泉選編：《理性與人道——周作人文選》，上海遠東出版社 1996 年版，第 294 頁。

們平日都不肯徹底想想究竟我們要一個怎麼樣的社會國家，也不肯徹底想想
究竟我們應該走那一條路才能達到我們的目的地。事到臨頭，人家叫我們向左
走，我們便撐著旗，喊著向左走；人家叫我們向右走，我們也便撐著旗，喊著
向右走。如果我們的領導者是真正睜開眼睛看過世界的人，如果他們確是睜著
眼睛領導我們，那麼，我們也許可以跟著他們走上平陽大道上去。但是，萬一
我們的領導者也都是瞎子，也在那兒被別人牽著鼻子走，那麼，我們真有『盲
人騎瞎馬，夜半臨深池』的大危險了。」因此，「我們不願意被一群瞎子牽著
鼻子走的人，在這個時候應該睜開眼睛看著前面有幾個岔路，看看那一條路引
我們到那兒去，看看我們自己可以並且應該走那一條路」〔註85〕。胡適號召那
些對國共兩黨主張和實踐並不認同或滋生疑慮的人們，應該盡快告別眼前的
憂思與觀望，積極主動地探索契合自己理想與中國現實的道路。彭文應根據自
己對中國國情的觀察與思考，分別在文章中用一種皮裏春秋的筆法，提出了中
國既不適宜於走資本主義道路〔註86〕也不適宜於走共產主義道路的主張；〔註
87〕言外之意，就是說標榜資本主義的國民黨政治路線在中國行不通，倡言共
產主義的共產黨政治路線同樣在中國行不通。

　　相對於彭文應的含蓄，梁漱溟說得更直接，他結合中國近代以來自救運動
屢屢失敗的事實，感歎說道：「又試觀廿年間，凡今之所謂禍國殃民亟要剷除
打倒者，皆昨之沐受西洋教育或得西洋風氣最先，為民族自救的維新運動、革
命運動而興起之新興勢力首領人物，初非傳統勢力老舊人物。已往之研究系北
洋派固皆此列；而眼前之南京政府不尤其顯著乎！近二三十年間事，正為維新
革命先進後進自己搗亂自己否認之一部滑稽史。其關乎私人恩怨，喜怒為用者
此不說；且言其一時所謂公是公非者。始則相尚以講求富強，乃不期一轉而唱
打倒資本主義、帝國主義矣！始則豔稱人家的商戰以為美事，今則一轉而咒罵
經濟侵略以為惡德。模仿日本之後，菲薄日本；依傍蘇俄之後，怨詆蘇俄；昨
日之所是，今日之所非；今日寇讎，昨日恩親。所謂『不惜以今日之我與昨日
之我挑戰者』，自己之顛倒迷擾，曾為定識，固自白之矣；改過雖勇，寧抵得
貽誤之已大。」最後，梁漱溟明確提出：「一、我們政治上的第一個不通的路
──歐近代民主政治的路；二、我們政治上的第二個不通的路──俄國共產黨

〔註85〕胡適：《我們走那條路？》，《新月》1929 年第 10 期。
〔註86〕彭文應：《資本主義之路不通》，《主張與批判》1932 年第 2 期。
〔註87〕彭文應：《共產主義之路也不通》，《主張與批判》1932 年第 3 期。

發明的路；三、我們經濟上的第一個不通的路——歐洲近代資本主義的路；四、我們經濟上的第二個不通的路——俄國共產黨要走的路。」〔註88〕根據梁漱溟的語意，不只是國共兩黨所走的道路在中國走不通，就是那些所有癡迷學習西方而不顧惜國情的自救之路，在中國也走不通。第二，為清季以來改良路線的抬頭提供了一種契機。本來隨著國共合作的出現與大革命高潮的到來，許多人已逐步確立起對革命的信心和希望，認為它才是一條指引中國向何處去的康莊大道。所以，不難發現在大革命期間不僅越來越多的人加入到國共兩黨所領導的革命洪流中，而且此前各種各樣的所謂改良主張，如好政府主義、聯省自治、廢督裁兵、國家主義、新村主義、無政府主義、基爾特社會主義等，要麼銷聲匿跡，要麼退居到社會的邊緣。但是，國共合作破裂後兩黨針鋒相對的革命路向，無疑大大動搖了革命在人們心目中所樹立的權威性與合法性，因為此時的人們不能不產生這樣一種疑惑：如果革命是事關中國未來的不二選擇，那麼為什麼同在革命旗幟下的國共兩黨，其行為又是如此的大相徑庭？否則，中國的未來就應該還有其他道路的選擇。也許正由於此種困惑的存在，改良難免不再度成為人們探索中國出路的又一種嘗試。誠如梁漱溟針對大革命失敗後混亂的政治局面感慨地說：「代表十三年改組後之國民黨的，所謂國民黨左派者，已經沒有向著社會上有力分子求同情，培勢力，開前途的自信，而投到北方來。——這就完完全全倒塌下來了！再無話可以講得！亦再沒有人同情於他們！大運已終，就此了結。而同時社會上，一向被十三年來的國民黨所鉗制的言論，亦於此不期而發出了種種呼聲。像胡適之先生一派的『人權論』，『我們走那一條路？』像章太炎先生的妙論：『黨國不滅，民國不興』，『恢復臨時約法，無色國旗』，像周震鱗、黃一歐先生一派的『坦途週刊』上的言論，都是好例子。我記不起的還有很多。其他報紙上零星的表現，到處的街談巷議，更不計其數。這一以見十三年來的革命潮流落歸無力，一以見社會人心別求出路的急迫。」〔註89〕梁漱溟的話，確實指出國共合作破裂後，許多不滿意於國共兩黨政治主張的精英階層，又開始積極投入到探討中國未來發展路向的命題之中。

〔註88〕 梁漱溟：《中華民族自救運動之最後覺悟》，蔡尚思主編：《中國現代思想史資料簡編》第 3 卷，浙江人民出版社 1983 年版，第 493～494 頁。

〔註89〕 梁漱溟：《主編「村治」之自白》，中國人民大學黨史教研室編：《批判中國資產階級中間路線參考資料》第 2 輯，中國人民大學，1959 年，第 137 頁。

　　事實上也是這樣，在國共相爭的背景上，不難發現既有主張走平民革命道路的第三黨（剛開始叫中國國民黨臨時行動委員會），也有要求走國家社會主義道路的國社黨，還有強調用國家主義思想來統一中國的青年黨，更有倡言建設鄉村復興傳統文化以達到挽救民族危亡的鄉建派。此外，並有側重於職業教育的職教社和著力於國家政治制度改造與建構的胡適派學人等。而這些政治派別與群體，其所持的觀點與主張，其所進行的社會實踐，相對於國共兩黨的政治路線與政策而言，具有很大的區別。比如胡適派學人，出於針砭時弊和宣揚民主、自由、憲政的目的，繼《新月》後創辦了《獨立評論》，為了顯示辦刊的宗旨，特地在第一號「引言」中聲明：「我們現在發起這個刊物，想把我們幾個人的意見隨時公布出來，做一種引子，引起社會上的注意和討論。我們對讀者的期望，和污蔑對自己的期望一樣：也不希望得著一致的同情，只希望得著一些公心的，根據事實的批評和討論。我們叫這刊物做『獨立評論』，因為我們都希望永遠保持一點獨立的精神。不倚傍任何黨派，不迷信任何成見，用負責任的言論來發表我們各人思考的結果：這是獨立的精神。」〔註90〕胡適雖然此時沒有提出政治主張與思想路線，但其「不倚傍任何黨派，不迷信任何成見」「永遠保持一點獨立的精神」的話語，無疑暗示了其在建國與救亡問題方面不囿於國共政見及路線的立場。而丁文江則在思考「中國政治出路」中提出：「在今日的中國，武力革命是極不容易走得通的一條狹路。所以，我們只好用和平的手段，長期的奮鬥，來改革中國的政治。我所謂奮鬥可分為兩種：一是對於政府的，一是關於我們本身的。」對於政府的奮鬥，就是要求國民政府絕對尊重人民的言論思想自由，停止用國庫支付國民黨省、市、縣各黨部的費用，明確規定政府的轉移程序；對於我們本身的奮鬥，就是組織小團體公開討論自己的信仰與政治主張，救濟青年，研究具體問題。〔註91〕相對於胡適的主張，丁文江無異於更明確地宣告：自由知識分子應該走一條屬於自己的道路。

　　第三，造成了各種社會政治力量的再一次分化和重組。應該說國共合作在未破裂之前，已成為整合各種社會政治力量的磁場，因為它既得到了廣大工農群眾的支持，也得到了許多青年學生的擁護，更得到了一部分原來崇尚改良的知識分子、地方士紳與資產階級的擁戴。可以說，第一次國共合作是當時社會

〔註90〕胡適：《引言》，《獨立評論》1932 年 5 月 22 日。
〔註91〕丁文江：《中國政治的出路》，《獨立評論》1932 年 7 月 31 日。

上各種政治力量的集合與聯盟。然而隨著國共相爭的凸顯，不僅導致了原來的革命陣線一分為二，而且也使得自己的追隨者也日益分裂成兩大對立的政治陣營。在此情形下，作為游離於國共兩大集體團之外或邊緣的政治力量，以及本就獨立於國共兩黨組織的政治集團或個人，為了自己的理想和追求，不得不在國共兩極對立的政治格局中加強自我認同，並充分利用這樣一種對立格局所造就的政治空間，去發展和壯大自己的力量。

此故，當第一次大革命失敗後，從國共合作組織中分離出來的一部分既不滿國民黨，又不滿共產黨主張的革命者，高舉「平民三民主義」旗幟，在鄧演達、章伯鈞等人領導下組建了第三黨；以胡適、徐志摩、羅隆基等一批嚮往民主、自由與平等的知識分子，則以《新月》雜誌為陣地組建了人權派；以宋慶齡、蔡元培、楊杏佛、黎照寰、林語堂等為代表的一批不滿國民黨一黨獨裁與黑暗統治的社會各界名流，為援救一切愛國的革命的政治犯，爭取人民的出版、言論、集會和結社自由等，組建了中國民權保障同盟〔註92〕；以張君勱、張東蓀、羅隆基、胡石青、諸青來等一批本不贊成國共政治主張的人，打著國家社會主義旗號，組建起國家社會黨〔註93〕；以曾琦、左舜生、李璜、陳啟天為代表的青年黨人，也趁機發展和壯大原有的組織。同時，以梁漱溟、晏陽初、黃炎培、章元善、江恒源、許士廉等為代表的一批重視社會改造或正在進行社會改造的知識分子，由於觀點與主張具有家族類似的特徵，從而在實踐中結成了鄉建派、職教社等團體組織。鑒於國共兩黨所形成的左右兩翼嚴重對立的政治格局，這些既不滿意國共路線和主張，又崇尚社會改良的團體和組織，無疑在中國政治舞臺上結成了一種中間力量，儘管該力量分散而弱小的，但構成這些組織或團體的知識分子，相對於陣線分明的國共兩黨而言，自然可以稱之為中間派人士。

〔註92〕中國民權保障同盟，成立於1932年12月29日，由於國民黨的打壓與內部思想的不統一，半年後自動解散，但其追求民主反對獨裁的主張仍鼓舞著其他中間派人士的鬥爭。
〔註93〕國家社會黨，規模並不大，以「國家社會黨」為黨名活動應該於1934年開始，但歷史卻可追溯到清末，當時其領導人為梁啟超，後因時勢變化而日漸式微。1931年，由於不滿意中國的政治現狀，張東蓀、張君勱、羅隆基等人於1931年10月在北平發行《再生》週刊，組建再生社，寓再造中華民國之意。1934年10月，張君勱在天津召集「再生社」臨時代表大會，即國社黨成立大會，並借助國家社會主義旗幟，其理論基礎為「絕對的愛國主義與漸進的社會主義」。

因此，這些由中間派人士構成的政治派別與社會團體，為了在國共兩黨對立的政治生態中拓展自己的生存空間，增加自己在社會政治活動中話語權和加強內部人員的相互認同，它們還通過創辦刊物來擴大自己在社會中的影響，同時達到徵集同志和尋找同盟者的目的。比如青年黨與國社黨人合辦的《新路》雜誌在《發刊辭》中說：「愛國義務，不敢後人，一得之愚，不敢自閉，謹本平日所思索所抉擇者，發為文字，就正國人。關於立言標準，所欲自勉者有四。曰持論務求平實：實業尚未發達，而空言貧富均等，國內尚未統一，而高唱世界革命，躐等之舉，既令成功，而進銳退速，已有明驗，同人所努力戒者一也。曰手段必加選擇：國內革新，甘為外人作倀，鼓動青年，不惜金錢釣餌，但圖成功之速，不計貽害無窮，同人所力戒者二也。曰立法期於久遠：民主政治以人人發展為旨歸，階級專政與一黨專政，必因一部分人之反對而發生反動；軍人不得干政，為民主國之通例，依『黨軍』之說，軍人與黨為緣，因政見幾微之差，必有以武力相逞者，縱令一時快意，行見來日大難，同人所力戒者三也。四曰主張持以堅定：凡所標舉，本於良心之主張與制度之比較研究，豈謂日月不刊之文字，免為暮四朝三之狙公，同人所力戒者四也。」〔註94〕而第三黨人鑒於自身的實際情況，特地跟中國共產黨與改組派劃清界限，其在所辦的刊物上發文說：我們和共產黨的分界：共產黨純粹是國際，而我們是帶民族性的；共產黨以中國革命為手段，而我們的目的就是中國革命；共產黨用共產主義革命方式去解決中國問題，我們用平民革命的手段來解決中國問題；共產黨是利用農民建立工人獨裁政權，我們是依靠平民建立平民政權；共產黨只在關注未來，我們專注於現在；共產黨使中國的現狀變得更混亂，我們要使中國新的社會秩序早日形成。我們和改組派的分界：改組派是一大群舊社會的統治者，或半統治者集團，他們因利益而集合，沒有共同綱領，政策忽左忽右，他們工作的對象只是勾串及依附舊勢力；我們不但要和現存的一切統治勢力絕緣，而且要堅決地推翻一切反動的統治勢力，我們高舉孫中山革命旗幟，繼續不斷地和一切叛徒們戰鬥，並使中國民眾歷來所受的苦痛羞辱一齊擺脫洗滌淨盡。〔註95〕根據聲氣相通、同聲相和的特點，這樣一種性質報刊的創辦，既有助於向中間派人士宣傳主張、集合同志，也有助於其擴大社會影響、壯大隊伍組織。其中在 20 年代末 30 年代初，中間派人士創辦代表性的刊物還有：

〔註94〕蝸居客（張君勱）：《發刊辭》，《新路》1928 年第 1 號。
〔註95〕《中國國民黨臨時行動委員會政治主張》，《革命行動》1930 年第 1 期。

胡適派學人的《新月》與《獨立評論》雜誌、國社黨人的《再生》雜誌、鄉建派諸君子的《鄉村建設》、青年黨人的《民聲週刊》、第三黨的《革命行動》等。

至此，三種因素互動，中間路線的出場成為了一種歷史必然。為什麼會這樣呢？

首先，國共兩黨合作的失敗，重新把「中國向何處去」這一近代以來的歷史課題置於無解狀態，從而為中間路線登上歷史舞臺提供了一種合法性依據，同時也為中間路線進入價值與意義領域鋪設了道路。換言之，它解決了中間路線變成現實的兩大前提：即因何而來與有何作用的命題。所以，胡適派學人靈魂人物胡適，針對國共兩黨合作失敗所出現的紛爭局面，感慨地說：「我們平日都不肯徹底想想究竟我們要一個怎麼樣的社會國家，也不肯徹底想想究竟我們應該走哪一條路才能達到我們的目的地。事到臨頭，人家叫我們向左走，我們確是睜著眼睛領導我們，那麼，我們也許可以跟著他們走上平陽大路上去。但是，萬一我們的領導者也都是瞎子，也在那兒被別人牽著鼻子走，那麼，我們真有『盲人騎瞎馬，夜半臨深池』的大危險了。」接著，胡適進而提出：「我們不願意被一群瞎子牽著鼻子走的人，在這個時候應該睜開眼睛看著面前有幾個岔路，看看那一條路引我們到哪兒去，看看我們自己可以並且應該走那一條路。我們的觀察和判斷自然難保沒有錯誤，但我們深信自覺探路總勝於閉了眼睛讓人牽著鼻子走。我們並且希望公開的討論我們自己探路的結果可以使我們得著更正確的途徑。」〔註96〕。這裡胡適雖然沒有明確否定國共兩黨所走的道路，但也無疑承認了自己及其同志必須要尋找一條適合中華民族的道路。

其次，國共合作失敗後所形成的左右對立的政治格局，使得晚清以來特別是民初以來各種改良路線的復蘇與抬頭成為可能，而此種可能，既為與其有著某種內在關聯的中間路線的出現創造了條件，也為中間路線在改造政治、整合社會過程中，提供了某些借鑒的思路。事實上，作為與國共對立路線相比較而存在的中間路線，在某種程度上就是此前改良性路線在新時代的整合與再現。因為在這些改良性路線中，無論是中間偏左的平民革命道路與國家社會主義道路，還是中間偏右的國家主義道路與鄉村建設道路，或者是相對中間的職業教育，根據路徑依賴的原理，在晚清以來的改良主張與實踐中，都能找到它們的思想源頭與實踐起點。同時，儘管從表象上看，這些路線，彼此在主張上各

〔註96〕胡適：《我們走那條路？》，《新月》1929年第10期。

有不同，但如果從本質上考察，不難發現它們在許多方面存在著類似特徵：目的上，它們都是為近代以來迷失方向的中華民族尋找走向未來的正確路徑；手段上，它們都以改良作為自己實現目的的基本工具；內容上，它們大體上都沿著改造社會或改造政治兩個層面來對當時國共革命路線的得失利弊作出不同程度的補充和修正；生存空間上，它們都共存於國共相爭的夾縫之中。故而，在此意義上如果把國共在性質上兩條截然對立的路線，分別稱之為右翼路線和左翼路線的話，那麼這些改良路線鑒於其性質與特徵，即可歸結於中間路線的範疇之中。

最後，因大革命失敗而出現的社會各種政治力量的再次分化與重組，一方面為中間路線的出現造就了一批推崇者與鼓吹者，另一方面也為其提供了數量更多的追隨者。因為隨著國共合作的破裂，作為既得利益者的國民黨，以三民主義相號召，逐漸演化成一個集官僚、軍閥、地主、買辦與資產階級的聚合體，而作為對立者的中國共產黨，則以馬克思主義為旗幟，完全成為一個集工人、農民及激進知識分子的聚合體，並且彼此之間都以革命相標榜進行針鋒相對的鬥爭。如是，那些既不贊成三民主義，也不贊成馬克思主義，更不贊成暴力革命的政治派別、社會團體與無黨派人士，在國共兩大政治勢力的夾縫中究竟該何去何從呢？走中間路線也許是一個不錯的選擇。當然，也許有人會說，難道他們不能走比國民黨更右、比共產黨更左的路線嗎？從理論上看，或許是可行的；從現實上看，則是不可能的。因為「右」如國民黨的路線與政策，尚且遭到來自以中國共產黨為代表的各派政治力量的強烈批評與抵制，那麼在當時的中國，又怎能有比國民黨更「右」的路線與政策的生存空間？反之，「左」如中共的路線與政策，在以國民黨為首的各種政治集團看來，都無異於洪水猛獸，那麼比中共更「左」的路線和政策，同樣沒有存在下去的可能；並且，中間派人士的知識背景與政治傾向，也不可能讓自身走上極端的政治道路；同時，對崇尚與標榜我最革命的國共兩黨而言，國民黨絕不會把比自己更「右」的視為同道，共產黨也同樣難以比把自己更「左」的看作盟友，相反，只會分別把其當作革命的敵人而予以打壓。

三、何謂中間路線

如是，既有濃厚歷史底蘊又有強烈現實關懷的中間路線在概念上究竟是什麼？無疑是一個不可迴避的命題。特別是對那些深受意識形態影響卻又不

太瞭解中國現代歷史或世界現代政治制度的人們來說，該命題的解答尤為必要。因為他們在二元對立的習慣性思維中，常覺得路線只有革命與反革命、正確與錯誤、左翼與右翼、激進與保守之別，怎麼還能有中間的？但如果我們擴大自己的思想視域，就會發現，無論是在中國近代化路線博弈過程中，還是在19世紀末以來世界發展歷程中，中國路線確實一種無可否認的客觀存在。

就前者而言，一部分先進的中國人，面對鴉片戰爭以來的民族危亡，就試圖在保守與激進兩大政治力量及其所屬路線對立的夾縫中，找到一條救國救民的道路，進而實現民族的復興，特別是進入20世紀三四十年代，此種政治意向更是變得前所未有的鮮明。其中在40年代中後期，作為自由知識分子與民主黨派坐大集合體的中間派，鑑於國共兩黨軍爭、政爭日益激烈的現實，毅然揭櫫中間路線的大旗，提出了以「英美的政治民主加蘇聯的經濟民主」「調和國共、兼親美蘇」等為基本內容的主張。比如，國社黨領袖張東蓀認為：中間路線就是在政治上比較多的採取英美式的自由主義與民主主義，經濟上比較多的採取蘇聯式的計劃經濟與社會主義，外交上兼親美蘇，黨派關係上調和國共。〔註97〕施復亮提出：中間路線，在政治上必須實現英美式的民主政治，但決不能為少數特權階級所操縱；在經濟上必須發展民族資本主義，但決不容許官僚買辦資本的橫行與發展，且須保護農工大眾及一切被雇用者的利益；在外交上支持聯合國，確保世界和平，支持世界各地的民族解放運動，對美蘇採取同等親善政策；在黨派關係上，既不籠統地反對國民黨或共產黨，也不盲目地追隨國民黨或共產黨；在思想上，主張自由主義，反對任何思想上的統制和清一色；在行動上，提倡和平與改良，反對暴力的革命行動。〔註98〕自由知識分子孫寶毅主張：「所謂中間路線也者，就是想去掉與修正美蘇兩者制度的偏廢之處，而兼收並蓄其長處，以求得一個政治自由與經濟平等兼而有之的完全的真正的民主。」〔註99〕

儘管張、孫二氏的路線及其主張面臨著如下一系列命題的考問：概念上，確認中間路線的標準究竟是什麼？難道僅憑其本身的內容？除此還有其他什麼因素嗎？時段上，儘管中間路線是在戰後正式浮出了水面，但是否意味著此前它就不存在？形式上，毋庸置疑中間派所主張的「英美的政治民主加蘇聯的

〔註97〕張東蓀：《一個中間性的政治路線》，《再生》1946年6月。
〔註98〕施復亮：《何謂中間派》，《文匯報》1946年7月14日。
〔註99〕孫寶毅：《何謂中間路線》，《現實文摘》1948年第12期。

經濟民主」「調和國共、兼親美蘇」等內容，自然是中間路線非常典型的面孔，可是這張面孔是否就是它的唯一表徵？目的上，中間路線的出場究竟是為什麼？換言之，它所承擔的歷史使命究竟是什麼？難道僅僅是為了「調和國共、兼親美蘇」嗎？手段上，不能否認「調和」是中間路線在實踐中表達其主張與觀點的重要方式，然而如果只有調和，它還能保持其固有的立場和原則嗎？而且如果這樣，它跟以前的改良路線又有何區別呢？思想上，自由主義當然是中間路線中最為主要的理論基礎，問題是除了該思想外，是否還有其他的思想？如果有，那麼又是什麼原因使得這些不同的思想集結在它的旗幟之下？但根據家族類似原理及歷史路徑依賴理論，不僅其路線是相對於中國近代以來保守與激進兩大對立路線的存在，而且其主張也是相對於領導對立路線所持主張的存在。

　　就後者而言，中間路線作為一種社會政治主張，自 19 世紀末 20 世紀初登上政治舞臺後，就開始時隱時現於歷史的時空之中。20 世紀初，德國社會民主黨理論家伯恩斯坦針對當時以放任自由主義為指導的國家政策和以馬克思主義為內核的社會主義主張所形成尖銳對立的現實，從而建議在科學的社會主義與現實的資本主義之間走一條「中間道路」。其後隨著俄國十月革命的勝利，第二國際著名修正主義代表人物魯·希法亭提出了吸取社會主義組織性與計劃性優點、走一條既改變資本主義又非十月革命模式的發展道路，換言之，即在資本主義制度與社會主義制度之間走一條中間道路。30 年代，由於受世界性資本主義經濟危機的影響，英國費邊主義〔註100〕者又提出了一條介於美國「新經濟政策」與蘇聯模式之間的民主社會主義道路。到了 20 世紀中期，亞非拉一些新興民族獨立國家面對世界日益分裂成兩大對立的陣營，也紛紛標榜中間路線。如 40 年代阿根廷總統胡安·庇隆在其施政主張中說：「無論資本主義還是共產主義都是已過時了的制度，資本主義通過資本剝削人，而共產主義通過國家剝削人，兩者通過不同的制度同樣損害人。」「我們選擇其中

〔註100〕費邊主義：它是 1884 年英國一些崇尚對資本主義實施漸進改良的知識分子所組成的費邊社（FabianSociety）的思想體系和政治綱領；由於該社成員認為社會改革應循序漸進，故以公元前 3 世紀古羅馬一位因主張等待時機、避免決戰的戰略而著名的將軍費邊的名字命名社名，其主張亦稱為「費邊社會主義」（FabianSocialism），簡稱「費邊主義」（Fabianism）。其代表人物有喬治·蕭伯納、悉尼·韋伯、哈羅德·約瑟夫·拉斯基等；代表性主張有：提倡階級合作、社會和平，反對激進主義革命和專政，強調運用溫和漸進的方法和一點一滴的改良來實現社會主義。

的任何一種制度都不能為我國人民帶來應得的福利，因而我們決定創立一個第三立場，即既非資本主義，又非共產主義。」50 年代，印度總理尼赫魯提出要走一種新型的社會主義道路，即一種在共產主義和資本主義國家實踐之間的中間道路。其後，馬里總統馬桑巴·代巴主張在資本主義體系的山坡與社會主義體系的山坡所形成的山谷中開闢出一條道路來。然而到了 20 世紀六七十年代隨著東歐一些社會主義國家由於經濟發展的受阻，一些社會主義理論家也主張走一條既不同於民主社會主義，又不同於蘇聯模式的道路，希望藉此開創出另一種社會主義發展模式。如捷克經濟學家奧塔·希克在其撰寫的《第三條道路》《一種可行的經濟體制》《關於第三條道路的論據》等著作中都對此作了專門的論述。從這裡可以看出，中間路線之所以長期以來成為國際上許多思想家與政治家的共同話題，主要是他們意識到作為當下處於主流地位的兩種社會政治制度，不僅在意識形態方面存在著嚴重的政治對立，而且在社會發展方面也存在著明顯的制度困境，所以站在調和的立場，希望從對立雙方中截取各自長處，來開闢一條未來國家建設的新路向。

鑒此，無論中國還是世界，中間路線作為一種以調和與改良為基本政治傾向的主張，儘管具體名稱各異、所處時空不同，並且彼此也不一定代表未來人類社會政治建構發展的總趨勢，但無疑說明了當不同政治團體在國家政治經濟模式現代化轉型過程中出現嚴重對立與衝突的時候，走其所屬道路未嘗不是一種明智的選擇。同時，它的出現，也意味著近代以來無論是傳統的資本主義，還是傳統的社會主義，都有難以克服的弊病；如果它們想承擔引導人類走向未來的重任，就有必要打破原有意識形態的框架，從固有傳統中解脫出來，對此前所持的一些觀點與主張進行適當的修正，進而在彼此相互學習、吸納對方的優點中實現自我突破與提升。

既然如此，那麼作為中國 20 世紀三四十年代的中間路線，在概念上應該是這樣一條路線：即中間派人士在國共政爭格局中，為實現挽救民族危亡和建立資產階級共和國目的而奉行的一條改良型路線。也許從字面上看，該定義相對於 40 年代中間派人士的說法有點模糊與抽象，但無疑在內涵上更具有包容性，同時，此種包容性並不影響其作為對中間路線這一客觀事實的描述與規範。因為該定義，一方面從時空上不脫離中間路線所處的由國共政爭與內憂外患所構成的政治生態，另一方面從價值上不違背中間路線所應具有的歷史和時代意義；此外，從手段上也保持中間路線在專制與革命面前既妥協又鬥爭的

改良特質。因而 20 世紀 40 年代中間派人士所定義的中間路線，雖然在內涵上更加明晰，可是從外延上看卻包含於上述的定義之中。此故，筆者所定義的中間路線，不僅包含了 40 年代的中間路線，而且包含了自 20 世紀 20 年代末以來那些試圖在國共政爭格局中通過調和手段、力圖實現救亡與建國的改良路線。其在表徵上，民主與自由固然是其基本的政治口號，但出於救亡與建國的目的，妥協與調和也是其最為常用的手段。

　　然而，那些揭櫫中間路線大旗、倡言中間路線主張的中間派人士又是一個怎樣的政治群體呢？也很有必要對其做出明確的界定。因為中間派人士既是中間路線的倡言者，也是中間路線的踐行者，從此意義上說，沒有中間派人士也就沒有中間路線。但是，劃分中間派人士的依據是什麼呢？鑒於言說者政治立場的差異，並沒有形成一致的說法。如一個筆名「於懷」的中間路線批判者認為，中間派人士就是蔣介石統治下的上層資產階級和中等資產階級的知識分子以及大地主大資產階級中的反對派；〔註 101〕著名中間路線的倡言者施復亮認為，中間派人士是民族企業家、手工業者、工商業從業人員、知識分子、小地主、富農、中農等；〔註 102〕著名自由主義者周鯨文主張：中間派人士就是除去官僚、地主、資本家、買辦等形成少數人的階級與資本主義制度下無產階級——生產工人外的多數人。〔註 103〕而在現代研究者中，由於各自問題意識的不同，彼此同樣沒有形成一致的觀點。如王宗榮等提出：中間派人士是代表民族資產階級和上層小資產階級利益的民主黨派和一部分民主人士；〔註 104〕汪守軍則認為：中間派人士是指少數主張「改良主義」的民族資產階級、小資產階級及其知識分子、大地主大資產階級中的失勢者、追隨革命或參加過革命的失意者和不滿者。〔註 105〕

　　上述諸種有關何謂中間派人士的說法，雖不能說完全正確，但也並非全無道理。因為作為中間派人士這一群體，其成員的構成確實十分龐雜。它既有側重於社會改造的鄉建派與職教社諸君子，也包含那些著力於政治建構的胡適

〔註 101〕《批評中國資產階級中間路線參考資料》第 4 輯，中國人民大學 1962 年版，第 37 頁。

〔註 102〕施復亮：《何謂中間派》，《文匯報》1946 年 7 月 14 日。

〔註 103〕周鯨文：《論中國多數人的政治路線》，《時代批評》1947 年第 86 期。

〔註 104〕王宗榮、王素梅：《略論解放戰爭時期的中間路線》，《齊魯學刊》1995 年第 2 期。

〔註 105〕汪守軍：《「中間路線」的歷史宿命與中國共產黨領導的多黨合作和政治協商制度的歷史必然性》，《中央社會主義學院學報》2013 年第 2 期。

派學人、青年黨人、國社黨人與第三黨人；既有清末民初以來那些崇尚社會改良的先進中國人，也有不滿國共革命路線的無黨派人士。所以，觀察者的視角差異，對匯聚在中間路線旗幟下的中間派人士的界定，自然各有不同。不過，如果我們不囿於階級意識而立足於中間路線概念的本身來思考問題，也許在對中間派人士的判斷上，結論不會有如此大的差別。

　　筆者在參閱已有研究成果的基礎上，通過歸納與分析，認為所謂中間派人士就是一群不滿意國共兩黨的政治主張與實踐，卻又在國家建構上崇尚自由主義政治理念與民族危亡上追求國家獨立富強的不同領域內的知識人士。因為這些知識人士，雖然來自不同的社會階層與不同的工作領域，有些甚至分屬不同或對立的團體與黨派，但都有一種強烈的憂國意識與濟世情懷。同時，又由於彼此在現代知識的掌握上與所處世界的認知上，存在著某種趨同性，特別是在對民主、自由、憲政、法治等有關自由主義政治理念的信守與追求上，更呈現出某種共同傾向，於是在內憂外患相互激盪的時勢中，結成一種相對鬆散而又相互關聯的政治群體，也就成為一種必然。比如，就自由主義價值觀念認同而言，在此群體中，不用說一向以自由主義相標榜的胡適派學人，就是政治立場較為保守的鄉建派人士和國社黨人士，亦同樣對民主、自由等自由主義價值觀念相當看重。更甚者，國社黨人士還在其政治制度的藍圖中，特別給英美的政治民主留下了一個位置。所以，正因為此種政治傾向的存在，這些中間派人士才在國共兩大政治集團對峙格局中集結到中間路線的旗幟下，並於40年代中後期把建立一個真正的資產階級共和國作為共同的政治藍圖。

　　為什麼不把中間路線的信奉者稱作「中間勢力」「中間力量」「中間階層」「中間黨派」「中間分子」「中間派」「第三方面」或「第三種力量」，而把其稱作中間派人士呢？筆者以為主要有如下三個理由：

　　其一，從國共的立場觀之，這些中間路線的推崇者相對於國共兩黨而言，無疑是中間派的，因為他們在對待國共兩黨的態度上盡量地保持一種超然獨立的中間性立場。例如，著名中間派人士胡適面對當政者的延攬與邀請，聲稱自己寧願做國家的諍臣和政府的諍友，也不願加入到當權者的行列之中；而且還在日記裏寫道：「我們的態度是『修正』的態度：我們不問誰在臺上，只希望做點補偏救弊的工作。補得一分是一分，救得一弊是一弊。」〔註106〕另一著名中間派人士梁漱溟也在文章中說：「我們接近政權而使用它也無妨的，卻

〔註106〕季羨林主編：《胡適全集》第三卷，安徽教育出版社2003年版，第415頁。

須認清一個原則：就是要保持我們與它之間的一定比例平衡。社會上潮流聲勢起來一點，就無妨使用政權一點，總不要過了分，同時政府給我們的機會愈大，我們的領袖愈要退居政府之外，此即能保持平衡。」〔註107〕

其二，從中間路線的自身觀之，其推崇者並沒有形成一個有機的整體，相反，在實踐中倒呈現出某種強烈的原子式個體特性。比如，既屬民盟又屬國社黨的張東蓀就曾公開說：「本人向來在政治上苟有主張，總是獨往獨來，所以雖隸屬於民盟，而所說的話卻是不代表民盟，讀者千萬不要誤會。」〔註108〕再如，胡適派學人雖然先後創辦了《新月》與《獨立評論》等同人雜誌，但在文章的刊發上則不僅要求文責自負，而且在觀點主張上也不強求一致。梁實秋甚至在《敬告讀者》一文中聲言：「我們辦月刊的幾個人的思想並不完全一致，有的是信這個主義，有的是信那個主義……我們沒有黨，沒有派，我們只是個人用真名真姓說我們的真話。我們幾個人說是話並不一定是一致的，因為我們沒有約定要一致。」〔註109〕此外，這些倡言者在中間路線的話語系統中還可以在不同的黨派間自由流動，如著名中間派人士羅隆基首先是胡適派學人中的重要人物，其後又成為國社黨的得力幹將，再後卻是民盟的中堅力量；再如黃炎培，其身份除了是職教社領導人之外，還是國社黨黨員、民盟盟員和民建領導人。尤其是日後成為中間路線踐行者的最大聚合體——民盟不僅允許團體中存在著不同的黨派和組織，而且對盟員的進退也相當的寬鬆。可見，在中間路線的場域內，其信奉者的自由度是相當大的。換言之，作為中間路線內部的派別與團體對其所屬成員的約束力是相當弱小，同時這些派別與團體的邊界也是相當開放。

其三，在中間路線推崇者的隊伍中，還夾雜著許多無黨無派的人士，如郭沫若、陳序經、儲安平、張申府等，因而如果用黨派概念來涵蓋這些人員，顯然不太恰當。所以，時人周鯨文在討論「中國多數人的政治路線」時，也表達了類似的擔心。他說：「我這篇文章也是討論這類問題。不過，我不願用『第三方面』或『中間派』這類命題。關於前者自然是針對國共兩黨而言，自然是指國共以外的廣泛民主黨派。第三方面從力量來說，雖不一定是退居第三位的意思，而按之習慣的印象總有第一、第二、第三……排列的重要和次要。同時，

〔註107〕《梁漱溟全集》第二卷，山東人民出版社2005年版，第584頁。
〔註108〕張東蓀：《美國對華與中國自處》，《觀察》1947年第6期。
〔註109〕黎照編：《魯迅梁實秋論戰實錄》，華齡出版社1997年版，第260～261頁。

以今日黨派組織上的力量而論，國共以外的黨派的確趕不上國共兩黨。故以局限性的黨派力量而概括第三方面也不允當。」無獨有偶，施復亮在談到「第三方面」力量構成時也說：「除了國民黨統治集團及共產黨所代表的政治力量以外，一切中間階層及中間黨派的政治力量都屬於『第三方面』；民主同盟及其所屬諸黨派固然屬於『第三方面』，民主建國會、民主促進會、三民主義同志聯合會以及許多以和平奮鬥的方法從事民主運動的人民團體也屬於『第三方面』，甚至那廣大無組織的反對內戰、獨裁，要求和平民主的人民都可以說屬於『第三方面』。」〔註110〕因此，儘管中間路線的信奉者在人員構成上跟中間派或中間黨派存在著很大的重合，但出於對其整個信奉者隊伍的涵蓋及防止不必要誤會的出現，仍不能把其稱為中間派或中間黨派。

此故，筆者把這些集結在中間路線旗幟下，試圖在國共政爭夾縫中尋找出另一條救亡建國道路的非黨派知識分子，統稱為中間派人士。如是，既兼顧到其外在的黨派性，也體現出其內在的多元性。

當然，鑒於這些中間派人士在政治派別、思想立場以及行為傾向等方面的差異，也可以把具有黨團背景的知識分子，稱之為黨派化中間人士，其中青年黨人、國社黨人、第三黨人、救國會諸君子，可為代表；把崇尚個體自由的知識分子，稱之為個體化中間人士，其中「新月派」學人、「獨立評論派」學人，可算代表；把重視社會實踐的知識分子，稱之為行動化中間人士，其中梁漱溟的鄉建派、晏陽初的平教會、黃炎培的職教社，可為代表。所以，中間派人士，它是一個匯聚在中間路線旗幟下的不同領域知識人士的總稱。從外部相對於國共兩黨而言，無疑是一個具有相同或相似政治追求的派別；從內部相對於一個政黨所應具有的嚴格組織紀律而言，似乎又變成了一個因道義而結合的鬆散聯盟。

小結

綜上所述，作為中間路線出場的根本前提，是因為清末以來在中國近代化路線博弈過程中，「中國向何處去」這一歷史課題並沒有找到答案，儘管期間一部分先進的中國人提出「器物革新、制度改良、文化更新、政治革命」等不同的應對方案，但由於外在因素的干擾與內在要素的缺陷，最終都未能取得預

〔註110〕施復亮：《第三方面的組織問題》，《文匯報》1946 年 12 月 23 日。

期的成效；並且，積弱積貧的中國仍然掙扎在內憂外患相互交織的困局之中。
是時，當歷史的車輪進入 20 世紀 20 年代，新興的中國共產黨與長期致力於革
命的中國國民黨，在蘇俄幫助下攜手合作，開啟了國民革命的新時代，並似乎
也找到了一條讓中國浴火重生的涅槃之路，只是彼此受制於意識形態差異與
現實政治利益的干擾，從而使得剛呈現光明前途的中國，又在雙方刀光劍影的
殺伐聲中迷失了前進的方向。「中國到哪裏去？」「路在何方？」再次成為困擾
中國知識分子及其他社會精英人士的難題。故而，一批既不滿意國民黨主張、
又不認同共產黨實踐的中間派人士，帶著清末以來的改良基因，在國共兩黨尖
銳對立的政治格局中自動集結起來，提出了救亡與建國的方案，而該方案相對
於國共兩黨所持的政治路線而言，即是自 20 年代末以來，對中國政治、經濟、
思想、文化等方面產生重要影響的中間路線。

第二章　夾縫中的奮鬥歷程及特徵

　　作為與國共兩黨相爭路線而存在的中間路線，雖然因時與勢的結合而登上了中國的歷史舞臺，但鑒於其主體的複雜性與外在環境的艱巨性，其在回應救亡與建國這兩大歷史任務時，既沒有一套固定的方案，也沒有一支穩定的隊伍，相反，在時勢風雲變幻的過程中，只是沿著自己既有的價值理性，不斷地修正自己的主張與整合自己的隊伍，進而希望在與國共兩黨政治路線的博弈中實現自己的既定目標。所以，縱觀中間路線的發生、發展與沒落的過程，其不僅有著自己固有的發展理路，而且也有著自己固有的時代特徵。正因為如此，儘管自 20 世紀初期以來，世界上許多優秀人士，針對馬克思主義與自由主義兩大對立的意識形態以及社會主義與資本主義兩大對立的政治制度，都提出了有別於兩者的社會發展道路，即所謂的第三條道路或中間道路，希望以此來達到緩和兩種對立意識形態與對立政治制度的目的，但中國的中間路線除了與其有著某種家族類似的特徵外，仍與其有著本質的區別。故而，可以說中國的中間路線是中國的，它屬於中國特有的歷史和時代。

第一節　中間路線的奮鬥歷程

　　中間路線在中國現代歷史的出場，固然有著各種各樣的原因，但最根本的原因，無疑是國共相爭這一影響中國 20 世紀發展進程的歷史現象，因為國共相爭，既為其出現提供了歷史機遇，也為其存在造就了生存空間；並且正因為其跟國共相爭存在如此緊密的關係，最後自然也隨國共相爭在中國大陸的消失而淡出了歷史舞臺。所以縱觀中間路線與國共相爭這一政治格局並存

的整個歷程，不難發現，其在與二者政治路線相互博弈的過程中，大致經歷
了淡入期、整合期、凸顯期和淡出期四個時段，並因時段的不同呈現出不同
的面孔。

一、淡入期

中間路線的淡入期，大體跟第二次國內革命戰爭時期重合，即從 1927 年
國共合作破裂開始到 1937 年全面抗日戰爭爆發。從嚴格意義上看，這段時期
中間路線的輪廓並不是非常明朗，因為相對於國共路線而言，作為中間路線不
僅缺少系統性、代表性的觀點和主張，而且缺乏應有的嚴格組織；但如果從寬
鬆意義上看，中間路線畢竟是存在的。為什麼呢？

首先，中間派人士在國共對立政治路線背景下確實提出了一些改良性主
張。其中主要有：以國家主義為旗幟的青年黨人，力主中國走一條「國家至
上」「民族至上」「全民政治」「全民革命」的道路；以國家社會主義為標識的
國社黨人，建議中國在政治上走「修正的民主政治」道路，經濟上走「國家社
會主義」道路；以村治主義為號召的鄉建派人士，則認為中國未來的出路必
須從改造中國的鄉村入手；而以自由主義相標榜的胡適派學人，則希望借助
於政府來推行其民主憲政的治國理念。即使是倡言「平民革命」的第三黨，
其所訴諸實現政治理想的手段，也不全是暴力的。比如其在以「中國國民黨
臨時行動委員會」名義發布宣言中說：「本會負有復興中國革命的使命。在此
革命生死存亡的關頭，不能不號召全國被壓迫的民眾起來，反對國內的軍閥
混戰。主張在孫先生的遺教之下，由民眾自動地召集國民會議。由國民會議
解決一切政治問題與經濟問題……國民會議的構成應以十三年冬孫先生彌留
時所發表召開國民會議的方案與目前民眾的現實要求為基礎。」[註1]宣言中
第三黨雖然沒有直陳「妥協」「改良」的字眼，但其對孫中山思想的尊重、對
國民會議的肯定，無形中就包含了妥協與改良的意向。中間派人士政治主張
的這種改良性特質，無異於在把自己跟國共兩黨「革命」型政治路線區別開
來的同時，也為自己在暴力與革命雜糅的政治生態中盡可能地爭取生存空間，
提供了某種保護性外衣。

其次，中間派人士的政治主張表現出強烈的西方民主憲政傾向。以曾琦、

〔註 1〕《中國國民黨臨時行動委員會對時局宣言》（1930 年 9 月 15 日），中國農工民
　　　主黨黨史資料研究委員會編：《中國農工民主黨歷史參考資料》第二輯，內部
　　　資料，第 57 頁。

左舜生、李璜為領袖的青年黨人，雖然在其國家主義思想中，主張全民政治與全民革命，但並不否定人民享有選舉、創制、復決與罷免權等政治權利，以及享有思想、言論、集會、結社等自由權力；同時，對西方的平等、自由、博愛等民主精神也持肯定與讚揚的立場。而作為黨首之一的陳啟天說得非常直接，他在《取消黨治是取消什麼？》一文中震耳發聵地提出：「總之，取消黨治是取消什麼？不一定是要取消國民黨，也不一定是要取消國民黨內的那一派，更不一定是要取消國民黨的那一人，而是要取消政府由國民黨產生不由人民產生的制度，取消政府由國民黨監督不由人民監督的制度，取消國民黨對於人民言論、出版、集會、結社的特殊壓迫，取消黨費由公款支給。這種種不取消，便是黨治仍存在。」〔註2〕以張君勱為領袖的國社黨人，儘管在經濟上倡言社會主義，但政治上的歐美情結絕不弱於青年黨人。如其在《新路·發刊辭》中就什麼是民主政治的問題提出了自己的見解，他說：「全國人民同有參政之權，民意不至於而不伸；言論結社之自由，得所保障，至不同之人心，各有所發抒；而政權之掌握，屬諸政黨，甲在朝，乙在野以監督之，及乙在朝，甲所以監督之者亦如之；人民既有自發自動之機會，而又常立於負責之地，故不至為放言高論，以自誤而誤國；且人民心中咸知有國家，故衛國禦侮之念，油然而生；凡此者近百年來英美法瑞諸國之政績，彰彰在人耳目，而不待吾人之侈陳者也。」〔註3〕以梁漱溟為代言人的村治主義雖然不似國家主義與國社主義直接把民主憲政當作自己重要的政治追求，但是它在改造鄉村社會的背後同樣飽含著對民主憲政的嚮往，誠如其在自傳中說：「我所想的憲政的新中國，必須從地方自治入手，而地方自治又必須從團體自治入手，將農民組織起來，才能實現。」〔註4〕至於標榜自由主義的胡適派學人，其政治主張的傾向和立場，自然就更不用說了。中間派人士在政治主張中所表現出歐美民主政治的價值偏好，可以說，既是對自己改良性政治立場的印證，也是對中間路線內容的某種宣示。

最後，中間派人士在對待國共兩黨的態度方面基本上表現出相似的特性，即對國民黨的獨裁進行嚴厲的批評，對共產黨的革命表示強烈的抗議。針對國民黨的黨治現實，胡適從法治的角度批判道：「不但政府的權限要受

〔註2〕陳啟天：《取消黨治是取消什麼？》，《民聲週報》1932 年第 22 期。
〔註3〕蝸居客（張君勱）：《發刊辭》，《新路》1928 年第 1 期。
〔註4〕梁漱溟：《梁漱溟自傳》，江蘇文藝出版社 1998 年版，第 123 頁。

約法的制裁，黨的權限也要受約法的制裁。如果黨不受約法的制約，那就是一國之中仍有特殊階級超出法律的制裁之外，那還成『法治』嗎？」〔註5〕梁漱溟則認為共產黨在中國搞革命既缺乏階級基礎，也缺乏革命對象，因為中國產業工人由於人數少而稱不上階級，農民雖然人數多，卻由於散漫成性和思想落後的痼疾而難以成為階級；而作為革命對象的帝國主義和封建軍閥，前者是一個涉及國家關係的議題，後者是一個牽連政治文化的命題，但都不是革命所能解決的問題；是以梁氏斷言：共產黨在中國的革命將無成功之望，強為革命只會使社會秩序變得更加混亂。不過，相對於其他中間派人士對國共兩黨的態度，第三黨人的立場顯得尤為激烈。如其在《通告第一號》文件中提出：「現時南京的統治已明白地投降了帝國主義，已完全為腐朽官僚的分贓機關，已明白地代表地主豪紳買辦大銀行家及帝國主義者底利益，加緊的向民眾剝削……盲目的不合客觀要求的中國共產黨，已經脫離了中國革命的陣線。他的客觀任務是阻礙中國人民的解放。」〔註6〕中間派人士這樣一種對國共雙向批評的行為，在某種意義上，一方面向外宣示了對國共兩黨政策主張持異議的立場，另一方面對內有助於加強彼此間的聯絡與認同。當然，中間派人士在此階段，之所以紛紛表達與強化自己的政治訴求，跟外患日益嚴重的客觀現實也有著莫大的關係，因為他們希望通過自己的探索，去為身處國難中的民族尋找一條生路。誠如陳衡哲在《我們走那一條路？》的文章中寫道：「在一個國家遭到像我們這樣嚴重的國難時，一切說話都是等於白費。但我們也不能單單等死，我們至少也要在死路中找出一條活路來。」〔註7〕

不過，在國共兩黨政治對立的格局中，儘管中間派人士主張與立場在表現形式上各有不同，但仍然有著許多通約性因子，而這些通約性因子，在某種意義上表明了在國共相爭中確實存在著一條中間路線，只不過它處於一種相對朦朧與散亂的狀態。並且，日後的中間路線之所以得以正式浮出水面，很大程度上就是得益於這些可通約性因子，既為其出臺儲存了理論資源，也為其推行準備了組織力量，更為其得到社會的認同創造了物質條件。因為不

〔註5〕胡適：《〈人權與約法〉的討論》，《新月》1929年第4期。

〔註6〕中國農工民主黨黨史資料研究委員會編：《中國農工民主黨歷史參考資料》第二輯，內部資料，第1～2頁。

〔註7〕陳衡哲：《我們走那一條路？》，《獨立評論》1935年6月30日。

難發現：日後作為中間路線核心內容的英美政治民主加蘇聯經濟民主的模式，其實從張君勱國社主義思想中的「修正民主政治」與計劃經濟的主張裏，就能發現其清晰的輪廓和影子；而民主、自由、憲政、法治等理念，之所以能成為中間路線建構政治藍圖的重要理論資源，事實上自國共相爭開始，它們就成為胡適派學人、青年黨人、國社黨人及其他一些中間派人士抨擊時弊的話語工具。

　　此外，作為中間派人士最大聚合體的中國民主同盟，之所以能夠得以在全面抗戰的相持階段走上歷史舞臺，原因固然是當時的社會現實給其提供了一種機會，但如果沒有此前國社黨、青年黨、第三黨、鄉建派、職教社與救國會諸黨派和社會團體的存在，無論如何也是難以產生的；更甚者，如果沒有這些黨派和團體在全面抗戰爆發前所進行的一系列的社會政治活動，中國民主同盟無論如何也是抓不住這種機會。理由是當時的國民黨及其政府出於全民族抗戰的需要，設立了國民參政會這樣一個能夠容納社會各個階層與團體的精英之士的組織，希望以此為平臺集思廣益，真正實現全民族的抗戰；然而，誰才是精英之士，且能充當其所處階層或集團的代言人呢？國民黨自然就會想到國社黨、青年黨、鄉建派等這些已在社會上產生廣泛影響黨派與團體的領導人，所以國民參政會一建立，張君勱、曾琦、左舜生、梁漱溟、章伯鈞、黃炎培等就成為其中的一員；而這些人就藉此機會，通過相互交往與溝通，一方面在求同存異原則的導向下，彼此對原有的觀點和主張進行重新整合，於是使得中間路線在模糊與散亂中趨向集中並變得清晰和明朗，另一方面為了讓這樣一條路線能夠在國共路線的夾縫中拓展出自己的生存空間，彼此相互團結的意向也隨之日趨凸顯。於是，中國民主同盟的出現也就成為應然的現象。

　　由此可以說，這些中間派人士的改良主張，在某種程度上即是中間路線的雛形。同時，這些中間派人士也因為中間路線的存在，也進一步強化了自己的這一身份。不過，從思想角度看，此時的中間路線在思想主張上，並沒有發展成為一套系統的政治言說，許多中間派人士還停留在各持己見階段；從組織角度看，此時的中間派人士，也並沒有組成一個統一的政治集團，彼此仍都忙於各自團體組織的政治訴求。因此，無論是中間派人士，還是其所主張的中間路線，尚停留在中國政治舞臺的邊緣，或者說，它們對中國的政治影響才剛剛起步。

二、整合期

抗日戰爭全面爆發後，隨著國共兩黨內對外政策的巨大改變，中間派人士所持的中間路線也相應進入了整合階段，因為在此階段中，中間路線的政治主張有了很大的改變、組織隊伍有了巨大的發展、政治影響力有了極大的提高，換句話說，此時的中間路線開始已經有了跟國共兩黨的政治路線直接對話的實力和資格。

其一，救亡主張日趨一致。由於民族危機的進一步加深與抗日民族統一戰線的逐步形成，如何抗戰建國，成為所有炎黃子孫共同面臨的時代使命。在此情況下，此前於國共之間崇尚改良的中間派人士，紛紛從原有相對自我的觀點和主張中跳出來，為中華民族的救亡與建國大業獻計獻策。

就對國民黨而言，中間派人士在堅持批評其獨裁與內戰政策的前提下，對其執政黨地位的合法性和權威性基本上都表示認同與擁護。在此，國社黨領袖張君勱在致國民黨總裁蔣介石的信中稱：「則政府態度與在野黨派所要求不謀而合；在同人等，自當開心見誠，以國家社會黨之主張行動，向公等公開而說明之。故政治不獨限於若干項之大綱，尚有因時因地因事而生之問題，非今日所能預測；同人等更願本精誠團結共赴國難之意旨，與國民黨領導政局之事實，遇事商承，以期抗戰中言行之一致，此同人等願為公等確實聲明者也。」青年黨領袖左舜生出於延續國家命脈、求取抗戰勝利的目的，更是聲言：「吾人決心維護團結統一，凡違反團結統一的言論與行動，吾人將竭力予以矯正；吾人決心擁護政府，但政府措置如有失當，吾人亦不惜以正誼加以督責；吾人將指出青年在抗戰中應走的正當途徑，但無人有決心，斷不做單獨有利一黨一派的任何宣傳與煽動；對敵人的一切陰謀，吾人將根據可靠的資料，審慎的考量，隨時予以揭穿；對一切出賣祖國的漢奸國賊，我們將以嚴肅的精神大事聲討，決不姑息。總之，吾人以打倒敵人為第一，認國家的利益高於一切，凡屬一黨一派的利益，我們都看得很輕，包括我們自己在內；凡違反國家利益的任何言論與行動，不發現則已，如果發現，我們將不惜以全力與之周旋到底。」〔註8〕而以批評國民黨最為激烈著稱的救國會也在聲明中說：「我們救國同志會，不是一個政黨，也不是一個派系，我們只是一個願在政府領導之下實幹抗戰建國事業的民眾政治團體。我們在中國國民黨所頒布的《抗戰建國綱領》之

〔註8〕左舜生：《抗戰以來的積感種種及今後我們言論的態度》，《國光旬刊》1938年第1期。

外，沒有另外的政治主張。我們除了求得抗戰勝利、建國成功外，我們也沒有另外的政治要求。我們只是本著『國家興亡，匹夫有責』的立場，在最高統帥與政府的領導之下，願盡國民一分子的責任，為民族的獨立與自由而奮鬥。」〔註9〕就是向來以崇尚自由與愛護「羽毛」著稱的胡適，此時也放棄了從前只願做「諍臣」與「諍友」的原則，在抗日大潮中充當起國民黨的「過河卒子」，毅然出任南京國民政府的駐美大使，去最大限度地爭取美國政府的援華物資。

對共產黨而言，中間派人士在堅決反對其暴力革命的基礎上，對其追求民主要求抗日的傾向表示贊許，並為此而與之合作。如中共參政員董必武、陳紹禹分別提出的《加強民權主義的實施發揚民氣以利抗戰案》和《請政府明令保障各抗日黨派合法地位案》，就得了許多中間派參政員的附議和簽名。再如「皖南事變」發生後，中間派人士又針對國民黨集團的親痛仇快之舉措抗議道：「反共是世界侵略者的口號，是敵寇慣喊的口號，同時是汪逆叛徒正在用的口號。在我們則精誠團結，和衷共濟，應是救中國的最要緊的口號，所以現在應特別強調精誠團結。」〔註10〕即使此前一直敵視中國共產黨的青年黨人，此時態度也發生了改變。如一個筆名叫「季子」的青年黨人在「短評」中說：「我們很誠懇的忠告共產黨：假如你們能收拾一切離奇的主張，矯正以往的一切錯誤，在抗戰中表現你們的實力，你們是不難博得一部分同情的，這因為中國人本來富有一種不算舊賬的天性。至於你們對待國民黨外的其他各黨各派，即令他們就是你們理想中的弱小民族，只要他們有相當的人數，相當的組織，一定的主張，假日你們不很謹慎的以平等相待，你們是應該當心的！」〔註11〕作者雖然沒有明說要與中國共產黨合作，但「抗戰中表現實力」「博得一部分同情」「不算舊賬」「平等相待」等用詞，無疑已把中國共產黨視作抗日救亡的同路人。

其二，建國理念更趨明朗。隨著在抗日救亡活動中彼此聯繫的加強，以及現實中國民黨借抗日之機對黨國領導體制的強化，中間派人士的建國理念在求同存異的前提下，越來越傾向於以自由主義為指導思想的民主政治制度，因為實現歐美式的憲政民主，既可以終結國民黨的黨治現狀，也可以消解共產黨的暴力革命，更能夠整合國家力量抗擊日寇的侵略。所以，根據當時的中國現實，中間派人士常常從抗日角度來強調實現民主政治的重要。如常燕生在論及

〔註9〕周天度、孫彩霞編：《救國會史料集》，中央編譯出版社2006年版，第492頁。
〔註10〕孟廣涵主編：《國民參政會紀實》上卷，重慶出版社1985年版，第524頁。
〔註11〕季子：《黨派問題之我見》，《國光旬刊·短評》1938年第1期。

社會基層民主嚴重缺失的問題時說：「今日中國政治的最大癥結，不在上而在下，越往下層其黑暗越甚。地方政治比中央政治黑暗，縣政比省政黑暗，區長、聯保主任等，其黑暗的程度遠過一般人想像之上。如果對於這種下層民眾的苦痛無法解除，則縱使憲政完成，人民仍然得不到實惠，結果民主的基礎仍是建築在沙灘上。這種情形如不改善，對於抗戰前途也是非常不利。」〔註12〕而鄒韜奮說得更直接：「自抗戰以來，軍民的動員固有一定的成績，但在今日抗戰踏上更艱苦的階段，對反攻日人以盡全力，需要更廣大的動員。在民眾動員方面是否已儘量發揮其自動的精神，儘量貢獻其組織上工作上的偉力？在役政方面是否已能切實貫徹政府所規定的辦法，減少人民不必要的苦痛？這都是明瞭實際狀況者認為必須力加檢討，速謀進一步改善的。而這些方面的改善，都不是僅由一紙政令所能奏效，必須通過民主政治的實施，動員人民的協助與監督的偉大力量，才能收到充分效果的。」〔註13〕可見，民主政治既是政治清明的基礎，也是實現全民抗戰的必不可少的條件。

那麼在國家政權的建構上，又是如何實現西方的民主憲政呢？中間派人士在《統一建國同志會信約》中構想道：「吾人主張憲法頒布後，立即實施憲政，成立憲政政府；凡一切牴觸憲法之設施，應即中止，凡一切牴觸憲法之法令，應即宣告無效；凡遵守憲法之各黨派，一律以平等地位公開存在；一切軍隊屬於國家，統一指揮，統一編制；吾人不贊成以政權或武力推行黨務；吾人主張尊重思想學術自由。」〔註14〕其後又在《中國民主政團同盟對時局主張綱領》中再一次重申類似的主張：「實踐民主精神，結束黨治，在憲政實施以前，設置各黨派國事協議機關；軍隊屬於國家，軍人忠於國家，反對軍隊中之黨團組織，並反對以武力從事黨爭；厲行法治，保障人民生命財產及身體之自由；尊重思想學術之自由，保護合法之言論出版集會結社。」〔註15〕

在經濟社會等方面，中間派人士的觀點也基本趨向一致。如承認人民的財產私有權，保障人民的生存權、工作權與休息權，維護婦女的合法權利，厲行勞工福利政策與八小時工作制度等。表面看來，這些社會經濟方面的主張似乎

〔註12〕 常燕生：《戰時下層行政機構的民主化問題》，《國光旬刊》1938 年第 12 期。
〔註13〕 鄒韜奮：《我對於民主政治的信念》，《世界知識》1941 年第 4 期。
〔註14〕 《中國民主同盟綱領草案》，中國民主同盟中央文史資料委員會編：《中國民主同盟歷史文獻》，文史資料出版社 1983 年版，第 2～3 頁。
〔註15〕 《中國民主政團同盟對時局主張綱領》，中國民主同盟中央文史資料委員會編：《中國民主同盟歷史文獻》，文史資料出版社 1983 年版，第 8 頁。

跟民主憲政無關，但本質上無疑是民主憲政在社會經濟領域的應有體現，並且，西方的民主憲政之所以能夠長期存在，一個重要的原因，就是其建立在西方固有的社會與經濟基礎之上。隨著抗日救亡運動的向前推進，中間派人士在國共再次合作的大背景下，通過彼此間在救亡與建國等問題上交流和思考，最後在建國理念上日趨一致，有其必然性。而這些具體的建國主張，無論是對崇尚國家主義的青年黨人來說，還是對標榜國社主義的國社黨人來說，或者是對倡言村治主義的鄉建派人士來說，還是對不忘情於平民革命的第三黨來說，在全面抗戰期間無疑都是他們共同的政治訴求。

其三，隊伍力量更趨壯大。全面抗戰爆發前，中間派人士雖然人數不少，但基本上分屬於各個派別或組織之中，相對於國共兩黨嚴密而強大的組織而言，可以說處於一盤散沙的狀態。然而隨著國共兩黨在抗日形勢相對好轉的情形下，相互間摩擦不斷增多以及國民黨專制舊疾的復發，中間派人士發現，儘管大家共同站在抗日民族統一戰線的旗幟下，但無論是從抗日的大局出發，還是從堅持自己的政見立場出發，作為置身於國共之間的他們都有必要團結起來。因為在國共相爭的格局下，作為單個的力量，不僅於國共之間的衝突說不上公道話，而且也很容易在彼此衝突中失去自己的立場。對此，梁漱溟在回憶成立「統一建國同志會」的動機時，有一段很好的自白：「蔣先生屢次要我們說公道話，而不知道我們說話甚難。我們說一句話批評到政府，則被人指為接近共產黨或站在某一邊了。我們說一句話指責到共產黨，又被人指為接近政府，或為國民黨利用，彷彿我們就沒有我們的立場，只能以人家的立場為立場，這是非常痛苦的。這樣將全國人逼成兩面相對，於大局極不好。於大局不利的，即於政府不利。我們聯合起來，就是在形成第三者的立場。我公既以說公道話相期勉，先要給我們說公道話的地位，那就是許可我們有此一聯合組織。」〔註16〕張瀾在追述民盟成立的基本動機時也說過類似的話，他說：「民主同盟組織的動機，是因調解國共兩黨以求全國團結並無效，30年代末，遂由各小黨派協商，結合國共兩黨之外各黨派，而組織一民主政團同盟……居於國共兩黨之間，調和監督。」〔註17〕相對於梁漱溟與張瀾的解釋，一個筆名叫「何求」的中間派人士在追述民盟產生的原因時說得更具體，他在文章中寫道：「民國三十年這一個年頭，是國共兩黨間摩擦最厲害的一年。

〔註16〕《梁漱溟自傳》，江蘇文藝出版社1998年版，第209頁。
〔註17〕龍顯昭等編：《張瀾文集》，四川教育出版社1991年版，第207頁。

記性不壞的讀者們也一定記得，那年的一月中旬，中共新四軍被渝軍襲擊，發生了所謂『皖南事變』。國民黨這種排除異己的措施，使力量遠不及中共的各在野黨派，都發生了疑懼。那些黨派的領導者們，為了本身的生存與活動，感到個別力量的單薄，遂一變過去各自為政的態度，建立起相互合作的關係來。同時，為迎合久處戰時體制下的民眾迫切要求民主的心理，便標榜推進民主活動為各黨派間唯一的合作基礎，以提高民間對本身的信賴，合力對抗國民黨。於是，三十年的五月，由中國青年黨、國社黨、第三黨、救國會、鄉村建設派、中華職業教育社等政治黨派為中心，在香港聯合組成『中國民主政團同盟』。」〔註18〕不難發現，中間派人士之所以匯聚成一個大的政治團體以擴大自己的力量與影響，既是適應時局變化的需要，也是順應民心民意的需要，更是實現自身發展的需要。

正是在此目的與原因下，那些參加國民參政會的中間派人士，在共同抗日與追求民主的過程中，越來越緊密地團結在一起，從而逐步結成了有別於國共的第三大政黨。其中，青年黨的曾琦、左舜生、李璜、余家菊，國社黨的羅隆基、胡青石、羅文幹，救國會的沈鈞儒、鄒韜奮、張申府、章乃器（不是參政員），鄉建派的梁漱溟，職教社的黃炎培，以及無黨派人士張瀾等，紛紛代表各自派別與團體，於 1939 年 11 月成立了當時中間派人士的最大組織——統一建國同志會。不過，由於該組織缺乏紀律的約束，在現實中並沒有產生預期的效果；特別是「皖南事變」發生後，中間派人士更感覺其組織的鬆散，發現它既未能調和國共之間的黨爭，也未能表達自己的基本要求。國社黨領袖張君勱就曾因此而感歎道：「以往成立的統一建國同志會組織鬆散，難以形成第三方面強大的力量，必須另行組織新的政黨聯合組織。」〔註19〕

面對國內惡劣的政治形勢，中間派人士在力爭團結抗日局面不致公開破裂而積極奔走國共兩黨之間的同時，也加快了民盟組織的籌建工作。幾經波折，中間派人士在改組統一建國同志會的基礎上，於 1941 年 10 月 10 日宣告組建「中國民主政團同盟」，並相應地發表了成立宣言和時局綱領。這樣使得此前分屬於青年黨、國社黨、第三黨、鄉建派、職教社、救國會等派別的中間派人士及一些無黨派人士，先後共同集結於「中國民主政團同盟」的大旗之下，為抗日建國大業與實現民主憲政積極奔走，成為國共之外的第三大政治

〔註18〕何求：《中國民主同盟與各黨派》，《常識》1945 年第 15～16 期。
〔註19〕《梁漱溟全集》第 6 卷，山東人民出版社 2005 年版，第 963 頁。

力量。〔註20〕1944 年 9 月，隨著國內外形勢的變化及中間派人士隊伍的擴大，中國民主政團同盟在重慶召開的全國代表會議上，決定將「中國民主政團同盟」改為「中國民主同盟」，這樣不僅有助於消解同盟內部的中間派人士，因分屬不同的派別而互生畛域之念，而且也有助於更多的無黨派人士加入到民盟中來。所以有人對這次會議評價道：「這次會議，把三黨三派的聯盟改為有黨有派、無黨無派的廣大民主人士的聯盟，擴大了民盟的社會基礎，大批愛國的進步的知識分子加入民盟，極大推動了民盟組織的發展和鞏固。」〔註21〕事實上，也許正因為這次會議的召開，在某種程度上也就意味著中間路線的整合工作接近完成。因為它不僅從組織上使中間派人士的力量得到了前所未有的壯大，而且從主張上也使得中間派人士達到了空前的統一。理由是此次會議所提出的《中國民主同盟綱領（草案）》，是民盟成立以來最為完整的綱領性文件，如前所提及它從制度上對自由主義民主政治的建構，就是很好的說明。

不難發現，該階段的中間路線相對於其淡出期來說，不僅在觀點和主張上更加趨於一致，而且在力量上得到了明顯的增強；而這樣一種變化無疑既為其社會政治影響的擴大創造了條件，也為其在國共路線對峙格局中表現出自己的政治立場與訴求提供了保證。

三、凸顯期

抗戰勝利前後，中間路線在中國的政治舞臺上開始進入自身最為輝煌的時段。因為在該階段，鑒於當時特殊的國際國內形勢，不僅中國民主同盟成為影響國共兩黨政治博弈的重要力量，而且中間路線成為實現中國自由知識精英建國理想的政治藍圖。那麼在此階段，中間派人士是如何抓住歷史機遇，讓自己從政治舞臺的邊緣走向舞臺的中心呢？

其一，勾畫中間路線的政治圖騰——十足道地的資產階級民主共和國方案。隨著盟軍 1944 年在反法西斯戰場的節節勝利，中華民族抗戰勝利的大局

〔註20〕中國民主政團同盟剛成立時，由於政治上的原因，救國會並沒有參加，直到1942 年，沈鈞儒、鄒韜奮等才代表救國會正式加入，但在民盟籌建過程中，救國會許多重要人員參與了其中的工作。至此，民盟才真正成為「三黨三派」的政治聯盟。

〔註21〕西北大學歷史系中國現代史教研室編印：《中國民主黨派史資料選輯》，內部資料，1982 年，第 53 頁。

就已確定。是時，古老的中華民族究竟將走向何方呢？對每一個關心國事的炎黃子孫來說，都是必須做出正面回答的問題。所以，在全面抗戰勝利前夕，國共兩黨分別召開了各自的六大、七大，就當前與戰後的建國問題，各自明確提出了自己的方案。〔註 22〕而作為中國知識分子最大的集合體——中國民主同盟，自然更不能例外。誠如民盟雲南省支部在敬告國人書談及民盟之於中國政局重要性時說：「我們以為，以往政黨團結沒有成效，有兩大原因：第一，國共兩黨的一切談判，只是兩黨的談判，不曾公諸國人，不曾讓兩黨外的政團及人民的代表來參加，以致兩黨之間，沒有一個緩和調劑的力量；而對於談判，也缺乏了一個公正的評判者。第二，政府幾年來始終不肯認識，因而也就不肯承認這個已經形成，而且正在發展的中國民主同盟，這個代表中國民主運動的新興力量。反之，政府始終採用一種拉攏聯絡同盟中一兩個政黨單位的手段，以圖拆散並打擊這個新興的力量。結果是不能得到中國第三大政黨的合作與協助，全國人民所熱望推行的團結統一方案，也始終得不到效果。到了今天，到了抗戰八週年紀念日的今天，國際及國內的形勢已完全轉變了。民主的潮流已非一黨之力，更非一人之力可以抵擋住的。」〔註 23〕根據上述語意，無論是中國民主同盟的組建，還是其建國方案的出臺，都是中間派人士順應時局發展的必然結果。

政治層面，中間派人士為達到民意領導政治、民意指揮政治、民意支配政治的目的，主張實施英美式的民主政治：即人民享有身體、行動、居住、遷徙、思想、信仰、言論、出版、集會、結社、通訊等各項自由權利；國家實行憲政，厲行法治，任何個人或黨派都不得處於超法律的地位；實行議會選舉制與政黨

〔註 22〕國民黨在「六大」提出的建國方案是：民族主義方面：加速抗戰勝利，鞏固國基；扶植邊疆民族，以造成獨立自由之統一國家；加強國際合作，而分擔維護世界和平之責任。民權主義方面：提早實施憲政，完成地方自治；普及國民教育，保障婦女地位，使全體人民咸能行使民權；建立文官制度，以提高政治效能；保障司法獨立，以維護人民權益。民生主義方面：對於人民衣、食、住、行四大需要，政府當與人民協力共謀農業之發展，以促民食；共謀織造之發展，以裕民衣；建築大計劃之屋舍，以樂民居；修治道路河川，以利民行；扶植民營企業，歡迎國際資本與技術之合作，並保護農工利益，均衡城鄉之發展，籌劃戰後官兵及殘廢軍人之就業，以保障社會安全，而提高人民生活水準。

〔註 23〕《中國民主同盟雲南省支部為紀念抗戰八週年敬告國人書》，楊力主編：《中國抗戰大後方中間黨派文獻資料選編》下冊，重慶出版社 2016 年版，第 691 頁。

政治；國會為代表人民行使主權之最高機關，由參議院與眾議院組成；國家設總統、副總統各一人，由國會、省議會及少數民族機構共同選舉之；國家設行政院、大理院、文官院等職能機構；國內各民族一律平等，地方享有一定的自治權等。

經濟層面，中間派人士為了讓生產者成為生產資料的真正主人，同時實現整個社會生產的有序化，主張學習蘇聯的民主經濟：即國家在全國經濟生產與分配方面應制定統一的經濟計劃；國家應保障人民的生存權與休息權以及擔負起扶養老弱病殘的義務；國家要承認人民的私有財產權，並確立公有財產與私有財產的界限；國家要切實保障農民的土地使用權，規定最高土地的私有額；銀行、交通、礦山、森林、動力、公有事業及具有獨佔性企業，概以公營為原則；對外貿易，國家應視其性質與實際需要，依法進行管理和經營；公營企業及規模較大的私營企業，其員工應有參加管理的權力；人民生活必需品的消費與分配，國家應予以適當的管理等〔註24〕。中間派人士希望通過這樣一種英美民主與蘇聯民主強強嫁接的方式，來催生出具有中國特色的民主政治制度，並引導戰後的中國走向獨立與富強。

中間派人士這樣一種「強強嫁接」的建國意向，羅隆基在1945年10月召開的民盟臨時全國代表大會所做的政治報告中，更明確地表達出此種意願，他說：「拿蘇聯的經濟民主來充實英美的政治民主，拿各種民主生活中最優良的傳統及其可能發展的趨勢，來創造一種中國型的民主，這就是中國目前需要的一種民主制度，但這不是調和的民主，也不是折衷的民主，更不是抄襲模仿的民主。這是從民主發展歷史上演變而來的一種進化的、進步的民主。這就是中國民主同盟要為當前中國樹立的民主制度。」〔註25〕孫寶毅特意從中間路線角度對這樣一種混合式民主模式的優越性做了說明，他說：「美國主張個人自由，但他的經濟以資本主義為依據的，一般人民在政治上或許自由了，但在經濟上有顯著的不平等，富有階級透過經濟操縱政治上的實權，因此，人民政治上的自由究竟有多少，實是一個疑問。蘇聯雖然做到了馬克思發現的一個簡單的事實，就是『人類有了衣食住行以後，才能對政治發生興趣』，但它的執政是以

〔註24〕《中國民主同盟綱領草案》，中國民主同盟中央文史資料委員會編：《中國民主同盟歷史文獻》，文史資料出版社1983年版，第26～28頁。

〔註25〕《中國民主同盟臨時全國代表大會政治報告》，中國民主同盟中央文史資料委員會編：《中國民主同盟歷史文獻》，文史資料出版社1983年版，第77～78頁。

共產黨獨裁做根據的，所以人民獲得了衣食住行的滿足以後，似乎對政治發生興趣亦無從發生起。所謂中間路線也者，就是想去掉與修正美蘇兩者制度的偏廢之外，而兼收並蓄其長處，以求得一個政治自由與經濟平等兼而有之的完全的真正的民主。」〔註26〕

此後，有中間派人士還從其他諸方面對這種十足地道的資產階級民主共和國方案進行補充。外交上，主張在堅持獨立自主外交政策的前提下，實行兼親美蘇的政策；軍事上，強調軍隊國家化，禁止軍隊中黨團組織的存在；教育上，要求國家保證人民享受教育的平等權利，保障學術研究的絕對自由；社會上，倡議政府履行勞工福利政策，辦理一切社會保險事業，保障人民生活之安全；婦女方面，提倡婦女在經濟、政治、法律、社會上絕對享有跟男子平等的權利，國家對於婦女的參政權、教育權、工作權及休息權應特別予以保障。〔註27〕如是，使得中間派人士十足地道的資產階級民主共和國方案，展現在世人眼前的不僅只是一套略顯簡單的民主制度，而且還有其他方面諸多的內容，同時正因為這些內容的存在，也使得居於國共路線之間的中間路線，不只是用來宣傳和談論的話題，更是用來貼著地面步行的工具。

其二，扮演「舉足輕重」的政治角色。雖然說中間派人士自抗戰以來就是中國政壇上不可忽視一大政治力量，但其影響與聲望從來沒有一段時期能與抗戰勝利前後這一段時期相比。

作為中間派人士的最大團體——中國民主同盟，在中國第三大政治勢力的地位，正式得到了國共兩黨的認同。因為在各黨派都參與的政治協商會議的代表名額分配上，民盟就取得了與國共兩黨同樣多的席位，其後由於青年黨退盟，民盟甚至取得了比國共兩黨更多的席位；〔註28〕國民政府委員共四十個名

〔註26〕孫寶毅：《何謂中間路線》，《現實文摘》1948 年第 12 期。

〔註27〕《中國民主同盟綱領》，中國民主同盟中央文史資料委員會編：《中國民主同盟歷史文獻》，文史資料出版社 1983 年版，第 69～70 頁。

〔註28〕根據商議，出席政協會議的代表由國共兩黨、民盟與社會賢達四方面組成，其中每方九人，共三十六人；其後，由於青年黨要求以獨立的單位參加政協並占取民盟席位中的五個名額，這樣民盟就只有四個席位；為了保證民盟原有的九個席位，除增加兩個名額外，共產黨又主動讓出了兩個席位，國民黨也退出了一個席位。最後，政協代表由五個方面共三十八名組成，其中民盟與無黨派人士各占九席，國民黨八席，共產黨七席，青年黨五席。（羅隆基：《從參加舊政協到參加南京和談的一些回憶》，中國人民政治協商會議全國政協文史資料研究委員會編：《文史資料選輯》第 20 輯，文史資料出版社 1961 年版。）

額的分配上，國民黨占二十席，中共與民盟各占七席，其他黨派與無黨派人士占六席；在國大代表名額的分配上，民盟也獲得了一百二十個席位，這也是所有黨派中第三多的。也許從本質上看，這些名額的獲得並不能證明中國民主同盟已經具有能夠抗衡國共兩大政黨的實力，但無疑說明了作為中間派人士最大聚合體的民盟，至少在形式上其政治地位和社會聲望已得到了空前的提高。同時，它經常就國內局勢問題，召開記者招待會，發表自己的看法，藉以來推動與促成國共兩黨的和談。如 1945 年 12 月 1 日，民盟主席張瀾及常委羅隆基、沈鈞儒、章伯鈞、梁漱溟等，就東北問題、華北問題、駐華美軍撤退問題、駐東北蘇軍喚起撤退問題、美國馬歇爾將軍使華問題以及關於聯合政府的產生問題等，召開外國記者新聞發布會，詳細闡釋了自己的立場與主張。〔註 29〕1946 年 1 月 2 日，民盟發言人針對局糜爛的現實，就停戰問題、政治協商會議召開問題以及國民黨的和平與民主的誠意問題，發表了自己談話。〔註 30〕民盟這樣一種類似於官方式記者會議的召開，無疑顯示了中間派人士在中國政治舞臺上所具有的舉足輕重的地位，並且也向世人暗示著國共兩黨對其所處的政治地位與相應角色的默認。

與此相應，中國民主同盟在國共政爭中積極充當起仲裁者與調和者的角色。一則在政協會議上就國共兩黨在政府組織、國民大會、軍事、憲法等問題所存在的分歧與衝突，民盟積極斡旋。在軍事問題上，國民黨代表提出「軍隊國家化」是「政治民主化」的前提，共產黨代表則主張「政治民主化」是「軍隊國家化」的基礎，對此，民盟代表為了實現真正的和平與民主，則相應提出軍隊國家化的兩個原則：全國所有軍隊應即脫離任何黨派關係而歸屬於國家，達到軍令政令的完全統一；大量裁減常備軍。梁漱溟還特意強調：「軍隊國家化就是指任何黨派的軍隊都要整編，不是只要一個黨交出軍隊。」〔註 31〕最後，由於民盟的從中調處，國共終於達成了《關於軍事問題的協議》，通過了「軍隊屬於國家」「軍黨分立」「軍民分治」的整軍原則與「以政治軍」的整軍

〔註 29〕《中國民主同盟主席張瀾與中常委沈鈞儒等在招待外國記者會上的談話》，中國民主同盟中央文史資料委員會編：《中國民主同盟歷史文獻》，文史資料出版社 1983 年版，第 103～104 頁。

〔註 30〕《中國民主同盟發言人對時局發表談話》，中國民主同盟中央文史資料委員會編：《中國民主同盟歷史文獻》，文史資料出版社 1983 年版，第 115～116 頁。

〔註 31〕張憶軍主編：《風雨同舟七十年——中國共產黨與民主黨派關係史》，學林出版社 2001 年版，第 306 頁。

方法。在施政綱領上，國民黨主張以 1938 年國民黨全國臨時代表大會的《抗戰建國綱領》做藍本，中國共產黨則根據「雙十協定」的精神制定出《和平建國綱領》來應對；於是民盟則以國民黨「一大」宣言和孫中山制定的《中華民國臨時約法》作為評判國共兩黨的施政方案，最後支持中共的主張，認為其可以在政協會上作為基本方案予以討論。二則民盟還在國共兩黨的要求下以第三者的立場積極調處他們在全國各地的軍事衝突。比如，針對國共在東北的軍事衝突，民盟的政協代表就提出了如下的調解方案：「（一）中共軍隊先退出瀋陽至長春沿鐵路線各地，使中央軍可以順利到長春。（二）中央軍暫行停止五天，俾中共軍隊有時間退出鐵路沿線，以避免衝突。在五天以內，用協商方式，進行政治解決問題。（三）在中央軍接收長春以後，雙方再進行政治談判。將東北軍事政治問題，依據整軍方案及政協會決議，謀求全盤解決。」〔註32〕民盟通過對國共兩黨矛盾與衝突的調解，無疑在國內外的政治視域中，既刷新了中間派人士在中國政治舞臺上的存在，也彰顯了中間派人士在國共兩黨政治博弈中的分量。

其三，維護固有的政治立場。出於對自己政治理想的守望，作為中間派人士最大集合體的民盟，針對國民黨及其政府戰後維護一黨專政的傾向與行為，借助自己的調人角色和政治協商會議召開的寶貴機會，向國民黨爭取政治民主化和軍隊國家化的鬥爭。

政治民主化方面，其中在國大代表人數名額的確認上，針對國民黨出於控制國民大會的目的，並堅持戰前選出的一千二百名舊國大代表繼續有效的主張，民盟堅決持否定立場，因為如果這些代表當選繼續有效，那麼戰後召開的國民大會就仍然處於國民黨控制之下，原因是通過與會代表的人數優勢，來操控會議的進程和決議的內容；但是這樣一種結果，對於力圖打破國民黨一黨專制的民盟而言，是無法接受的；所以為了獲取合法否決權，民盟則主張：堅決不能承認舊代表，必須依新的組織法與選舉法重新選舉。為此，羅隆基還提出了解決該問題的三項辦法：「（一）由政治協商會成立一委員會，公平舉辦民意測驗，測驗舊代表應否有效。若全民測驗不易辦，可先從有知識人士方面測驗。（二）舊代表復決，一律提名為國大代表候選人，舉行重選。（三）不用國民

〔註32〕《中國民主同盟政協代表對停止東北衝突提出調解方案》，中國民主同盟中央文史資料委員會編：《中國民主同盟歷史文獻》，文史資料出版社 1983 年版，第 155 頁。

大會，由專家制憲，以公民投票表決。」〔註33〕最後經過妥協，雖然舊代表繼續有效，但民盟與中國共產黨等民主力量獲得了對憲法通過的否決權，從而在某種程度上防止國民大會異化成維護國民黨專制統治的工具。

在政府改組問題上，羅隆基從打破國民黨黨治天下的局面出發，針對國民黨代表所提出的有限改組政府的主張〔註34〕，提出了改組政府的三大原則：即必須以共同綱領為施政的共同準繩；共同決策機關要真能決策；各方面人士參加的政府執行機關要真能執行。〔註35〕羅隆基以為這樣，既可以結束訓政完成憲政，實現舉國一致的政治；也可以提高政府的行政效率，並促進其現代化；否則，即使改組了政府，也不可能過渡到真正的民主，甚至還可能造成意想不到的後果。

在憲法制定上，沈鈞儒批評國民黨通過《五五憲草》把地方權力集中於中央，又把中央權力集中於一人的做法〔註36〕；因而提議在新憲法的制定上，應該確定省自治制原則，省長民選，自治省憲，同時還應本著聯省自治的精神，承認中國共產黨領導的解放區存在的合法性。〔註37〕張君勱等則主張利用國

〔註33〕《羅隆基在政協討論國民大會問題時重申民盟主張》，中國民主同盟中央文史資料委員會編：《中國民主同盟歷史文獻》，文史資料出版社1983年版，第131頁。

〔註34〕國民黨政協會議代表團為應對共產黨、民盟等民主力量所提出的改組政府的要求，拋出了「擴大政府組織方案」，其主要內容有：國民政府委員就原有名額增加三分之一；國民政府委員得由主席提請選任黨外人士擔任；國民政府委員會為政治之最高指導機關，討論與議決國家立法原則、施政方針、軍政大計、財政預算決算、主席交議事項等內容；國民政府主席對國民政府委員會之決議擁有提交覆議之權；遇有緊急情形，國民政府主席擁有權宜處置的權力。(《中國國民黨代表團提出擴大政府組織方案》，《中央日報》1946年1月15日)

〔註35〕《羅隆基代表民主同盟提出改組政府三原則》，《新華日報》1946年1月15日。

〔註36〕根據國民黨1936年5月5日通過的「中華民國憲法草案」，但就總統的權力而言就非常大，其中規定：總統為國家元首，對外代表中華民國；總統統率全國陸海空軍；總統依法行使宣戰、媾和及締結條約之權；總統依法宣布戒嚴、解嚴；總統依法行使大赦、特赦、減刑、復刑之權；總統依法任免文武官員，其中行政院院長、副院長、政務委員、各部部長、各委員會委員長，均由總統任命，並對其負責；總統依法授予榮典；國家遇有緊急事變或經濟上有重大變故而須急速處分時，總統有發布緊急命令之權等。(第二歷史檔案館編：《中華民國史檔案資料彙編·政治(一)》第五輯第一編，江蘇古籍出版社1994年版，第278～280頁。)

〔註37〕中國民主同盟中央文史資料委員會編：《中國民主同盟歷史文獻》，文史資料出版社1983年版，第136～137頁。

民黨五權憲法形式來實現英美的議會民主：即將立法院作為英國的下議院，行政院作為英國式的內閣，行政院須對立法院負責而不是對總統負責，實行省自治制，省長民選，自制省憲。〔註38〕沈、張二氏希望通過對國民黨《五五憲草》的修正，來擴大地方權力和堵塞國民黨從原有的黨人治國到黨國專權、再到黨魁獨裁的專制路徑。

軍隊國家化方面，作為崇尚輿論為政治武器的中間派人士而言，針對國共兩黨各自擁有龐大軍隊而引發政爭、軍爭的現實，在政協會上堅決主張軍隊國家化。為此，民盟代表提出實現軍隊國家化並大量裁兵的方案：「全國所有軍隊應即脫離任何黨派關係，而歸屬於國家，達到軍令、政令之完全統一；大量裁減常備軍額，而積極從事科學研究、工業建設，並普及國民軍訓，以為現代國防根本之圖；組建整軍計劃委員會，以促成軍隊國家化與裁減常備軍額的實現。」〔註39〕為了進一步表明自己的立場，梁漱溟還特意在方案的補充說明中強調：「全國任何黨派的軍隊都要整編，不是只要一個黨交出軍隊，也不應該把其他軍隊都看成就是國家的軍隊。」〔註40〕梁漱溟的意思非常清楚：就是告訴國民黨人，軍隊國家化不是只要共產黨交出軍隊，國民黨同樣也要交出自己的軍隊，而且不要以為自己是執政黨，就誤以為自己所屬的軍隊已經成為國家的軍隊。經過民盟代表的努力，國共兩黨雖然在政協會上沒有就軍隊國家化達成一致，但是通過了「軍隊屬於國家」「軍黨分立」「軍民分治」與「以政治軍」的若干原則，這對於國民黨隨意黨化軍隊的行為，無疑是一種很好的法律約束。

此外，中國民主同盟從自己的政治立場出發，以全國政治協商會議為陣地，周旋於國共兩黨之間，以促進國家的政治民主化與軍隊的國家化。儘管其所付出的努力，由於國共兩黨信任的彼此缺失，使得政協會議通過的「五項協議」，並沒有對中國的實際政治產生應有的影響，但其通過政協會議這個舞臺，不僅向全國民眾表白了自己建設新國家的看法與立場，而且以一種非常正式而莊嚴的方式向國共兩黨表達出自己的政治取向和追求。如是，既為

〔註38〕張憶軍主編：《風雨同舟七十年——中國共產黨與民主黨派關係史》，學林出版社 2001 年版，第 304～305 頁。

〔註39〕《中國民主同盟提出實現軍隊國家化並大量裁兵案》，《新華日報》1946 年 1月 17 日。

〔註40〕《梁漱溟對實現軍隊國家化並大量裁兵案的說明》，《新華日報》1946 年 1 月17 日。

自己所奉行的中間路線更加彰顯在國人眼前，起到了鳴鑼開道的作用，也為那些仍游離於國共之外的政治集團與無黨派人士向中間路線靠攏，提供了更令人信服的理由。並且正因為民盟在政協會上宣示了自己政治立場，展現了自己的政治風采，所以，作為其代表的羅隆基曾在政協會議後對人感慨道：「共產黨的讓步多，蔣介石的苦惱大，民盟的前途好。」〔註41〕由此可以想見，政協會後的民盟，無論是對自己的政治前途，還是對中國的未來發展，都滿懷著憧憬和希望！

所以，隨著中國民主同盟組織與綱領的進一步完善，以及作用與影響的進一步擴大，中國中間路線的生命歷程也隨之在抗戰勝利前後進入了它的黃金階段。

四、淡出期

就在國人因政協「五項協議」的通過而對國家前途、民族未來浮想聯翩的時候，國共內戰的烏雲隨著兩黨政治、經濟利益爭奪而日漸濃厚。儘管此時的民盟奔走於國共之間，希望以一己之力而取得撥雲見日之功，也儘管此時的中間派人士毅然打出了「中間路線」的大旗，希望藉以最大限度地整合民主力量，實現和平，但鑒於中國政治是用武力決定的現實，「太陽」的光芒終於穿不透厚重的「烏雲」。誠如《民主週刊》在「時評」中說：「一轉瞬間，四萬萬五千萬和平人民，已被黷武者推進萬劫不復的深淵！」〔註42〕所以，隨著蔣介石、國民黨對政協決議的背叛，中華民族的前途似乎又在國共相爭的炮火聲裏陷入茫茫黑暗之中，而中間路線的生命軌跡也隨之正式告別其短暫的黃金時代，從政治舞臺的中心逐漸地向邊緣淡出，並最終在國共相爭的硝煙中淹沒於歷史的風塵之中。不過，有著自己發展道路的中間路線是何以淡出歷史舞臺的呢？其淡出期相對於其他的奮鬥階段有何表徵呢？

其一，迴光返照——祭出中間路線的大旗。作為與國共兩黨政治路線而相對存在的中間路線，其觀點、主張乃至思路，早在20世紀20年代末甚或更早就出現了，只是鑒於當時主客觀因素的制約，其一直潛伏於國共相爭所構建的政治生態之中，其後，隨著全面抗戰的爆發而日趨凸顯，並最終在抗戰勝利前

〔註41〕 羅隆基：《從參加舊政協到參加南京和談的一些回憶》，中國人民政治協商會議全國委員會文史資料研究委員會編：《文史資料專輯》第20輯，1961年，第230頁。內部發行。

〔註42〕 時許：《可怕！可怕！全面大破裂！》，《民主週刊》1946年第12期。

後宣告了自己的存在，但作為其踐行者的中間派人士並沒有揭橥中間路線的大旗。也許在他們看來，民盟組織的建立、隊伍的擴大、活動的開展、政綱的制定、影響的增強，無疑是證明中間路線存在最有力的證據，又何必打出這面大旗來招致國共的不快呢？

然而，隨著國共再次大規模的兵戎相見，抗戰勝利前後那一段相對寬鬆的政治生態日趨惡化，不僅使得中間派人士備感政治環境的險惡，而且使得中間路線的生存空間也變得益發逼仄。故而，一部分執著於中間路線的中間派人士，出於堅定人心、強固隊伍和拓展生存空間的目的，毅然打出了中間路線的大旗，希望藉此在國共政治路線相爭的夾縫中，來給自己、給中間派人士拓展出一條前行的道路。如張東蓀在《一個中間性的政治路線》的文章中寫道：「今天我要提出一個中間性的政治路線和大家討論。所謂中間性有兩重意義，第一是就思想的本質而言，從全世界來分別的，第二是就黨派的分野而言，只限於中國目前的實況。前者是說在所謂資本主義與共產主義之間，我們想求得一個折衷方案，其國際的關係便是由於美國採取資本主義而俄國則以共產主義來立國，我們今天不僅在思想上必須設法調和這兩個主義，並在國際關係的外交方針上，亦必須設法調和這兩個不同主義的國家。後者是指中國國民黨與中國共產黨之間應有一個第三者的政治勢力而言，這個第三者在其主張上與政治路線上必須是恰好在他們兩者的中間。」那麼，如何讓自己的「主張」與「路線」處於國共兩黨的中間呢？張東蓀針對國共兩黨在政治、經濟領域針鋒相對的主張，繼續說：「我們以極誠懇尊重的態度來勸國民黨，請其拋棄那個偏右的作風來稍稍轉向於中間，同時亦極親摯極虛心的態度來勸共產黨，請其把一些過火的地方與所謂幼稚病矯正過來，亦轉向於中間的一條道路，所以我們一百二十分贊成聯合政府，但我們以為聯合政府必須建立於共同綱領之上。」〔註43〕從張東蓀的話語中不難發現，其基本精神，就是建議中國走一條「調和美蘇、兼親國共」的政治路線，因為他看到了影響中國和戰與命運的決定性因素：國際是美蘇兩國，國內是國共兩黨。所以在國共美蘇兩兩對立的國內外政治格局中，只有採取調和的手段與不左不右的立場，才能在自己與他者之間搭建一座建立共識和進行對話的平臺，而這種平臺，在國共政爭愈發激烈的情況下，對於改善中間派人士所處的政治生態，推行中間路線的固有主張，有其不可替代的作用。

〔註43〕張東蓀：《一個中間性的政治路線》，《再生》1946 年 6 月 22 日。

　　張東蓀中間路線主張提出後，立刻引起了許多中間派人士的共鳴，其中施復亮、儲安平、章伯鈞、周鯨文、孫寶毅、楊人楩等紛紛發表文章予以呼應。如施復亮為了讓中間路線更具有合法性，特地把其跟「政協決議」聯繫起來，其文章中說：「政協的路線，雖然曾經為各黨派所一致同意，符合全國絕大多數人民的利益和要求，但在本質上，卻是一種中間性的或中間派的政治路線。因為在今天中國的客觀條件之下，只有中間派的政治路線，在客觀上才足以代表全國人民的共同要求和整個國家的真實利益；所以中間派的政治路線，是今天中國最可能為多數人民所擁護的政治路線。何以見得政協路線在本質上是中間派的政治路線呢？根本上是因為政協的路線是一條企圖用和平合作的方式來實現政治民主化、軍隊國家化和經濟工業化的政治路線，完全跟中間派所代表的中間階層的歷史任務相符合，而且跟中間派的政治鬥爭的方法和態度相一致。」〔註44〕施復亮把中間路線嫁接到政協決議的做法，在某種程度上有利於贏得國共兩黨的有限認同，同時也在全國民眾面前給反對者預制了一件反民主、反和平、反統一的外衣。

　　其實，施復亮所說的中間路線畢竟不是「政協路線」，而其之所以如此，也是在特殊的環境下，為了中間路線的生存而不得不採取的一種「明修棧道，暗度陳倉」的障眼法罷了。並且為了給廣大中間派人士打氣，施復亮甚至滿懷豪情地宣稱：「我之所以一再強調中間路線，就是要鼓起中間派的自信心，只要自己遵循中間路線不斷地進步，絕對不必要害怕將來共產黨的革命和一黨專政。」「只有這樣的中間路線，才能挽救當前的危局和未來的大悲劇。一切中間派的民主人士，必須從今天起挺身出來，加緊努力，以創造光明的明天。」〔註45〕為了進一步說明自己的觀點，施復亮又在不久後的一篇文章中繼續對中間路線予以闡釋，藉以引起更多的關注和聲援。他說：「中間派的政治路線在政治上必須實現英美式的民主政治，但決不能為少數特權階級（在今日中國是官僚資本家、買辦資本家和大地主）所操縱，在經濟上必須發展民族資本主義，獎勵民生必需品的擴大再生產，但決不容許官僚買辦資本的橫行和發展，且須保護農工大眾以及一切被雇傭者的利益，提高其購買力和生活水準。」〔註46〕

　　所以，在國共軍爭的炮火愈發猛烈、黨國專制的氣氛益發濃厚的局面下，

〔註44〕施復亮：《中間派的政治路線》，《時與文》創刊號，1947 年 3 月 14 日。
〔註45〕施復亮：《中間路線與挽救危局》，《時與文》1947 年第 8 期。
〔註46〕施復亮：《何謂中間派？》，《文匯報》1946 年 7 月 14 日。

中間派人士突然打出中間路線的大旗，自有其所蘊含的政治動機。因為面對不斷來自國共雙方的壓力，不僅本就存在的中間路線在處境上變得越發艱難，而且許多中間派人士在立場上也顯得更加曖昧。故而，作為中間派人士中的一些明知之士，敢於「冒國共之大不韙」，揭櫫中間路線，其目的就是希望藉此在整合中間派人士的同時，一方面博取國共的有限認同，另一方面贏取國人的無限同情，從而創造出一種挽狂瀾於既倒的奇蹟。然而其所面臨重「義」輕「法」的團隊組織，非「國」即「共」的政治現實，愚而且私的國民素質，注定了他們所倡言的中間路線，只能是其迴光返照的一曲絕唱。

第二，外部環境日益惡化。經過抗戰勝利前後的短暫繁華後，中間派人士及其路線在國際環境的日趨惡化與國內局勢的急轉直下，很快陷入國共兩黨左右夾擊的困局之中，其中不僅受到來自國民黨的打壓，而且也受到來自共產黨的批評。

國民黨對中間派人士的打壓，本不是一種新鮮事，相反是一種慣例與常態。如政協會議剛結束，就有特務毆傷參加慶祝政治協商會議成功大會的中間派人士李公樸、施復亮、郭沫若等人。不久，又利用學生遊行製造的混亂，趁機將民盟機關報——《民主報》營業部搗毀。內戰發生後，國民黨更是加大了對中間派人士的打壓力度，並成為一種新常態。1946 年 6 月 23 日，在南京下關車站特務圍毆為和平而請願的中間派人士馬敘倫、雷潔瓊等；到了 7 月，又先後暗殺著名中間派人士李公樸、聞一多兩先生；期間，又在西安搗毀中間派人士創辦的《秦風日報》，並槍殺中間派人士李敷仁；再到 8 月，中國民主同盟最高領導人張瀾在參加完李公樸、聞一多追悼會後，即遭到特務的襲擊，導致頭部受傷。

國民黨除了以非正當手段打壓中間派人士外，還以合法的形式對中間派人士進行制裁。一方面在全國各地以各種形式的罪名大肆逮捕中間派人士，正如張瀾在為廣西盟員被捕事件致行政院院長張群的函中所說：「本盟半年來陝、瀋、蓉、渝等地盟員，無端被捕者，迄今多未審釋，而桂林、南寧、八步等地，七月間又有百餘人被捕，內有本盟盟員楊榮國、張畢來等均同時被捕。似此政府對於本盟盟員，顯係有計劃、有組織加以壓迫與打擊。」〔註47〕另一

〔註47〕《中國民主同盟主席張瀾為廣西盟員被捕事件致行政院長張群函》，中國民主同盟中央文史資料委員會編：《中國民主同盟歷史文獻》，文史資料出版社 1983 年版，第 338 頁。

方面，則從輿論上攻擊中間派人士為中國共產黨的尾巴。其中，國民黨在 1947 年 5 月 3 日登載了一篇名為《中共地下鬥爭總路線綱領》的文章中聲稱：「素以獨立、和平、合法自詡之民主同盟及其化身為民主建國會、民主促進會、三民主義同志聯合會等團體，其組織已為中共所實際控制，其行動亦係循中共意旨而行。」〔註48〕隨後在宣布民盟為非法團體的文件中又說：「內政部發言人稱，查民主同盟勾結共匪，參加叛亂，早為國人所注意，茲迭據各地治安機關先後報告，其顯著事實，如該盟派駱賓基在東北策動東北之軍事叛亂，與在西北之負責人策動孔從周等叛變，並煽動五月學潮及上海工潮，皆暗與共黨之軍事行動相呼應，政府頒布動員戡亂命令後，該盟香港及馬來之支部公開宣言反抗，顯與共匪勾結一氣。」〔註49〕最後乾脆於 1947 年 10 月 27 日宣布民盟為非法團體而予以關閉，其中為了掩人耳目，國民黨中宣部在記者招待會上攻擊民盟勾結中國共產黨的經過時說：「及政府頒布動員戡亂令，民盟仍一面以全力發展共匪之地下間諜活動，一面發出指示，以全力執行共匪破壞總動員之策略。共黨匪徒政治策略之一，為轉化合法為非法，四年來民主同盟實為共匪此一策略之橋樑，亦即為共匪此一策略之犧牲品。在民盟中為共匪執行其策略者，為章伯鈞、沈鈞儒及羅隆基等，彼等出現於民盟之上層，而其各地支部皆以偽裝之共匪分子為骨幹，表裏相應，始終一貫，糾合政治上之游離分子，拉攏操持，以同趨於共匪陰謀暴動之道路，比及和平合法之政黨如中國青年黨、民主社會黨，相率退盟，則民主同盟乃成為共匪全面叛亂運動之一環。其各地總支部，已顯示其本來面目，只留其總部之少數人於京滬作掩護而已。」〔註50〕而《中央日報》也發布消息說：「政府對此不承認國家憲法、企圖顛覆政府之非法團體，不能坐視不理。證之共匪近來四處流竄，益形猖獗，而該盟分子亦無不到處活動，互為聲援。如不立加遏制，後方治安在在堪虞。本部職責所在，對此在匪區助長叛亂，在後方則為共匪聲援之不法團體，不得不採取適當處置，已將該民主同盟宣布為非法團體。今後各地方治安機關對於該盟及其分子一切活動，自應依據妨礙國家總動員懲處暫行條例及《後方共產黨處置辦

〔註48〕《中國民主同盟主席張瀾為中央社發表〈中共地下鬥爭路線綱領〉致行政院長張群函》，中國民主同盟中央文史資料委員會編：《中國民主同盟歷史文獻》，文史資料出版社 1983 年版，第 325～326 頁。

〔註49〕《國民政府宣布民盟為非法團體》，中國民主同盟中央文史資料委員會編：《中國民主同盟歷史文獻》，文史資料出版社 1983 年版，第 360 頁。

〔註50〕《首都治安機關發表民盟勾結中共經過》，《世界日報》1947 年 10 月 29 日。

法》嚴加取締，以遏亂萌，而維治安。」〔註51〕

不僅如此，國民黨文宣部門還醜化民盟說：「民盟在其歷次宣言和談話中，都一再強調『民盟是和平的、公開的、合法的在野政團』，說是有獨立自主的政治目的，『即民主、和平、統一、團結』。有獨立自主的政策，『反對戰爭，呼籲和平，與人民共同爭取生存機會』。然而民盟出現於中國政治舞臺後的活動歷史，雖然短暫，卻無情地揭露了它的真實面目。歷史是不能捏造的，它昭昭在人耳目，民盟不僅沒有獨立自主的政綱政策，只有別的政治野心家之可恥的『尾巴』，而且也不是『和平合法的政黨』。我們如果再深一層來看，則民盟不只是政治野心家的『尾巴』，搖旗吶喊的嘍囉，而且是暴力集團的積極的幫兇，是殘民以逞的虎狼的爪牙。同時，民盟本身到底是不是一個政黨，是否具備了政黨的條件，也大可懷疑。如果民盟只是一個官僚、政客、流氓、地痞及一切失意的知識分子烏合的構成，而並非一個有組織、有政策、有群群眾的政黨，則民盟之所以為『尾巴』，為『爪牙』，自然是毫無足怪的事情。」〔註52〕國民黨的行為與做法，其實是對自己獨裁專制的欲蓋彌彰，或者說是欲加之以罪何患無辭。因為民盟既然是如此的反政府、反國家，如此的十惡不赦，那麼它為什麼能夠長期活躍於中國政治舞臺之上，有些人甚至成為高層人士的好友呢？國民黨能對這些做出合理的解釋嗎？顯然不能。

同時對一些主持公道、敢於批評政府的個別中間派人士，國民黨就以通共的罪名進行攻擊和打壓。如《大公報》主筆王芸生因說了幾句要求言論自由的話，國民黨《中央日報》就在社論中說：「我們大可發起三查運動來檢討王芸生君。我們的第一查，查出1946年7月至1947年3月，王芸生君致力於國際干涉運動，為莫斯科會議作準備。我們的第二查，查出自1947年2月以後至今日，王芸生君以大公報貢獻於反美扶日運動。今天我們等待著第三查，本月10日，中國共產黨中央委員會通過了一個決議，響應共產國際譴責南斯拉夫共產黨的決議，我們等待著王芸生君譴責南斯拉夫共產黨，特別是鐵託元帥的論文與通訊，在大公報發表，作為他效忠共產國際的證明……王芸生向主張反對黨有顛覆政府的特權，指責我政府是袁世凱政府，可謂已盡其響應新華社之能事。上面所舉國際干涉運動與反美扶日運動，更是王芸生君『查思想』『查作風』的良好資料。只這兩查，已足證明他是雙料的新華社

〔註51〕《政府宣布民盟非法，視同共匪嚴加取締》，《中央日報》1947年10月28日。
〔註52〕孫子超：《民主同盟的最後抉擇》，《中央週刊》1947年第45期。

應聲蟲。」〔註53〕所以，在國民黨這樣一種高壓政策下，作為信守自己政治理想的中間派人士，無論是團體還是個人，每況愈下的政治生態已經嚴重惡化了他們跟政府當局的關係，同時促使著他們在國共之間不得不再次思考自己的政治立場。

　　中間派人士在遭受國民黨打擊與迫害的同時，也面臨著來自中國共產黨的指責與批評。不過，中共跟國民黨不同的是，它主要集中在輿論性批評。就其對中間路線的批判而言，蘇平針對施復亮把中間路線跟政協路線等同起來的說法批評道：「不能否認：政協決議是一個適合中間階層要求的政治路線，但它不等於中間路線，因為左派也支持這個路線，因此就並不如施先生所說，有所謂左翼路線、右翼路線和中間路線了。今天中國所走的只有右翼反民主、反人民的反動政治路線，和左翼及中間派所走的為民主為人民的政協路線，也就是左翼與中間派共同的政治路線。左派目前還沒有標出它的另外與中間派不同的獨特的政治路線，有如施先生一再指出的『社會主義路線』。」如果有所謂的中間路線的話，也只是欺騙的改良路線，因為「在原有政權本質不變更之下，表面上採取一些比較進步的措施，表示改良，企圖藉以緩和全國人民對統治者的不滿和反對，實際上統治者的既得利益和權利仍然如舊。至於一些利慾薰心之輩如張君勱之流說是可以經由這種欺騙的改良的妥協的道路，來達到實行『民主』和『貫徹政協決議』目的，那自然更是自欺欺人之談了。這是一條實際上等於『死路』的走不通的政治路線，這是經過了改頭換面的反動政治路線，它與和平的革命的政協路線絲毫沒有相同之處。」〔註54〕蘇平的意思非常明確：政協路線是共產黨與中間派共同反對國民黨一黨專制的政治路線，不是中間派所獨佔的所謂中間路線；如果施復亮確實要強調有一條中間路線，那也只能是一條欺騙的改良路線，跟和平的、革命的政協路線是完全不同的兩條路線。這樣，蘇平既把政協路線歸入到中國共產黨路線的範疇，也把中間派人士所奉行的中間路線稱之為欺騙的反動的改良路線。

　　相對於蘇平溫和的態度，喬冠華的批評可要嚴屬得多，他用「於懷」的筆名撰文道：「可以這樣說，假如說中間路線或第三條道路在1946年還只是一種

〔註53〕《王芸生的第三查》，《中央日報》1948年7月19日。
〔註54〕蘇平：《關於「中間派政治路線」以外的話》，中國人民大學中共黨史教研室編：《批判中國資產階級中間路線參考資料》第4輯，中國人民大學1963年版，第33頁。

錯誤的幻想，而且到了 1947 年破產了的話，那麼到了 1948 年的今天，它簡直變成一種反動陰謀的護符了，一種加括弧的中間路線。」因為在革命力量取得優勢的時候，如果還堅持所謂的中間路線，「儘管這種主張在表面上是要求雙方同時讓步，而自己並不完全符合兩方中的任何一方；但實際上，這種主張和想法的作用，對於反動力量而言，是為它散佈幻想，對於革命力量而言，卻是要它不再前進，總之對於革命是有害的；對於懷抱這類想法的人們自，則是拒絕為進行徹底革命而鬥爭。」〔註55〕根據喬冠華的觀點，中間路線雖然虛幻與錯誤，但只要有利於革命，還是可以提出並進行宣揚的，反之，則是應該批判與打倒的，而 1948 年宣揚的所謂中間路線，就屬於不利於革命之類了。

當然，中國共產黨人士在批判中間路線的基礎上，還對其自由主義指導思想、調和美蘇的外交政策、兼親國共的黨派立場以及經濟民主加政治民主的施政原則，都給予廣泛的批評。如針對中間派人士所鼓吹的自由，有人認為：自由是具體的、有條件的，不是一個孤零零的名詞與概念；自由的內容不是不變的，它是社會歷史的產物，隨著歷史的發展而改變；在今日的中國，爭土地的自由與爭民族的自由，不僅並重，而且前者比後者更為重要；自由不是少數人的自由，更不是單個人的自由，而是多數人的自由。〔註56〕作家邵荃麟針對 1948 年內地出現的「自由主義運動」，而在香港舉辦一個批判會上說：「自由」是屬於人民的，自由思想是我們所不反對的，自由主義乃是一種落伍思想，這種思想是應該批評的，至於目前這種所謂「自由主義運動」，則根本是美帝和××××的尾巴，是掛羊頭賣狗肉的勾當，〔註57〕而胡繩針對一些以「填土工作者」〔註58〕自居的中間派人士批評道：他們的實質不過是「妄想支撐搖搖欲

〔註55〕於懷：《追擊「中間路線」》，中國人民大學中共黨史教研室編：《批判中國資產階級中間路線參考資料》第 4 輯，中國人民大學 1963 年版，第 38～42 頁。

〔註56〕吳雁南主編：《中國近代社會思潮》第 4 卷，湖南教育出版社 1998 年版，第 246 頁。

〔註57〕胡光：《自由主義運動的批判在香港》，《國訊》1948 年 4 月 2 日。

〔註58〕1948 年 2 月 7 日，上海《大公報》發表了一篇蕭乾所寫社評《政黨・和平・填土工作——論自由主義的時代使命》，其中說：「一個政黨的確需要『信徒』，聚徒眾而形成『組織』。鐵的組織，鋼的紀律，愈堅固緊嚴，其取得政權或維持政權的機會愈大。為求組織紀律的鋼鐵化，只有犧牲個人自由，一切由黨魁或少數頭腦指揮。換言之，一個主義一旦組織化了，勢必就得寡頭化。一個純粹政治的自由主義者為達到政治目的，也許受得住木棍的指揮；但一個徹底的自由主義者，因為受不住嚴苛的紀律，就可能站在政黨之外，保持其獨立的立場，保持其個人發言權。這要單看一個自由主義者的氣質與立場了。需要集

墜的反動大廈」，是為「獨裁統治者效勞」〔註59〕。還有人說：「在自由主義的民主政治之下，真正得到民主自由的還只是那些老闆們——農業老闆與工業老闆，工人們（農們也是農業上的工人）還是被人壓迫著，何嘗有什麼民主自由？」〔註60〕並且，中國共產黨理論工作者還對中間派人士所繼續堅持的政治民主加經濟民主的建國方案進行批評，其中有人說道：資本主義的多黨競爭制度，形式民主，內容不一定民主，因為競爭是在有產者壟斷政權的前提下競爭，並且也可以通同作弊。〔註61〕因為在中國共產黨人士看來，這些高唱中間路線的自由主義者，在當時情況下不可能實現其目標，相反，只會有助於國民黨反動統治的維護。

　　從學理上看，中國共產黨人士對中間派人士及其路線與主張的批判，雖然很多停留於意識形態層面的攻擊，難以讓中間派人士心悅誠服，但也確實指出了中間路線本身所面臨的困局。當然，中國共產黨之所以對中間派人士所信奉的自由主義思想及其繼續堅持中間路線進行窮追猛打，因為在其看來，隨著軍事局勢的好轉，中間派人士對自由主義的鼓吹與中間路線的宣揚，在某種程度上無異於為即將失敗的國民黨站臺與張目。

　　相對於國民黨的暴力打壓，中國共產黨的批判也許要溫和得多，但對中間派人士所造成震撼與打擊或許更大。因為中國共產黨畢竟是自己昔日的盟友，曾經在同一個戰壕向國民黨爭取民主的鬥爭，但為什麼現在是如此決然無情地批判自己的主張與路線呢？難道自己真的錯了嗎？還是中國共產黨的路線、主張確實比自己更順應時代的潮流和適合中國的國情呢？要不，它在與國民黨相爭中，憑什麼能夠以弱勝強、節節推進呢？在嚴正的批判與雄辯的事實面前，身處進退維谷的中間派人士，難免不重新對自己所守望的政治理想進行反思。如此前對革命一向持否定立場的張東蓀於1948年前後態度開始發生了

　　　體行動的『政黨』，本質上並不適合真正自由主義者的口味……大公報有自由主義的傳統作風，《大公報》同人信奉自由主義，我們無大野心，卻有極大熱誠，願為國家建設做些填土工作。」《大公報》的這種言論，在當時的中國共產黨人士看來，不僅不合時宜，而且是違背歷史潮流的，所以，胡繩特地撰文予以嚴厲的批判。

〔註59〕胡繩：《為誰「填土」？為誰「工作」？——斥〈大公報〉關於所謂「自由主義」的言論》，《華商報》1948年2月20日。

〔註60〕梓平：《土地改革與民主運動》，《群眾》1946年第6期。

〔註61〕吳雁南主編：《中國近代社會思潮》第4卷，湖南教育出版社1998年版，第245頁。

轉變，認為革命也是人們爭取民主的一種手段。他撰文指出：「須知歷史上所有革命期前都有和平改革的嘗試，只是因為不能成功，所以才迫得不能不走革命的路，並不是開始即主張革命。民主不易由和平而得，歷史早告訴人們了。」因此，當「一個國家的政治到了非革命不可的時候也就只有革命這一條路」〔註62〕。故而，從此意義上看，中國共產黨人士的批判，在某種程度上無異於給探索民族前途的中間派人士指明了一條出路，儘管在接受該出路時，免不了要經歷一場靈與肉的陣痛！

其三，內部團結日益弱化。中間派人士的隊伍，是以「三黨三派」為主體及其他一些無黨派民主人士與自由知識分子的聚合體，雖然在抗戰勝利前後以中國民主同盟的名號活躍於中國政治舞臺之上，但成員構成成分並沒有多大改變，並且相對於以前，在行動上、組織上更顯得親密與團結。不過，隨著國民黨威逼利誘措施的實行，中間派人士內部就開始出現了組織上的分化，進而引發思想觀點的分化，最後在國共兩黨的夾擊下而陷於瓦解。

抗戰勝利前後，中間派人士基本上都匯聚在中國民主同盟的大旗之下，共同沿著建設十足地道的民主共和國道路前進。但是，由於在如何處理跟國共兩黨的關係時出現了嚴重對立，即以職教社、救國會、第三黨為核心的左翼人士，主張跟中國共產黨合作，共同向國民黨爭取民主；而以青年黨、民社黨為主體的右翼人士，則持相反的立場，主張跟中共保持距離，單獨向國民黨爭取民主。於是，在政協會議召開時，青年黨人出於對自己固有政治立場的堅守，在國民黨的支持下，斷然從民盟中分離出來，作為一個單獨的黨派參會，從而造成了中間派人士內部的第一次大規模的分化。其後，跟青年黨政治傾向比較接近的民社黨，在國民黨許以實行憲政的誘惑下，違背政協決議〔註63〕，參加了國民黨主持召開的制憲大會，從而變成繼青年黨之後又一個從民盟分離出去的中間派人士的團體，是為中間派人士的第二次大規模的分化。對此，民盟中央常務會議決定要求有民社黨黨籍的盟員退盟，並在公開信中說：「民主社會黨違反政協，參加『國大』，與本盟的政治主張顯有出入。茲經本盟決議，認為民主社會黨已礙難在本盟內繼續合作，但對於不主張參加『國大』之民主社會黨黨員深表同情。至有民主社會黨黨籍之盟員，

〔註62〕 張東蓀：《論真革命與假革命》，《展望》1948 年第 24 期。
〔註63〕 根據政協決議，國民代表大會召開的前提，是停止內，改組政府，完成憲草；否則，即違背了政協決議。

而參加『國大』者，應予退盟。」〔註64〕青年黨與民社黨的先後脫盟，儘管
從某種程度上來說，更有利於中國民主同盟的團結，但在政治上給中間路線
及中間派人士的整個團體所帶來的消極影響是難以估量的。

不過，作為中間派人士代言人的民盟，並沒有因國民黨打壓與青、民兩黨
退盟而動搖了固有的原則與立場，相反更堅定地跟國民黨的獨裁專制做鬥爭。
於是，國民黨出於同中國共產黨決戰的需要，而以中國共產黨「尾巴」與「幫
兇」的罪名，於 1947 年 10 月 27 日宣布民盟非法而予以解散；而民盟出於對
自己理想的守望，只得流亡香港，在中國共產黨支持下召開了一屆三中全會，
揭開了政策與主張全面左轉的序幕。民盟這種立場與取向的轉向，對其未來發
展而言，未嘗不是一種新生命的開始，可對許多仍堅守自由主義立場的中間派
人士而言，無異於是一種思想上的閹割與主張上的斷裂，因為在他們看來，那
個昔日被自己視為政治家園的民盟，已經不再是溫暖的港灣。故而，作為一個
整體的中間派人士，此時在組織上不得不面臨著再次分化。

隨著組織上分化的日益嚴重，中間派人士的思想、主張和立場也隨之出現
了對立。在中間派人士內部，鑒於不同派系或個人之間因學緣、業緣的差異，
而在一些具體問題的應對上見仁見智，本屬於正常現象；但由於組織分化乃至
對立的出現，彼此之間的思想衝突與觀點之間的尖銳對立，也隨之相伴而生。
面對來自國共兩黨的擠壓，以張東蓀、施復亮、張君勱、羅隆基、梁漱溟、儲
安平、左舜生、李璜、章乃器、周鯨文、孫寶毅、蕭乾、楊人楩等為代表的中
間派人士，繼續宣傳中間路線和自由主義。如周鯨文針對來自左右兩種力量對
中間路線的批評，以討論中國多數人的政治路線為名，間接地為其辯護，他說，
多數人政治路線的主要範疇是：爭取自由，反對干涉限制；爭取民主，反對專
制獨裁；爭取獨立，反對殖民地化；爭取和平團結，反對內戰分裂。並滿懷信
心地宣稱：「這條路線不但是進步的，溫和的，不用廝殺而把國家納入正常的
政治軌道，而且是合乎人道的，具有時效的。它會縮短黑暗野蠻的期限，它會
溫和著同胞的彼此愛護，它調解著利益不同的黨團免得各走極端，它使分裂重
歸於好，它改變破壞的力量而入於建設，它使進步的統一在團結之下。這就是
中國多數人慾走的路線。這條路線在客觀上，不但是目前中國絕對的需要，而

〔註64〕《中國民主同盟致民社黨的信——關於開除民社黨的盟籍》，中國民主同盟中
　　　央文史資料委員會編：《中國民主同盟歷史文獻》，文史資料出版社 1983 年版，
　　　第 255 頁。

且執行下去確能為中國開闢新路，立定長治久安的基礎。」〔註65〕而孫寶毅則鼓吹道：中間路線的思想，「是不追隨兩極化的世界潮流，而積極企圖在美蘇之間，兼收並蓄其長處，而去掉與修正其短處，而創立一個民主主義與社會主義融合而成的新制度」。中間路線的任務：促成國共停戰；重返政協路線；建立民主社會；勉為美蘇橋樑。中間路線的信奉者：在政治上主張尊重個人、維護人民的基本自由，而反對任何方式的獨裁專政；在經濟上主張實行計劃經濟謀大多數人的幸福，反對必然產生貧富懸殊惡果的自由企業；在生活上主張尊重理性，反對意氣與暴力。〔註66〕周鯨文、孫寶毅的言論，目的是在向世人特別是國共人士宣示：中間路線不會因外在的批評與內在的動盪，而放棄其應有的理想與使命。

中間派人士在堅持走中間路線的同時，還對其核心思想——自由主義進行了肯定與頌揚。其中蕭乾說：「自由主義不是一面空泛的旗幟，下面集合著一簇牢騷專家、失意政客。自由主義者不是看風使舵的舵手，不是冷門下注的賭客。自由主義是一種理想，一種抱負，信奉此理想抱負的，坐在沙發上與挺立在斷頭臺上，信念得一般堅定。自由主義不是迎合時勢的一個口號，它代表的是一種根本的人生態度。這種態度而且不是消極的。不左也不右的，政府與共黨，美國與蘇聯一起罵的未必是自由主義者。尤其應該弄清的是自由主義與英國自由黨的距離很遠很遠。自由主義者對外並不擁護十九世紀以富欺貧的自由貿易，對內也不支持作為資本主義精髓的自由企業。在政治在文化上自由主義尊重個人，因而也可說帶了頗濃的個人主義色彩，在經濟上，鑒於貧富懸殊的必然惡果，自由主義者贊成合理的統制，因而社會主義的色彩也不淡。」〔註67〕最後，他還對自由主義的基本理念進行概括：即政治自由與經濟平等並重，相信理性與公平，以大多數人的幸福為前提，贊成民主的多黨競爭制，革命與改造須同時進行。與此類似，楊人蠯也為自由主義聲辯道：「有人以為自由主義是十八世紀的產物，在十九世紀中已趨沒落，到今日，根本再沒有什麼自由主義。這是一種太狹隘的看法。廣義地說，今日的自由主義可以不同於十八世紀的自由主義，然而仍不失為自由主義；正如今日的民主政治或唯物論，

〔註65〕周鯨文：《論中國多數人的政治路線》，《時代批評》1947年第86期。

〔註66〕孫寶毅：《何謂中間路線》，《現實文摘》1948年第12期。

〔註67〕《自由主義者的信念——關妥協·騎牆·中間路線》，《大公報》1948年1月8日。

已不同於古希臘時代的民主政治或唯物論，然而仍不失為民主政治或唯物論。」〔註68〕從這些言論中不難看出，中間派人士對自由主義的肯定，某種意義上即是對中間路線政治理念的堅持。

此外，一部分中間派人士為了堅持自己的政治路線，面對如火如荼的國共內戰，仍大聲地呼籲和平。張申府在《觀察》上著文說：「我們現在最要緊的事，消極地說，就是打破現狀；積極地說，就是恢復和平……也許有人以為，現在有一方正打得順手，正打得起勁，正要一勞永逸，一舉而成功。在此時呼籲和平，也許會轉移他們的戰志，必為他們所不快，必為他們所不睬。那麼打得不順手的一方是不是也不理不睬？其實，不管誰不理不睬，這樣說法，究竟只顧成敗利害，而沒有注意到是與非……退一百步說，不拘作戰的那一方面，總該都以和平為作戰的目的。戡亂不能止於亂，革命不能止於革。如果雙方都標明完全只為和平而戰，也許會出師更有名，也許會打得更起勁。如此，作戰的雙方既都要和平，而且只要和平，這豈不更可證明：呼籲和平，要求恢復和平，有百是而無一非？可是當真雙方都要和平，那就應該立即停下來，而不該再打！」〔註69〕梁漱溟也應和道：「我堅決反對內戰到底！我不能因為那方用戡亂一名詞而同其作戰；我一樣不能因為這方用革命一名詞而同意其再打。即令讓一步是革命，革命亦不等於除惡。」〔註70〕他們希望藉此在國共內戰的風雲中，為中間路線爭取一縷光明和希望。

不過，以馬敘倫、郭沫若、鄧初民、沈鈞儒、侯外廬、翦伯贊、李平心等為代表的另一部分中間派人士，則隨著國內局勢的嬗變而顯得日趨激進。如馬敘倫在文章中說：「但是，我覺得在政治上了軌道的國家裏面，尤其是政黨政治的國家裏面，兩個大黨以外有一個中性的黨，或是許多小黨聯合起來成了一個中間性的第三方面，時時左右他們兩個大黨，是沒有什麼問題的。至於如我們中國近二十年的政局上，過去是國共兩黨的問題，現在卻不是這個問題了，我們應該曉得現在是民主和反民主的鬥爭尖銳化了，所以只有反民主的政府與民主的民眾兩方面，不能有第三方面的……再有第三方面，就是幫反民主的忙的奸細，是我們的敵人，我們不願意再有這種事實出現，而且不願意在民主鬥爭裏聽到這個名詞。」〔註71〕顯然，在馬氏的言說中，所謂的第三方面，其

〔註68〕楊人楩：《再論自由主義的途徑》，《觀察》1948年第8期。
〔註69〕張申府：《呼籲和平》，《觀察》1948年第9期。
〔註70〕梁漱溟：《敬告中國共產黨》，《大公報》1949年2月21日。
〔註71〕馬敘倫：《論第三方面與民主陣線》，《群眾》1946年第10期。

實就是那些仍堅持在國共之間走中間路線的人士。相對於馬敘倫的含蓄，郭沫若對中間路線的批判則要直白與嚴厲得多，他在《歷史的路只有一條》的文章中說：「這左中右的意義不用說就是前中後或急中緩的別名，它們是在帶有箭頭的一條直線上，而不是在一個發足點的橫線上的三個帶箭頭的平行線。這本來是常識問題，然而今天有好些脫掉了常識的人竟認真把它們當成左邊、中間、右邊在講了。因此，在我們中國竟有人創造出了所謂『中間路線』那種根本不通的名詞，還在那兒大發議論。最近又看見了有所謂『兩極化』的妙論，是說世界的趨勢左的要左到極端，代表是蘇聯，右的要右到極端，代表是美國。他們要走『中間偏左』的道路，似乎是以英國為模範。我說這議論妙，因為那位『一個焦焚之心無處安放』的執筆者竟公然找到了『中間偏左』的生理學上的科學證據。」〔註72〕郭沫若其實在建言那些仍固守中間路線的中間派人士：隨著中國共產黨在軍事上的節節勝利，再提倡所謂的中間路線，不僅不合時宜，而且有落後與反動的嫌疑。

不僅如此，馬敘倫、郭沫若、鄧初民等日趨激進的中間派人士還對自由主義及其信奉者進行了批評。因為他們認為在國民黨軍政兩失的時候，再鼓吹自由主義無異於為虎作倀。如果用郭沫若的話來說：「今天是人民的革命勢力與反人民的革命勢力作短兵相接的時候，衡定是非善惡的標準非常鮮明。凡有利於人民解放的革命戰爭，便是善，便是是，便是正動；反之，便是惡，便是非，便是對革命的反動。」〔註73〕所以，郭沫若認為「自由主義」是國民黨與美帝國主義發起「和平攻勢」的一種武器。鄧初民認為中間派人士所發起的自由主義運動並不是什麼新東西，其本質上跟此前的「中間路線」問題或「第三方面」問題並沒有什麼兩樣，同時跟美蔣的「和談」陰謀也有著千絲萬縷的聯繫。沈鈞儒覺得中間派人士還提倡自由主義，已不是真正的自由主義者，而是偽自由主義者。李章達則直接對中國自由主義的靈魂人物——胡適提出批評，他說：「另外有些是戴起『自由』的面具，來作統治者的馬前卒的『自由分子』，他們以胡適為代表。和胡適同在北平的也有不少這樣的『自由分子』，所以目前北平能成為『自由主義』活動的中心。胡適企圖保持一雙『自由的手』，來搞一套『自由主義』。將搞得出什麼東西呢？我要請問胡適：你的手乾淨嗎？實

〔註72〕中國人民大學中共黨史教研編：《批判中國資產階級中間路線參考資料》第 4 輯，中國人民大學 1963 年版，第 46 頁。

〔註73〕轉引自劉統《中國的 1948 年兩種命運的決戰》，生活讀書新知三聯書店 2006 年版，第 392 頁。

在太不乾淨了！」〔註74〕相對於上述諸人觀點，左翼人士杜邁之說得更為直白與深刻，他文章中寫道：「由於誇張了對中共的恐懼，由於這種對現政權存在著或輕或重的乞靈心理，這般自由主義者是不可避免地模糊了對現政權本質的認識，顛倒了許多是非感，甚至顛倒了整個價值觀念。」「現政權的本質是什麼？它是由封建地主、買辦資本與軍事勢力互相結合而成的一個既得利益集團，它為了它的獨佔利益的追求和鞏固，是必然要反對土地改革，反對民族資本，阻撓民主，是必然集中全力於消極的政治控制的，也是必然要採用一些全能主義手段的……對中共的認識，我以為必須從一個基本的『善』與『惡』觀點出發才能得到正確的瞭解，合於人民大眾利益的是『善』，背於人民大眾利益的是『惡』。我們決不能抱殘守缺地執著於少數的個人自由，這種個人自由固然可貴，但這種自由是根本違背於人民大眾的利益的，因為它的代價是人民的被奴役。為了這種少數個人自由的取得而不惜間接或直接地幫助著一個反民主的既得利益集團的統治，那是不可恕的罪惡，是人民的敵人。」〔註75〕可見，在這些日趨激進的中間派人士看來，此時的自由主義及自由主義者，已經淪為國民黨反動派幫兇的代名詞。

　　所以，面對國共兩黨日趨激烈的政爭與軍爭，一部分中間派人士如張東蓀、施復亮等，出於整合隊伍與擴大影響的目的，毅然打出了中間路線的旗幟，並以一種明知不可為而為的心態在國共之間的鴻溝中充當起填土者的角色，但隨著國共兩黨打壓強度的增人，中間派人士不僅在組織上出現了分裂，而且在思想上也出現了紛爭。鑒於這樣一種「內憂外患」的困局，越來越多的中間派人士不得不挪移自己原來的立場：其中思想激進的，逐步轉入到左翼的陣營，並與中國共產黨合流，成為建立新中國的基本力量；思想保守的，則自然滑向右翼的陣營，而與國民黨結盟，淪為舊政權的殉葬品。而只有少數思想穩健的，如以胡適為代表的一部分學人，則仍堅持自己的信念和理想，繼續高舉中間路線與自由主義的旗幟，行進在越來越逼仄的小路上！

　　綜觀中間路線在南京國政府時期的中國政治舞臺上，從淡入到淡出的奮鬥歷程，其發展脈絡基本上跟國共之爭這一歷史與時代的主軸平行前進，並且其在不同時段它所呈現出來的表徵，也跟國共兩黨「離合」「和戰」的政策與行為有著緊密的關聯。不過，作為中間派人士的中間路線，之所以能有別於國

〔註74〕胡光：《自由主義運動的批判在香港》，《國訊》1948 年 4 月 2 日。
〔註75〕杜邁之：《再論中國的自由主義者》，《文萃週刊》1947 年第 1～9 期合刊。

共兩黨的政治路線而存在，是因為其自產生起，就始終堅持改良的主張與調和的立場，希望走一條既不完全等同於資本主義、也不完全等同於社會主義的道路，來把積弱積貧的中華民族引向獨立與富強。同時，儘管在此過程中，中間路線的一些具體內容，在對待國內外問題的看法上，存在許多相異甚至對立的觀點與主張，中間路線的主體——中間派人士，在學緣、業緣或其他方面，分屬不同的團體與派別，但由於其基本上用相同或相近的政治立場和價值取向，來探索「中華民族路在何方？」這一共同的主題，故而，使得其客體還是主體，都打上了鮮明的家族類似的烙印。從此意義上說，即便中間路線在不同時期呈現出不同的面孔，不僅不能成為否定其本身的理由，而且正是中間路線成其為中間路線的因素。

第二節　中間路線的特徵

中間路線雖然因時勢的變異，隨同國共兩黨軍爭的硝煙消失在歷史的深處，但其作為一條既不同於國共路線，也有別於過去改良路線的政治路線，在奮鬥歷程中自有其獨特的質地與表徵。

一、清末改良路徑的延續

中間路線因國共兩條政治路線對立與衝突的機緣而登上了中國政治舞臺，但站在歷史的座標上，不難發現，其跟清末以來的改良路線、特別是跟康有為、梁啟超所主導的改良思想、主張及立場等，存在著很強的親緣性。

其一，二者都否定「革命」。清朝末年，當孫中山領導革命黨人倡言「排滿革命」的時候，作為改良路線的代言人——康有為、梁啟超等則力陳革命的危害，認為其會引起下層社會的暴亂、招致列強的干涉，隨後出現血流成河與亡國滅種的慘局。如梁啟超在陳述反對革命的理由時說：「怵殺人流血之慘也」，「懼列強之干預也」。而作為處於國共相爭格局裏的中間路線亦同樣體現出此種思想傾向，如其奉行者國社黨領袖張東蓀在文章中批評革命道：「歷史上的革命幾乎無一不是犧牲太大而代價不足償其十分之一，換言之，即成就太少而浪費太多。」[註76]自由主義學人蔣廷黻則針對近代以來革命所產生的負面影響更是痛心疾首地說：「我們沒有革命的能力與革命的資格。在我們這個

〔註76〕張東蓀：《「民主社會主義」補義》，《觀察》1948 年第 1 期。

國家，革命是宗敗家滅國的奢侈品。」〔註77〕相對於張、蔣二氏對革命的批判，胡適的觀點也許更為深刻和全面，他說：「武力暴動不過是革命方法的一種，而在紛亂的中國卻成了革命的唯一方法，於是你打我叫做革命，我打你也叫做革命。打勝的人也只能時時準備武力防止別人用暴力來革命。這一邊剛打平，又得招兵購械，籌款設計，準備那一邊來革命了。他們主持勝利的局面，最怕別人來革命，故自稱為『革命的』，而反對的人都叫做『反革命』。然而孔夫子正名的方法終不能叫人不革命；而終日憑藉武力提防革命也終不能消除革命。於是人人自居於革命，而革命永遠是『尚未成功』，而一切興利除弊的改革都擱起來不做不辦。於是『革命』便完全失掉用人功促進改革的意義了。」〔註78〕胡適對革命的言說，雖然有漫畫化的色彩，但確實一針見血地指出了近代以來的所謂革命給中華民族帶來的危害，特別是對現實中國民黨各派系打著革命旗幟相互混戰和屠殺民眾的行為，是一種有力的鞭笞。正因如此，章伯鈞認為解除中國當時困局的方法不是革命而是民主與團結。他說：「總之，在今日，中國人民需要和平統一，需要休養生息，達到和平統一的途徑，只有在民主的團結方式之下，求政府的協議。最後我們還要奉告國人……我們在野黨派沒有『分贓』的妄想，但要為國家立民主的制度盡責任；為人民爭權利、爭自由而努力。更沒有企圖採取革命行動，推翻政府，但要用和平的奮鬥，組織人民，動員人民，求國家的統一，廢除一黨專政，以實現三民主義，完成中山先生之遺志。」〔註79〕章氏的話語，不僅表明了中間派人士對訴諸革命來變更現實的做法持否定立場，而且告訴國民黨，他們願意在政府領導下建立起真正的民主制度。

可見，「革命」在中間路線的話語系統中，如同在清末改良路線的情形一樣，同樣處於被批判和否定的位置。在對待革命的態度上，彼此都持否定立場，認為它不僅無助於現存社會問題的解決，而且還會催生出更多的社會矛盾和衝突。

其二，二者都同情政府。康有為、梁啟超所鼓吹的改良路線，雖然在維新變法中因頑固守舊的當權派的破壞與阻梗，而遭到了重大挫折，但無改於他們作為政府參謀者或同路人的角色。比如梁啟超針對清政府洋務運動以來變法

〔註77〕蔣廷黻：《革命與專制》，《獨立評論》1933年12月。
〔註78〕胡適：《我們走那條路？》，《新月》1929年第10期。
〔註79〕章伯鈞：《紀念國父要有民主統一而富強的中國》，《中華論壇》創刊號，1945年，第1期。

成效不彰的現實，檢討說：「前此之言變法者，非真能變也，既吾向者所謂補苴罅漏，彌縫蟻穴，飄搖一至，同歸死亡；而於去陳用新，改弦更張之道，未始有合也……吾今為之一言以蔽之曰：變法之本，在育人才；人才之興，在開學校；學校之立，在變科舉；而一切要其大成，在變官制。」〔註80〕當以孫中山為代表的民主派要求推翻舊政府的時候，以康、梁維新派又與既得利益集團一道，共同構築起抵禦革命侵襲的營壘。其中針對革命黨人的革命宣傳，他們以《新民叢報》為陣地，以立憲為旗幟，與之進行長期的論戰，為清政府所推行的君主立憲鳴鑼開道；當清政府滅亡後，由維新派蛻化而成立憲黨人，又與袁世凱合作，共同打壓以孫中山、黃興為首的革命黨人。

同理，作為中間路線奉行者的中間派人士，無論是為改造社會而從事鄉村建設與職業教育，還是為改造政治而宣傳民主、自由、憲政等政治主張，但在目的與動機上都有一種替政府分憂解難、救弊補漏的價值取向，即便是受到不公正的待遇，也要為做國家的諍臣政府的諍友而努力，以至於遭到來自中國共產黨人士「小罵幫大忙」的譏評。比如，20世紀40年代末，南京國民政府行將眾叛親離的時，一個筆名叫「蒙毅」的中間派人士，仍然為國民黨統治辯護。他說：「我們先不要忘了，現在的政府就是民國建國前後領導國民的政府，也就是抗戰以前努力建設而頗有成績的政府，也就是領導全國人民抗戰八年而終獲勝利的政府。這樣一個有良好背景和基礎的政府，在現時所表現的政績忽然不很好，其原因自然非常複雜，最主要的自然是抗戰時不可避免的物質上的和精神上的損失和敗壞。勝利後共黨的不合作，和追蹤而來的內戰，更使這些損失和敗壞日益加深而無法復原。現在政績的不良，不能也不應由政府一方面來負責。任何政府，在目前環境下，也是不能有良好的表現的。」〔註81〕作者的言外之意，當下的民不聊生、政治腐敗，不能說全是國民黨的錯，相反，只要大家愛護和擁護這個政府，給它時間和機會，還是有變好的希望！

其三，雙方都主張改良。康有為、梁啟超針對內憂日顯、外患日深的現實，向清政府提出了變法的主張。其中，康有為在1888年參加順天鄉試時，就上書光緒皇帝，提出「變成法、通下情、慎左右」以挽危局的主張；當《馬關條約》簽訂後，康有為又上書光緒帝，提出「拒和、遷都、變法」的對策。而梁啟超針對當政者守舊惰滯的心理，更是用因循守舊的惡果來證明變法的重要

〔註80〕梁啟超：《論變法不知本原之害》，《時務報》1896年8月29日。
〔註81〕蒙毅：《現政府有改善的希望》，《新路週刊》1948年第9期。

性，他在文章中舉證說：「印度，大地最古之國也，守舊不變，夷為英藩矣。突厥，地跨三洲，立國歷千年，而守舊不變，為六大國執其權分其地矣。非洲廣袤，三倍歐土，內地除沙漠一帶外，皆植物饒衍，畜牧繁盛，土人不能開化，拱手以讓強敵矣。波蘭為歐西名國，政事不修，內訌日起，俄、普、奧相約，擇其肉而食矣。中亞洲回部，素號驍悍，善戰鬥，而守舊不變，俄人鯨吞蠶食，殆將盡之矣。」並且為鼓勵當政者從守舊心理中解放出來，梁啟超還提出：「不能創法，非聖人也，不能順時，非聖人也。上觀百世，下觀百世，經世大法，惟本朝善變。」〔註82〕希望以此來規勸統治者，認清歷史潮流，勇於改變那些不適合時代發展的政制和習俗。正是在這樣一種自強求變、憂國憂民的心態驅遣下，康、梁及其同志，在光緒皇帝及一批開明士紳的支持下，開啟了力圖挽救民族危亡和鞏固清朝統治的以改良為主旨的戊戌變法運動。

　　而中間路線雖然後於戊戌變法的出現，但作為同屬於探索中國近代發展路向的歷史主體，其改良性色彩如同後者一樣，也是非常鮮明的。比如，黃炎培等職教社領袖在談及職教社總方針時說：「職業教育的目的何在呢？本社工作的目標又何在呢？往遠處說，是在實現一個民生幸福的社會。在那社會裏，確切達到了『無業者有業，有業者樂業』的目的。要使社會上沒有無業者，也沒有不樂業者，職業教育，本社工作的任務，才算真正完成。就近處說，本社的使命，是在以最高的積極性，參與抗戰建國的努力。吾們確信，職業教育，只有在民族解放、民權平等、民生幸福的社會裏，才能實現他的造福人群的理想。反過來講，又賴有職業教育的努力，吾們民族解放、民權平等、民生幸福的國家社會，才能加速的出現。」〔註83〕顯然，黃炎培等人在向世人、特別是國民黨人宣告：中華職業教育社的目的不是推翻政府，而是幫助政府建立一個圖謀民生幸福的社會。並且為顯示自己對國民黨及其政府在國家政治生活中的權威性與合法性的認同，中間派人士常充當起政府同路人的角色。當西安事變發生後，他們中有人在《大公報》上撰文對事變者責問道：「你們把全國政治外交的重心，全軍的統帥羈禁了，這講什麼救國？你們聽不見綏遠前線將士們突聞陝變，都在內蒙荒原中痛哭嗎？你們不知道嗎？自十二日之後，全國各大學各學術團體以及全國工商實業各界誰不悲憤？誰不可惜你們？你們一定

〔註82〕梁啟超：《變法通議》，華夏出版社 2002 年版，第 5、8 頁。
〔註83〕黃炎培等：《從困勉中來——為紀念中華職業教育社二十四週年》，《國訊》1941年第 5 期。

妄信煽動，以為有人同情，請你們看看這幾天全國的表示，誰不是痛罵！就是本心反政府想政權的人，在全國無黨無派的大多數愛國同胞之前，斷沒有一個人附和你們的。」〔註84〕可見，中間派人士儘管對現存政府有著強烈的不滿，但仍反對通過暴力來對其進行變更。

尤其是在對待國家民主政治建設的進度上，中間派人士鑒於固有政治路線的性質，更是盡顯改良本色。其中，國社黨領袖張君勱針對國民黨以人民文化程度低下作為延緩憲政的理由時撰文說：「須知我們的意思只是主張民主政治僅僅是個原則。按照這個原則而實施於中國，當然必須看人民的程度而定其可以實現的量度。就是說：能實現到百分固然是好，若使不能，則九十九分亦好；再不能，便降之九十八分亦未嘗不好。照這樣下去，縱使降至五十分或四十分，卻都不能說不是民主政治。明白了這一點，則人民程度便不生問題。換言之，即只能作為實施時酌量的根據，而絕對不能作為反對或延緩的口實。」〔註85〕張君勱的意思是建議國民黨：人民文化程度低下，固然有礙民主政治的實現，但絕對不是推行民主政治的理由，同時民主政治的實現是一個漸進的過程，絕不能在朝夕之間可以成功。對此，民盟主席張瀾也提出相似的主張，他在文章中說：「有人謂：『民主政治，必須人民經過若干時期的訓練，俟其達到某種程度，然後實行，乃可望收到好效果』，其言似是而非。試思實行民主政治，要經過一年又延一年的訓政時期，與清朝末年的立憲預備九年者何殊？必如所言，則所謂某種程度，將因時、因地、因人、因事而各有不同，是將永無適合實行民主政治的時候。只有永遠維持專制政體，獨裁權力，而供野心者之所利用。且實行民主政治的條件，初無絕對標準，民主政治，乃是最合於人道、最合於時代的理想政治，能做一分便算一分，天下事根本上便沒有一蹴而就的自然事件。縱或實行時發生弊病，自可隨時改正，此乃方法問題，而非原則問題。況天下事根本上便沒有十全十美有利無害的事，只須利害相權，看其孰大孰小、孰輕孰重而定其取捨。民主政治，實在是人類進化的最合理的政治，已為世人所公認，在今天是亟應使其實現的。」〔註86〕除了批評國民黨態度更加激烈外，張瀾在民主政治的實現上，跟張君勱沒有本質的不同，那就是只要你實行民主政治，我們仍然擁護你。並且為了給中間路線的施展創造一個相對平

〔註84〕張季鸞：《給西安軍界的公開信》，《大公報》1936年12月18日。
〔註85〕張君勱：《我們所要說的話》，《再生》1932年5月20日。
〔註86〕張瀾：《中國需要真正民主政治》，《解放日報》1944年2月21日。

和環境，進而強化其的改良政治取向，中間派人士在國共兩黨之間儘量地扮演著調和者的角色。比如，皖南事變發生後，褚輔成在致蔣介石函中建議：一方面要求八路軍明白宣告脫離共產黨，完全成為國家軍隊，並服從最高統帥的命令；另一方面要求國民黨承認共產黨的合法地位，並通令全國軍政各機關，對於共產黨黨員，應與一般國民同等待遇，不得歧視。〔註87〕褚輔成希望國共兩黨通過各退一步的辦法，來實現彼此間的和解。當中國共產黨因國民黨的獨裁專制而集體拒絕出席重慶國民參政會時，作為中間派力量重要喉舌的《大公報》借黃炎培等六位參政員〔註88〕訪問延安的事件發表社評說：「我們也和六參政員赴延安的心情一樣，懇切希望中共參政員能夠來重慶出席參政會。關於這一點，為國家大局計，我們自然如此希望；同時為共產黨設想，他們也應該來。一個政黨，當然有它的政治主張，就憑它的政治主張，爭取人民的信任，而達到主張的勝利，這是政黨鬥爭的常軌。因此為中共計，其政治主張，與其只在《解放日報》上發表，只在延安電臺上廣播，何妨來重慶在參政會席上發表，豈不更多一次發表主張的機會？這可算最低調了，為中共計，也還值得。再說六位參政員，盛暑長途，殷殷而往，代表參政會的期望，為人情計，延安也該給他們六位一些面子，請幾位中國共產黨參政員陪他們回重慶。」〔註89〕《大公報》雖然在表面上苦口婆心地勸說中共來重慶出席國民參政會，其實又何嘗不在暗中建言國民黨要從國家民族利益出發開放政權，實行民主政治。

中間路線的如此改良性特質，如同康有為、梁啟超的戊戌變法主張一樣，希望通過對現存體制的革新，而實現其救亡圖存與富國強兵的目的。遺憾的是，正由於中間路線的此種特質，也就注定了其難以擺脫清末戊戌變法的命運。

當然，如果我們放寬歷史視域，繼續沿著清末康、梁改良路線向現代追溯，不難發現，此後的許多改良性主張或實踐，在某種程度上可以說都稱得上中間路線的先聲。諸如20世紀初，米迪剛父子在河北定縣的鄉村改造；其後，進步黨人及研究系分子在北洋政府中所爭取的民主活動；再後，胡適、丁文江所倡言好政府主義，李劍農、楊端六、周鯁生等所倡導的聯省自治等。都可以說從思想、主張與實踐等方面，為20世紀20年代末中間路線的出場準備了條

〔註87〕褚輔成：《呈蔣介石函》，楊力主編：《中國抗戰大後方中間黨派文獻資料選編》下冊，重慶出版社2016年版，第1054頁。
〔註88〕六參政員是指黃炎培、章伯鈞、左舜生、傅斯年、褚輔成、冷遹。
〔註89〕《六參政員復延安》，《大公報》1945年7月3日。

件。事實上也是如此，作為中間路線重要內容的鄉村建設運動與職業教育運動，其許多的思維方式和實踐模式，都可以從清末以來所出現的實業救國和科教救國的改良主張中找到其思想的因子；而此前改良路線與改良主張中對民主、自由、法治與憲政等政治理念的強調和提倡，也基本上在中間路線有關國家制度的建構及人的基本權利中得到相應的體現和繼承。故而，從此意義上說，中間路線既是康有為、梁啟超改良路線的延續，也是清末以來先進中國人改良思想、主張及實踐的發展。

二、人員隊伍龐雜

作為中間路線踐行者的中間派人士，如果僅從政治派別的角度來判斷，其構成成分極為複雜。因為如果說它是一個組織，可是組組織中不僅存在不同的派別，而且在派別之外存在許多原子式的個人；如果說它信奉的只是一種思想，可是其中卻充斥著自由主義、國家主義、社會主義、村治主義等思想與主張；如果說它是一群只用言論來影響政治與社會的精英群體，可是當中一部分人確實在腳踏實地從事改造中國社會的基礎性工作；如果說它是一批政治背景相同或相近的人的集合，可是其中既包含了封建「遺老」與北洋「餘孽」，也包含了國共兩黨的失意人員，更包含了大量接受新文化洗禮的知識分子。所以，從此意義上說，如果相對於國共兩黨的組織與信仰，中間派人士的隊伍組織，無疑是一個成分複雜、組織鬆散的政治派別。

國共第一次合作失敗後，中國的政治生態似乎又進入到一種無序狀態，而九一八事變的發生，更使中華民族陷入一種前所未有的內憂外患之困局中。在此情況下，一批本就不滿意國共兩黨政治主張與舉措的精英分子和一些從國共隊伍中脫離出來的失意人員，抓住國共兩黨相爭的政治契機和乘著禦侮救亡的時代潮流，在相同或相近政治理念的驅遣下，匯聚一起，要麼結成新的組織或派別，要麼依託原有的組織進行發展。其中，以曾琦、左舜生、李璜等為領袖的青年黨，打著國家主義的大旗，以「內除國賊、外抗強權」相號召，使得隊伍有了進一步擴大，影響有了進一步增強；以張君勱、張東蓀、羅隆基等為核心一批人，借著進步黨與研究系的餘溫〔註90〕，以《再生》雜誌為平臺，

〔註90〕以張君勱與張東蓀為領袖的國社黨，從發展脈絡上看，跟民初梁啟超所領導的進步黨與研究系，有著明顯的傳承關係，而進步黨與研究系又跟19、20世紀之交的改良派存在著緊密的聯繫，所以有人在追溯國社黨歷史時說：「本黨先進，在清末早已從事於憲政運動，至於海外部分，更具有一種濃厚的悠久的

組建起中國國家社會黨；以宋慶齡、鄧演達、何香凝等為代表的國民黨左派，打著反蔣介石、汪精衛的旗號，組建中國國民黨臨時性行動委員會，不久後，在章伯鈞、黃琪翔、徐謙等領導下改組為第三黨；以梁漱溟、晏陽初等為代表的一批從事社會基層改造的知識分子，以改造中國鄉村為目的，結合成鄉村建設派。與此類似，以黃炎培為領袖的職教社，也順勢而起，擴大了自己的活動範圍與影響；以沈鈞儒、鄒韜奮、章乃器、李公樸、王造時等為代表的一批匯聚在上海的精英人士，針對日寇的步步緊逼與國民黨的妥協退讓，而聯合全國各地要求抗日救亡的人士建立起全國各界救國聯合會；至於胡適派學人，先後以《新月》雜誌與《獨立評論》為喉舌，就國家的民主政治與對外的抗日救亡，紛紛發表相同或相近的觀點和主張，在思想和輿論界產生很大的影響。所以，儘管相對於國共兩黨的嚴密組織，這些乘時出現或壯大的組織和派別，彼此之間並不存在某種隸屬或同盟關係；可是，相對於國共兩黨的政治路線，這些各自為政的派別和組織，其在救亡與建國方面所表現出來的思想和主張，卻顯示出某種一致性。故此，根據這些派別與組織的日後發展軌跡，而把其歸入到中間派人士這一相對於國共兩黨而存在的派系之中。

其後，隨著全面抗戰的爆發與國共第二次合作的出現，這些呈一盤散沙狀態的中間派團體，以國民參政會為集結點，共同匯聚到抗日民族統一戰線的旗幟下。但是，在國共相爭所主導的政治生態下，這些各自為政的派別與組織，不僅面臨如何讓自己救亡與建國主張得以宣揚和實施的任務，而且面臨如何在國家利益和黨派利益的擇取上協調好國共兩黨關係的難題。所以，出於對自己救亡與建國這一根本宗旨的守望，青年黨、國社黨、第三黨、鄉建派、職教社、救國會等這些團體的領導人，越來越意識到團結的重要。誠如梁漱溟先生組建民盟的經過時說：「1940 年 12 月 24 日，我與黃炎培、張君勱、左舜生、章伯鈞等發起籌組『中國民主政團同盟』。這時國內的政治形勢十分惡劣。國共之間的衝突愈演愈烈，抗日戰爭初期的那種團結抗日的氣氛已經蕩然無存。國民黨的控制、鎮壓也日益嚴重，人民的民主權利已名存實亡……1941 年 1 月又發生了『皖南事變』，國內形勢更加急劇惡化。正是在這樣的情況下，我們在為力爭團結抗日的局面不公開破裂，積極奔走於國共兩黨之間的同時，加

民族革命思想。所以假使欲進溯本黨的歷史淵源，恐怕比同盟會還要早些，也可以說是中國講憲政最早的一個政黨。研究系、進步黨，雖然在名字上、內容上和今日的國社黨並不完全關聯，但未嘗不可說是一面相承。」（俊生：《中國國家社會黨》，《再生》1946 年 1 月 8 日。）

快了民盟組織的籌建工作，希望民盟能早日建成，使它能盡快在促進國內團結中發揮作用。」〔註91〕於是，「三黨三派」領導人頂著來自國民黨及其政府的壓力，聯合起來組建了中國民主政團同盟。至此，相對於國共兩黨而言，中間派人士似乎也就擁有了一個代表共同利益和政治追求的組織。

隨著民盟的建立，原有中間派人士的力量無疑得到了某種程度的整合，同時，一些此前尚處於游離狀態的知識分子及其他社會精英人士，因各種原因也紛紛加入到民盟之中，從而進一步壯大了中間派人士的隊伍。不過，中間派人士組織鬆散狀態並沒有因民盟的建立得以根本改變，相反，卻因隊伍的擴大，倒顯得有些疏離。所以，表面看來，自抗戰全面爆發後，中間派人士的力量一直在增強，特別是進入抗戰勝利前後階段，更是在中國政治舞臺上發展成為一支舉足輕重的力量。可是其內部組織的複雜化也成為一種不可遏制的趨勢，其中除了在民盟這一組織下所固有的「三黨三派」外，一部分盟員在抗戰勝利前後還跟其他人士聯合起來，先後組建了中國民主建國會、中國民主促進會、中國致公黨、九三學社等黨派。這些新組建的黨派，從法律地位看，跟民盟是平等的，但其許多人員甚至主要領導人則又是民盟人員。對此，民盟領導人羅隆基曾感慨說：「民主同盟的構成分子包括了許多政治團體分子，例如中國青年黨、中國國家社會主義黨、中國第三黨、救國會等等。所以民主同盟本身的歷史雖短，但構成分子所代表的那些黨團能有十年至二十年以上的歷史。民主同盟目前已經成了單一的團體，他已經接收了大量數無黨派盟員，這些盟員都有長期的政治與社會關係，如今他的組織普遍到了全國。」〔註92〕故而，中間派人士雖然因民主同盟的成立而力量變得空前的強大，但其內部人事關係的複雜性，無疑進一步加劇了其組織的鬆散性與利益的矛盾性。

因此，隨著戰後國共政爭的激蕩，看似隊伍龐大的中間派人士，很快呈現出四分五裂的局面。其中，青年黨率先從民盟中分離出來，成為政協會上與民盟分庭抗禮的一方「諸侯」；民社黨緊隨其後，公然違背民盟中央決議，蛻化成國民黨施行憲政的花瓶；民盟因堅持政協決議被國民黨宣布為非法組織而勒令解散；那些從民盟中分離出來而組建的民主黨派，迫於來自國共兩黨的壓力，其組織人事同樣發生很大的變化。所以，儘管張東蓀、施復亮等人在國共

〔註91〕梁漱溟：《赴香港創辦民盟言論機關〈光明報〉前後》，中國民主同盟文史委員會編：《我與民盟（1941～1991）》，群言出版社1991年版，第19頁。

〔註92〕羅隆基：《黨派團結的具體建議》，《民主週刊》1945年第7期。

內戰突起時，毅然打出了中間路線的大旗，希望藉此把鬆散凌亂的中間派人士進一步整合起來，形成一股能夠抗衡或調適國共兩黨衝突的力量。遺憾的是，在國共兩黨的擠壓下，卻成為中間派人士在中國政治舞臺上的絕唱，因為這個時候的中間派人士，只能在「非國即共」的政治格局做出選擇。故而，儘管從表象看，昔日中間派人士的組織和隊伍依舊，甚至猶有過之，但實質上很多已經偏離了固有的中間路線，而淪為國共路線的附屬物，其中最明顯的表徵是，當胡適派學人在路越走越窄的情形下，繼續宣揚中間路線的政治主張，充當起民主自由的填土者角色時，結果不僅遭到來自國共兩黨的批評，而且受到來自昔日「同志」的責難。當然，同為中間路線旗幟下的中間派人士，之所以在關鍵時候出現分裂甚至內訌現象，究其原因，跟其人員龐雜、組織鬆散有著莫大的關係。

中間派人士在思想信仰、價值觀念、政治主張等方面，因內部派別及學緣、業緣的差異，也表現出一種各「是其是、非其非」的特徵。比如，以黃炎培為首的職教社，在其正式成立時，所揭櫫的宗旨是：「為個人謀生之準備」，「為個人服務社會之準備」，「為國家及世界增進生產力之準備」〔註93〕。以曾琦為領袖的青年黨，在其《全國國家主義團體聯合會宣言》中標榜：以曾琦為領袖的青年黨，在其《中國青年黨建黨宣言》中標榜：「本黨之宗旨：言乎對外，則以力爭中華民國之獨立與自由為旗幟……至於對內，則以推到禍國殃民之軍閥，實現全民政治為信條。蓋鑒於全國國民之齊受宰割於軍閥，欲喚起各界之覺悟，合群力以誅國賊，人人皆當協力同心，故不敢徒空唱高調以拒人人也。」〔註94〕「此則本會同人之所自勵者也。」〔註95〕以章伯鈞為領導的第三黨，在《我們最近的政治主張》中提出：以農工階級及一般革命的平民群眾組成領導中國革命的先鋒隊，在黨的領導下，建立農工民主政權，實行土地革命，反對資產階級，掃除封建勢力，建設國家資本，肅清帝國主義在華勢力，貫徹民族革命以及實現社會主義社會的各個任務，國家最高權力機關，由中國人民公意以投票選舉方式來執掌。〔註96〕而以張君勱為核心的國社黨在《我們所要

〔註93〕閻黎明：《第三種力量與抗戰時期的中國政治》，上海書店出版社2004年版，第47～48頁。

〔註94〕李義彬編：《中國青年黨》，中國社會科學出版社1982年版，第96頁。

〔註95〕李義彬編：《中國青年黨》，第122～123頁。

〔註96〕中國農工民主黨黨史資料研究委員會編：《中國農工民主黨歷史參考資料》第二輯，中國農工民主黨黨史資料研究委員會1982年編印，第306～307頁。

說的話》一文中就中國的民主政治設計道：「必須建立一種政治制度，在原則上完全合乎民主政治的精神，在實施上必須使黨派的操縱作用不能有所憑藉。於是這種政制，在平時，不拘兩黨或多黨都能運用，即假定無黨亦可運用，而在緊急時候可以集中全民的意思與力量，不分黨派。我們相信這樣的制度不是不能創造的。倘使成立則民主政治的弊端便減去殆盡了。並且說得極端一些，在這種制度下，萬一只有一黨，表面上或許有點類似一黨專政，而實際上卻依然是民意政治。因為這個碩果僅存的黨必定是真正民意的表示。所以我們心目中的修正的民主政治在一方面固是既打破多黨的紛爭，又防止一黨的專擅；而在其他方面卻對於多黨或一黨的事實上存在亦未嘗矯揉造作加以不容許。」〔註97〕不難發現，上述諸派別的基本主張，差別是相當明顯的，其中青年黨強調全民革命，反共傾向強烈；第三黨主張階級革命，反國民黨立場鮮明；職教社注重於社會基層的改造，而國社黨更側重社會頂層的設計。所以，這樣一種各有側重的思想主張，顯然會對彼此的共同行動帶來消極影響。

　　至於同屬中間路線陣營的胡適派學人，更多的是從輿論角度，以獨立自由的立場來對國家政治經濟生活進行一些觀念性的建構工作。比如 40 年代末，當絕大部分中間派人士在國共兩黨之間選擇站隊時，只有他們中的一部分人，仍堅持中間路線的立場，為國家和平與現代化做著「填土」的工作。誠如有人說：「自由主義者或在內地清苦教書，或在拉鋸戰地帶從事朝不保夕的生產工作，都在埋首做著局部的填土打地基的工作。這工作當然沒有參加爭奪戰的木瓦匠激昂爽快，也很有些填土者或不甘淡薄或因遭際而受了刺激，參加了任何一方的木瓦匠行列，但我們也願慰問各地無聲無嗅的填土者，你們的貢獻絕不比鬥爭更浪費！你們有人記掛，有人尊敬！因為中國如欲現代化，填土打地基的工作的需要是千真萬確的。」〔註98〕不過，由於他們是一個比較開放的獨特群體，因此在觀點主張方面，不只跟中間派人士中的其他組織存在著較大的區別，就是在其內部個人之間，也同樣意見相左，有時甚至非常尖銳。比如在 30 年代，同是胡適派學人的蔣廷黻、丁文江、陳序經、張佛泉等，彼此間不僅就民主與專制問題展開了激烈爭論，而且在現代化問題上也進行了熱烈的討論。

〔註97〕張君勱：《我們所要說的話》，《再生》創刊號，1932 年 5 月 20 日。
〔註98〕《政黨・和平・填土工作——論自由主義者的時代使命》，《大公報》1948 年 2 月 7 日。

相對於胡適派學人側重於思想主張的宣傳，鄉建派似乎更著眼於用自己實際行動來對中國社會的底層進行改造。所以他們常活動於中國廣大的鄉村，通過自己的言傳身教去醫治中國農民「愚、窮、弱、私」的痼疾，並且希望借助於這樣一種改造活動，來實現鄉村自救，進而實現挽救中國政治與復興中華文化的目的。當然，鄉建派之所以不像胡適派學人那樣側重於建言獻策，而偏於埋頭苦幹，是因為他們覺得中國人高談闊論的多，真抓實幹的少。比如章元善、許仕廉在給「鄉村建設實驗會議論文集」作序時寫道：「我國社會通病，多於一事業之進行，側重組織忽略事功，高談計劃不務實際。例如普通一班（般）之結社開會，必先成立團體，組織機關，詳訂章程，設會長主席及委員種種名目，以表彰門面。及其組織既定，而會務寂然無聞。又我國人對於各項建設，每在事前有極周詳計劃，及高深之理論，及至實際設施，則彷徨失措，畏縮不前。此誠如列寧所云『大家只說！說！說！沒有一個人去做！做！做！』」〔註99〕從此意義上說，「實幹，如何實幹」才是其思想主張的內核。正因為如此，學者許紀霖在研究民國知識分子時，特地把以胡適為代表的一批從事言論的知識精英稱之為「觀念型知識分子」，而把以梁漱溟為代表的一批樂於實幹的知識精英稱之為「行動型知識分子」。

作為中間派人士又一個重要組成部分的救國會，儘管其在成立大會上鄭重聲明：「人民陣線沒有任何政治野心，沒有爭奪政權的企圖，而不過是要盡一分人民救亡的天職。我們不幫助任何黨派爭奪領導權，不替任何黨派爭正統，而只是要促成一個統一的抗敵政權。我們要努力保持高度的超然行與獨立性，而決不願幫助任何黨派去攻擊任何黨派。自然，對於任何當局對敵人的妥協，我們是要反對的，是要嚴重抗爭的。」〔註100〕藉此以宣示其作為一個組織的共同立場。但鑒於其人員主要來自全國各界精英的現實，難免在具體問題的主張上呈現出眾說紛紜的局面。救國會人士張執一感慨地說：「所以救國會的分子，除了大部分是無黨無派的分子以外，其中國民黨、共產黨、國社黨、民族革命同盟、第三黨都應有盡有。因為他們是這樣的結合，所以各黨各派的政治意見也常常會在救國會內部反映。有人雖然盡了很大的努力，想把救國會內關於抗日的意見融合為一致，使他們的行動能夠集中；可是除了抗日的一個

〔註99〕鄉村工作討論會編：《鄉村建設實驗·序》第一集，中華書局 1934 年版，第 2 頁。

〔註100〕周天度、孫彩霞編：《救國會史料集》，中央編譯出版社 2006 年版，第 101 頁。

大目標相同以外，關於抗日的方法很難趨於一致。」〔註101〕故而，從宏觀看，在思想主張方面，救國會相較於其他同屬中間路線陣營的派別，自有其別具一格的風采；從微觀看，作為救國會所屬的許多人員，其思想主張的差異性，無疑也是事實。其實，救國會思想主張的這麼一種現狀，又何嘗不是中間派人士思想主張現狀的寫照呢？

事實上也是如此，在中間路線的旗幟下，不僅匯聚著各式各樣的人物，而且包容著五花八門的觀點。如以梁漱溟為領袖的一些鄉建派人士，希望通過創辦鄉學、村學及鄉農學校的途徑來建構一個政教合一的社會；而以黃炎培為代表的職教社人士則在「富教合一」思想的導引下，極力動員農民禁煙絕賭、植桑養蠶，並積極改進小學教育和提倡社會教育；第三黨人在宣傳中鼓吹平民革命，建立平民政權，實行耕者有其田，實現社會主義；胡適派學人則以《新月》雜誌和《獨立評論》為陣地，大力宣傳自由主義的民主、自由、人權與法治理念；國社黨人則通過《再生》雜誌，宣揚其以「民族主義」與「修正民主政治」為核心的國家社會主義思想；青年黨人則以《醒獅》週報與《民聲》週報為平臺，來宣示其「內求統一，外求獨立」「全民革命」與「全民福利」等國家主義政治主張。再如在傳統文化的出路上，以陳序經、胡適、張佛泉為代表的西化派，認為中國的文化已經老邁落後，成為現代化道路上的絆腳石，若想得到新生並有助於現代化的發展，只能走「激進西化」之路；而以梁漱溟、張君勱、張東蓀為代表的保守派，則在認同西方文化相對先進的前提下，仍力主要保存和發揚傳統文化中的優秀成分。在經濟發展的重心選擇上，吳景超、千家駒、陳序經諸人認為，在當時的中國發展工業相對於發展農業是利大於弊，從而主張先工後農、以工立國；而梁漱溟、高踐四、晏陽初諸人則截然相反，力主先農後工、以農立國。在政治制度的設計上，丁文江、蔣廷黻等人從加強中央集權、完成國家統一的目的出發，倡言「新式專制」；而胡適、張熙若等人則堅持把西方現代民主國家的政治制度，作為未來中國政治制度建構的正確選擇，並認為丁、蔣諸氏的觀點是對中國民主和自由的戕殺。

所以，中間派人士內部這樣一種團體派別繁多以及思想觀點多元的特性，無疑說明了中間路線擁有一支人員龐雜的隊伍。不過，這樣一種人員龐雜的特徵，在中間路線形成、發展與沒落的過程中，有如雙面刃，一方面對於擴大中

〔註101〕 張執一：《全國救國聯合會》，楊力主編：《中國抗戰大後方中間黨派文獻資料選編》上冊，重慶出版社2016年版，第408頁。

間路線影響、組成對抗國共兩黨力量，有其積極性作用；另一方面難以形成組織嚴密的政黨，並且在緊要關頭，易為政敵分化瓦解、各個擊破。事實上，中間路線的生成與破滅，無疑跟中間派人士的此種特徵存在著某種內在的聯繫。

三、時空印痕強烈

作為任何一種歷史現象，都有其所屬的時空，而 20 世紀 20 年代末出現在中國政治舞臺的中間路線，此種特性更顯得突出，換句話說，其時空印痕尤其強烈。因為其不僅在名實相符的體現上要依賴特定的時空，而且在價值功能的顯示上要仰仗特定的時空。

就前者而言，中間路線之所以是中間的，並不是一個僅從概念上就能說清楚的問題，因為作為政治意義上的「中間」，是一個相對於激進與保守、左翼與右翼而言的概念。所以什麼是中間的，幾乎是一個依賴他者才能得以凸顯的命題。然而作為他者，無論激進還是保守、左翼還是右翼，彼此之間也都是一個相比較而存在的政治術語。因此，什麼叫激進保守？什麼是左翼右翼？顯然，誰也難以給出一個無懈可擊的答案。同時，激進與保守、左翼與右翼，彼此在位置關係上呈一種相對的動感狀態，是以它們在政治取向的距離上，彼此間既可以相互地趨近，也可以相互地拉遠。既然如此，那麼作為中間路線的「中間」，在政治上態度可能是激進的和左翼的，也可能是保守的和右翼的。故而，僅僅從路線的內容上來判斷其政治上是否中間，顯然存在判斷上的困難，正如前面所說，中間路線是一條追求國家現代化的路線，但並不能因此證明其是中間路線，哪怕它的政治態度確實是非左非右，非激進非保守，也仍然難以肯定該路線就是中間的。

正因為如此，一個信奉中間路線的人在言說其內涵時，常有意無意地把其置於特別的背景之上。比如周鯨文在論及中間路線這一名稱時，不僅把其跟國共路線聯繫起來，而且刻意地對「中間」二字予以迴避。他在文章中寫道：「年來因國共兩黨不斷摩擦和內戰，站在國共以外的民主黨派不斷的從中斡旋調解；又因國民黨高喊『還政於民』，國共以外的民主人士開始活躍並開展其組織行動。這是國共以外的黨派，自許的和被期望的它將代表廣大人民的利益和意志。於是有『第三方面』的稱呼，又有『中間派的政治路線』的檢討。我這篇文章也是討論這類問題。不過，我不願用『第三方面』和『中間派』這類命題……關於『中間派』（的政治路線），自然也是針對國共兩個極

端路線之外，指出適合國情民意不偏不倚的政治路線。於是有人誤會為『中庸之道』，或目為『騎牆』，或誣為『超然物外』。這都是因命題不當引起而被誤會者。故我不用『中間派』的政治路線，而用『多數人』的政治路線。」〔註102〕因此，政治上的「中間」，即使存在一定的參照物，也不是一個想說就能說清楚的問題。

從此意義上說，中間路線之所以是中間路線，固然需要它在政治取向上是中間的，但更需要它身處於兩條對立型政治路線所組成的夾縫之中。換言之，如果中間路線所賴以存在的背景的確有兩條對立型路線，那麼即使其本身在政治取向上激進一點或保守一點，其依然還是中間路線。因為可以通過它與這兩條對立性政治路線在政治取向上的對比，能夠彰顯其政治立場上的中間性特質，也就是說，或許它是激進的，但有比它更激進的，或許它是保守的，但有比它更保守的。是故，作為中間路線之所以呈現於 20 世紀三四十年代，一個重要原因，就是因為此時的中國社會中存在著兩條嚴重對立的路線，即國共兩條性質完全不同的路線；同時，藉此兩條路線在觀點與主張上的襯托，從而得以體現出其作為中間路線的輪廓。事實上中間派人士在詮釋中間路線內涵時，就常有意無意地把國共兩黨的政治主張作為自己的參照物。如張東蓀在強調中間路線之所以為「中間」的理由時說：「現在請講一講國共兩黨之中間……具體來說，國民黨雖沒有明明白白地主張資本主義，但現在的官僚資本的實況確實國民黨一手造成，這是誰也不能否認的。至於共產黨用鬥爭的方法來平分土地，當然不能不說是過左的舉動。我們既不贊成官僚資本，亦不贊成這種報復性的土地政策，我們主張應當有一個全國適用的土地改革辦法，使耕者有其田之理想由和平法得以實現。我們同時主張根本剷除官僚資本，務使工商業依國家所定的全盤計劃得由個人努力以發展之。這便是中間性的政治路線。」〔註103〕施復亮在談及戰後中國必須走中間路線的緣由時，也表達類似的觀點，他說：「政協路線在本質上既非右翼路線，亦非左翼路線，而是一個中間性的改良路線，應為中間階層及中間派所特別擁護。倘使這條路線還不能為鞏固雙方所接受，那就不會再有為它們雙方所能接受的路線，希望『國共雙方放棄自己的路線，來接受或者遷就中間路線』，假使『近於空想』，那未免更可以說，希望他們任何一方接受對方的路線，更是空想的空想。同樣，在此時希望中間派

〔註102〕周鯨文：《論中國多數人的政治路線》，《時代批評》1947 年第 86 期。
〔註103〕張東蓀：《一個中間性的政治路線》，《再生》1946 年第 118 期。

和中間階層完全自願地來接受左翼或右翼路線，也同樣是一種空想。」〔註104〕所以，根據張東蓀、施復亮兩人的論述，國共兩黨的政治路線是中間路線名實相符得以存在的基礎。其實，縱觀中間路線存在和發展的整個歷程，不難發現，其都處於由國共路線所構成的時空之中。

就後者而言，中間路線之所以能夠在國共兩黨對立與紛爭中得以產生與發展，是因為它契合於時代的需要。我們知道，中間路線之所以能夠走上政治舞臺，根本原因就是中華民族不僅近代以來在發展的路途上迷失了方向，而且在國家的安危上陷入了困境；特別是九一八事變發生後，中華民族更是面臨著空前的危機。而當時主導中國政治的國共兩黨，儘管都提出了應對時局的方案，但終因雙方意識形態及政治利益的巨大差異，而使得彼此的政治路線與政治實踐出現了嚴重的對立和衝突。如是，從而為打著建國與救亡旗號的中間路線的出場造就了一種契機。

同時，中間路線之所以能得到發展，主要是國共路線的博弈在客觀上為其提供必要的發展空間。因為國共兩黨為了擊敗對手，同時讓自己的政治主張獲得最大限度的社會響應，常在適當的時候對中間路線的存在，予以必要的容忍與認同；同時，中間路線許多針砭時弊的主張與對策，也確實有利於抗日救亡運動工作的展開。比如，鄉建派領袖梁漱溟就各黨派聯合抗日問題建言道：「我們主張各黨派放棄其立場，贊成各黨派自己解散。無論共產黨、國民黨，我們覺得在社會上原都沒有多大根據，實在是不必要。在現在講全國大聯合的時候，最好打通一切，化除此小圈圈才行。國民黨也不必再維持現在局面，而要將政權公開。我想這應當是好的。」〔註105〕胡適派學人蔣廷黻建議國民黨不僅要從黨爭的角度來考慮農村經濟的發展問題，而且要從抗日救亡的立場來審視發展農村經濟的緊迫性。全面抗戰爆發後，為了推進全國團結，救國會領導人章乃器在大會上號召說：「今天國難嚴重到這樣地步，我們應一致團結起來，不分黨派，不分階級，集中在一個總目標之下。以前種種，譬如昨日死，以後種種，譬如今日生。在今天還有人要算舊賬，那簡直是為敵人作分化中國的工作！在抗戰工作中，統一是必須的，但統一要有統一的條件。第一，要統一於認識；第二，要統一於民主，使個人能貢

〔註104〕施復亮：《中間派在政治上的地位和作用》，《時與文》1947年第5期。

〔註105〕梁漱溟：《我們對時局的態度》，楊力主編：《中國抗戰大後方中間黨派文獻資料選編》上冊，重慶出版社2016年版，第346頁。

獻其意思，自發地貢獻其力量；第三，要統一於行動，如統一後大家不做，又何必統一？」〔註106〕章乃器的此種主張，無疑既是對中國各政治派別過去不團結的一種檢討，也是對國共兩黨在抗戰中團結合作的一種期盼。由此看來，中間派人士的中間路線，之所以成其為中間路線，一個關鍵性的原因，是其所處的時代始終存在國共兩大對立的政黨及其路線，而它也一直試圖去調和它們。

此外，國共兩黨路線在救亡與建國問題上所呈現的對立與不足，也在某種程度上為中間路線彰顯其時代意義和政治價值提供了可能。具體一點說，如以梁漱溟為代表的鄉建派人士自20世紀20年代末開始所進行的鄉村改造運動，一方面是針對國民黨的政策重心圍於城市而導致鄉村不動，另一方面則因為中國共產黨用武力使鄉村發生劇烈變動。張君勱在其國社黨的政綱中，特別地強調「修正的民主政治」與「國家社會主義」主張，也主要是有感於國共兩黨在政策主張上各走極端所致。而後來的張東蓀、施復亮、周鯨文、孫寶毅等人之所以高舉起中間路線的旗幟，很大程度上也是出於同樣的原因。如施復亮在闡釋其對內「調和國共」的主張時說：「自然，我們主張調和國共，絕不是無原則的，也不是被動的。我們認定在當前國內和國際情形之下，只有中間路線才是犧牲較少的可行的路線，我們要根據多數人民的利益和要求，把那『趨於極端』的國共兩黨拉回中間性的政協路線，以和平合作的方式達到政治民主化、軍隊國家化和經濟工業化。同時，我們要以主動的態度，堅持自己的反戰立場與民主原則，努力爭取中間路線的實現。」〔註107〕張東蓀在闡述中間路線內涵時也表現出相同的傾向，他說：「姑假定國民黨為右，共產黨為左，我們絕不是主張不要他們，只由中間者來主持，乃是要把他們中偏右者稍稍拉到左轉，偏左者稍稍拉到右轉，在這樣右派向左，左派向右的情形下，使中國得到一個和諧與團結，並由團結得到統一……所以，所謂中間性的路線乃是要各黨共同來走，並不是由我們國共以外的第三者單獨來走，須知這是唯一的路，除此以外，並無第三條道路。」〔註108〕就此而言，國共兩黨對立的政治路線，既是中間路線成其為中間路線的理由，也是中間路線

〔註106〕《沈鈞儒、章乃器、李公樸在上海文化界救亡協會歡迎大會上的講話》，《立報》1937年8月9日。
〔註107〕施復亮：《中間路線與挽救危局》，《時與文》1947年第8期。
〔註108〕張東蓀：《一個中間性的政治路線》，《再生》1946年第118期。

賴以存在的價值依據。

其實，如果把中間路線隔離其所處的具體時空，不難發現其在內容上跟此前的一些改良主張並沒有多少本質的區別，甚至可以說它的基本內容就是對此前許多改良主張的繼承與發展。政治上，中間路線對西方資產階級民主、自由、憲政、法治等理念的強調，對議會制度、選舉制度、三權分立制度、政黨政治的嚮往，跟民初時期的立憲派人士的政治訴求就有很強的親緣性。經濟上，對現代工業的追求，跟清末以來所出現的實業救國思潮主張也具有一定的重合性。社會改造上，無論是梁漱溟搞的鄉村建設，還是晏陽初辦的平民教育，或者是黃炎培、陶行知所進行的職業教育，也都能夠從清末以來許多改造社會的觀點中找到其思想淵源。但是，此前所有的方案與主張，之所以難以稱之為中間路線，或許最多只能被人解讀成改良的路線或主張，原因無他，主要是其所處的時空難以凸顯中間路線以實體形式出現的條件。故此，可以說，作為 20 世紀三四十年代的中間路線，之所以能夠不同於此前的改良路線，是因為國共兩條路線為其不同於他者創造了前提和條件，而當時國家民族的危亡局面，又進一步強化了此種前提和條件。由此，我們也多少可以理解，日後中間路線之所以在短暫輝煌後很快沒落，並最後會隨著國共相爭在大陸的結束而淡出歷史舞臺，一個基本原因就是，一方面抗戰的勝利，使得中華民族的百年救亡任務有了結果；另一方面國民黨在大陸國共相爭中的失敗，使得近代以來中國「路在何方」的歷史考問有了答案。至此，自然也就宣告了中間路線曾經賴以存在的時空已經隨著中華民族的苦難歲月消失在歲月的長河之中。

四、工具理性濃厚

工具理性，並非是中間路線所專有的一種特質，可以說在任何一種路線、思想或觀點中，我們都能發現它的影子與足跡的存在，因為作為路線、思想或觀點，在問題意識下難免不追尋著「為什麼、是什麼、怎麼辦」等諸如此類的命題。但是作為中間路線的工具理性，相對於其他路線、思想或主張來說，其在中間路線內容中的地位與作用顯得特別的突出，從而使得中間路線不像其他意識形態型路線一樣，刻意地去追求和糾纏那些具有強烈價值偏好的社會問題或終極關懷，而是更像一條問題型路線，在全面觀照和探討既存社會問題及造成後果的基礎上，盡快地設計出一種化解問題的方案。

　　所以，我們經常發現中間派人士在倡言中間路線的主張中，他們較少從道德上或價值上對社會問題做出是非對錯的評判，更多的則是從利弊得失諸方面做出輕重緩急的評估，然後再在此前提下去尋找解決問題的方法。如 20 世紀 30 年代作為飽受西方民主、自由理念洗禮的丁文江、蔣廷黻二氏，針對民族危機加深而國家仍一盤散沙的局面，提出了「新式獨裁論」。其中蔣廷黻覺得，中國之所以落後挨打，其重要原因是各派軍閥相互混戰，自毀長城，因此，當務之急是要實行武力統一和中央集權。只有高度集權，才能產生高效的社會動員能力，才能實現政治統一、民族獨立和經濟發展；並認為與其讓國家分裂為各式各樣的小專制即軍閥割據，不如用一個大專制即中央專制來取代它。當這種觀點引來批評時，他仍堅持說：「我們應當積極地擁護中央，中央有錯，我們應該設法糾正，不糾正的話，我們還是擁護中央，因為它是中央。我以為中國有一個有力的中央政府，縱使它不滿人望，也比有三四個各自為政的好，即使這三四個小朝廷好像是勵精圖治的。」〔註 109〕而丁文江則倡言道：「在今日的中國，新式的獨裁如果能夠發生，也許我們還可以保持我們的獨立。要不然只好自殺或是做日本帝國主義的順民了。」〔註 110〕無獨有偶，屢受國民黨政府打壓的國社黨領袖張君勱，面對國難當頭的現實，也主張領袖獨裁。他倡言道：「我們所以採用獨裁者，其目的在解決目前之危難，此種危難，為國家存亡之所繫。」〔註 111〕顯然，在蔣、丁、張諸氏的思想傾向中，救亡工具理性已經壓倒了自由主義的價值理性。

　　同理，以梁漱溟為代表的鄉建派人士，本來因對現實政治的失望，才決然選擇了一條獨立於政府且不同於政府的挽救鄉村、挽救國家的道路，如果用梁漱溟的話來說，就是走一條「救濟鄉村、鄉村自救、積極建設與構建新社會」相結合的道路，希望以此來實現鄉村自救、進而實現中華民族自救的目的。〔註 112〕然而，隨著鄉村建設運動的開展和推進，發現沒有政府的默認或支持，很難進行下去。其中有人感歎說：「知識分子之下鄉也，農青之訓練也，其運動之方向，皆為自下而上。此種自下而上之運動，雖極有價值。然設政治勢力，不與之合作，或且從而制其肘，則運動之勢力，必極有限。故政治機關與人民機關之合作，實為本運動之急迫要求。利用政治力量，以作有效的推進，此點

〔註 109〕蔣廷黻：《蔣廷黻選集》第二卷，傳記文學出版社 1978 年版，第 304 頁。
〔註 110〕丁文江：《再論民主與獨裁》，《大公報》1935 年 1 月 25 日。
〔註 111〕張君勱：《憲政之道》，清華大學出版社 2006 年版，第 379 頁。
〔註 112〕梁漱溟：《鄉村建設理論》，上海人民出版社 2006 年版，第 9～19 頁。

實為到會者共有之認識。」〔註113〕故而，本來跟國共兩黨的農村政策有相當距離且保持相當獨立的鄉村建設運動，為得到來自國民黨及其政府的支持，不得不放下潔身自愛的身段而去接近甚至親近當權者。

到了 20 世紀 40 年代中後期，中間派人士鑒於美蘇對立、國共衝突的現實，在制定實現其政治理想的策略時，就包含了「調和國共」「兼親美蘇」「英美政治民主加蘇聯經濟民主」等主張，而構成這些主張的基本要素，不僅存在著價值上的對立，而且還存在著利益上的紛爭。就國共而言，彼此間既有黨派利益的衝突，也有意識形態的對立；就美蘇而言，相互間除卻意識形態的比拼，更有國家利益的相爭；就英美政治民主加蘇聯經濟民主而言，根據政治與經濟相互適應的原則，如果英美政治民主是好的，那麼與其相適應的經濟就不會差，如果與其相適應的經濟是差的，那麼它的政治民主就絕不會好，同理，蘇聯經濟民主與其相適應的政治在優劣好壞的關係上同樣如此。所以就結果來說，無論是理論上還是實踐中，不獨國共難和、美蘇難親，而且政治民主與經濟民主也難以共存。所以有人特地就中間派人士「英美政治民主加蘇聯經濟民主」這一方案評價道：「理論上，他們對西式和蘇式制度的本質及其優劣的理解是非常膚淺的，以為西式民主加蘇式計劃經濟，就可為政治民主和經濟平等搭上過橋，這只能說是空想。蘇式計劃經濟實現的前提就是政治集權，換言之，在西式民主制度下難以出現蘇式計劃經濟的必要條件。中間黨派在政治上追求西式民主與其在經濟上主張蘇式計劃經濟，本身就構成了一對無解的矛盾。至於實踐，中間黨派企圖以調和國共而爭取自地位以至規劃中國的發展道路，或許在當時情況下他們只能如此作為，然而調和國共的事實本身就說明了國共力量的強大和中間黨派的無奈，更不必說中間黨派所堅持的自由主義理念與國共武力相爭現實之間的巨大反差。在中國特定的政治環境下，無論中間黨派的理想多麼高遠，事實是中國政治已經被國共兩大黨的武力爭奪所籠罩，留給其他黨派的活動空間非常有限，而且中國當時缺乏引進西方政黨民主制度的環境與條件。」〔註114〕

但是在工具性導向的牽引下，中間派人士都能對這些雜糅到中間路線框架之中看似矛盾的因素給出一個合理的解釋。比如，針對英美式政治民主加蘇

〔註113〕鄉村建設工作討論會編：《鄉村建設實驗》第 2 集，中華書局 1935 年版，第492 頁。

〔註114〕汪朝光：《抗日戰爭勝利後中國中間黨派的政治抉擇》，《學術月刊》2009 年第 2 期。

聯式經濟民主的主張，中間路線倡言者施復亮給出的解釋是：「徹底的民主主義不僅要表現在政治上，同時也要表現在經濟上。隨著近代社會的發展，經濟民主比起政治民主，日益增加其重要的意義。政治民主是經濟民主的前提，經濟民主是政治民主的基礎。沒有政治民主，便無法實現並展開經濟民主，無法使一切企業家、職工和農民充分發揮其可能發揮的經濟力量。沒有經濟民主，便無法保障並擴大政治民主，無法使多數勞動人民實際享受民主權利，也即無法實現那種包括全體人民或大多數人民的徹底的民主政治。」〔註115〕根據施復亮的觀點，政治民主與經濟民主的嫁接，既是近代社會發展的結果，也是徹底民主主義的標誌。而同為中間路線倡言者的張東蓀認為在建國主張上之所以要強調「英美政治民主加蘇聯經濟民主」，是因為：「在英美看中國是一個民主國家，雖經濟方面偏於社會主義，而絕不是赤化，不是加入蘇聯的赤色集團，不足以對資本主義國家有任何威脅，在蘇聯看中國雖採取民主主義，卻並不建立於資本主義上，這樣的民主主義沒有反蘇性，他用不著害怕。」〔註116〕於是，中國自然在保持獨立自主精神的前提下，充當起美蘇合作的橋樑，而不是它們衝突的犧牲品。

中間派人士在宣揚中間路線工具性觀點與主張的同時，並在行動上或立場上為實現這些觀點和主張，常採取調和、批評與建議並用的策略。如在對待國共兩黨的態度上，面對國共兩黨危害國家和平與統一的以暴制暴政策，楊人楩在文章中說：「國民黨的武力顯然不能在最短期內消滅共產黨的武力，同樣，共產黨的武力也不能在最短期內消滅國民黨的政權。國民黨方面可能有人在想：不妨再打八年，等待第三次世界大戰時，再把中國問題與世界問題一同解決。第三次世界大戰是否會發生？何時發生？發生以後，美蘇是否會對敵？孰勝孰負？戰爭結束時與中國問題關係若何？對於整個中國國民的利害若何？對於這一連串問題，任何有遠見的人都不敢給以肯定的回答。」「中共為著達到最終的革命目的，似乎不怕長期內戰：長期內戰可以拖垮國民黨，同時也可以其災難來集結更廣大的革命群眾。但是拖垮國民黨不是短期間的事；就是拖垮了國民黨，中共的革命也未必就算完成。」因為在楊氏看來，「中共可能打倒一個與之對敵的政權，卻不一定能防止另一與之對立的政權之再起」。並且，「長期的革命往往可使革命變質，史有先例，這也是不能不考慮的。內戰可能

〔註115〕施復亮：《動員經濟與實行民主》，《四川經濟季刊》1945 年第 2 期。
〔註116〕張東蓀：《一個中間性的政治路線》，《再生》1946 年第 118 期。

是發動革命的工具，絕不是完成革命的工具，內戰的延長往往會超出革命所應走的軌道。」〔註117〕既然如此，國共兩黨又何需有進行內戰的必要呢？所以，無論是站在國家立場，還是站在中間路線角度，都必須堅決反對之。

在批評與反對之餘，中間派人士還是很理性地周旋於國共兩黨之間，希望兩者在相互妥協中回到救亡或和平建國的路線中來。比如，國共兩黨在東北問題上進行大規模軍事衝突時，作為中間路線最大推動者的中國民主同盟，除直接參加軍事調停外，還在發表對時局的談話中就停戰問題明確提出：「（一）贊成停止軍事衝突，同時恢復交通，但一切軍隊，應各駐原地，不能利用鐵道調動軍隊。（二）軍事考察團除由國共兩黨代表參加外，我們贊成由政治協商會議公推社會公正人士組織之。其人選不限於政治協商會議代表。」〔註118〕其政協代表在「關於軍事問題的提案」更是主張：「全國所有軍隊應即脫離任何黨派關係，而歸屬於國家，達到軍令政令之完全統一。」〔註119〕可見，中間派人士為國家和平與統一，積極充當國共衝突中的調和人的角色。而且，為了宣示自己的調人立場，中間派人士在對外宣傳自己的政治主張時，常刻意強調自己所持的獨立性與中立性的基本立場。其中，中國民主同盟在大會上宣稱：「改組後的中國民主同盟，仍不失為一個具有獨立性與中立性的民主大集團。所謂獨立性，是說有它獨立的政綱，有它獨立的政策，更有它獨立自由的行動。所謂中立性，就是它介在中國兩大政黨對峙的局面中，是兩大對峙力量組織中間的一種。要求它保持不偏不倚的謹嚴態度，不苟同亦不立異，以期達到國家的和平、統一、團結、民主。但是所謂獨立與中立，並不是不辨是非曲直的鄉愿，它是一個民主的大集團，因而它評判是非曲直的便準，亦就是民主與反民主。」〔註120〕

當然，中間派人士之所以在踐行中間路線的觀點與主張時，策略上常採取

〔註117〕楊人蝂：《內戰論》，《觀察》1948年第4期。

〔註118〕《中國民主同盟發言人對時局發表談話》，中國民主同盟中央文獻資料委員會編：《中國民主同盟歷史文獻（1941～1949）》，文史資料出版社1983年版，第115頁。

〔註119〕《中國民主同盟關於軍事問題的提案》，中國民主同盟中央文獻資料委員會編：《中國民主同盟歷史文獻（1941～1949）》，文史資料出版社1983年版，第123頁。

〔註120〕《中國民主同盟臨時全國代表大會政治報告》，中國民主同盟中央文獻資料委員會編：《中國民主同盟歷史文獻（1941～1949）》，文史資料出版社1983年版，第87頁。

調適與抗爭並用的政治手段，因為政治手段的調適性，既可以減少自己跟兩條對立型路線產生不必要的衝突，也可以幫助自己跟兩條對立型路線達成最大限度的共識，進而緩解自己在跟兩條對立型路線博弈中因政治取向而滋生的矛盾和衝突。換句話說，既創造了讓自己存在於兩條對立型路線之間的依據，也搭建了讓對立型路線認同自己中間性政治立場的平臺；而政治手段的抗爭性，一則可以讓自己的政策與主張始終保持某種剛性，從而防止中間路線在實踐中不因調適而自我迷失立場與方向，二則可以讓自己的組織與隊伍儘量保持某種統一，從而增強中間派人士在鬥爭中不因壓力而自我動搖信念和希望。所以，對中間路線而言，調適與抗爭並用策略，使自己在國共對立型政治路線所構成的生態環境中求得一種獨立與平衡，從而讓自己的主張與觀點在沒有多少選擇的政治空間裏，既避免被強勢的對立型路線異化的後果，也免受來自它們中任何一方的敵視和攻擊；同時，還能從根本上保證自己雖處於兩條對立型路線的夾縫之中卻又超然於其政治利益之外，即便有時候在政治選擇上表現出過左或過右的傾向，也依然能相應地得到它們的諒解。甚至在適當的時候，還能充當起緩和它們對立與衝突的中間地帶，使雙方在激化的矛盾中得到某種限度的妥協。

根據一般的觀點，調適與抗爭似乎是兩個相對矛盾的概念，因為既然是調適，就難免不對國共兩黨路線表現出某種妥協和認同。比如在現實中作為中間路線，既要認同和尊重國民黨及其政權的合法性與權威性，又要理解與肯定共產黨反對國民黨及其政府的專制獨裁、黨員政治、內戰政策及思想統制等。而抗爭又勢必有損自己因調適而造就的中立者形象，因為抗爭即意味著對國共路線的不滿，是以從反對國民黨的角度看，中間路線似乎成為中國共產黨革命路線的同盟者；從批評中國共產黨的角度看，中間路線又有意無意地充當起國民黨路線的同路人。所以在實踐中當中間路線身處困境時，常常會面臨著這樣一種無所適從的尷尬：究竟是調適呢，還是抗爭呢？其實，中間路線所遭遇的尷尬，並不是調適與抗爭在運用中的對錯問題，而是中間路線所固有的主張跟他者的觀點出現矛盾與衝突所致。從本質上看，調適與抗爭是中間派人士出於實現中間路線的政治目的而採取的一種策略性手段，並不是截然對立的政策與措施，易言之，乃是其工具性特質在實踐中的自然流露。因為面對當時國共兩黨尖銳對立的現實，中間派人士如果沒有採取這樣一種看似矛盾的策略，中間路線簡直沒有產生與存在的可能。

　　中間路線在其被踐行的過程中，鑒於自身所固有的改良特性與所承擔「救亡」與「建國」的歷史使命，從而使得其在路徑依賴上，跟清末以來的改良路線、特別是康、梁路線，不可避免地存在著某種傳承關係。同時，國共兩黨相爭所營造的對立政治生態以及內憂外患的國內局勢，注定了其不僅成為那些不滿意甚至反對國共主張與實踐政治團體及社會精英的集合，而且成為那些有別於國共政治路線的思想和主張的載體。誠如第三黨領導人章伯鈞在談到民主同盟人員多元化組成時所說：「在民主同盟的旗幟下，它應當結合一切愛國主義者、民族主義者、自由主義者和社會主義者，它只以崇奉民主與抗戰的信仰為標準，不受思想派別的限制。」〔註121〕故而，在此情形下，國共相爭的政治格局與內憂外患的國內局勢，自然成為中間路線賴以產生與存在的依據，因為沒有前者，其「中間性」無以體現，沒有後者，其「救亡」與「建國」也無從談起。不過，從理論上說，中間路線固然有其存在的充足理由，但現實中要真正推行和落實其救亡與建國主張，僅憑自身的實力和中國當時的政治生態，顯然不是一件輕而易舉的事情。因此，作為其踐行者的中間派人士，為實現自己的政治理想，從實用主義角度出發，一方面從路線內容上不得不提出許多看似矛盾的觀點和主張，另一方面從實施策略上也不得不採取調適與抗爭並用的手段，希望藉此在適當遷就現實的基礎上，盡可能地達到自己的政治目的。至此，不難發現，作為有別於國共路線的政治路線，中間路線在其奮鬥歷程中自然也就帶上了延續清末改良路線、人員隊伍龐雜、時空依賴強烈與工具理性濃厚等諸種特徵。

小結

　　中間路線承載著「救亡」與「建國」的歷史使命，在與國共兩條對立政治路線不斷博弈的格局中，逐步由中國政治舞臺的邊緣走向中心，最後，又隨著國共兩條對立政治路線爭鬥在中國大陸地區的結束而很快消失在歷史的塵煙之中。不過，綜觀中間路線在中國政治舞臺這麼一個短暫的歷史輪迴，其過程雖不跌宕起伏，但也並非波瀾不驚，其中，既有來自內部的權力博弈，也有來自外部的政治鬥爭。所以，在這樣一個充滿變動與鬥爭的歷程中，中間路線不僅在發展脈絡上，呈現出淡入、整合、凸顯、淡出等四個不同的階段，而且在

〔註121〕章伯鈞：《歡迎民主戰士共同奮鬥》，《民憲》1945 年第 1 期。

自身特徵上，展示出延續清末改良路線、人員隊伍龐雜、時空依賴強烈和工具
理性濃厚等四個鮮明的特點。而本章通過對中間路線此種發展脈絡與固有特
徵的審視和分析，無疑既有助於人們明白中間路線之所以成其為中間路線的
理由；也有助於人們從更深層次瞭解中間路線之所以淡入、淡出中國政治舞臺
的原因。

第三章　理論基礎的多元化

　　中間路線，作為與國共路線並存的政治路線，無疑有其自身的理論基礎；否則，在救亡與建國這一中國近代化所必須回應的主題上，不僅難以形成自己系統化的觀點和主張，而且難以從觀念上回應來自國共意識形態的挑戰。只是鑒於自身踐行者隊伍龐雜的實際情況，使得其理論基礎涵蓋了自由主義、國家主義、民主社會主義、村治主義、改良式的三民主義等諸種思想；不過，所有這些思想，就其在中間路線中所處的地位和所起的作用來看，自由主義無疑是中間路線理論基礎的主導思想。正如有研究者所說：「其思想主旨和來源雖然是多元化的，諸如和平主義、改良主義、理性主義、保守主義，甚而是社會主義……但自由主義和民主主義可謂其基本主旨。」〔註1〕此外，國家主義思想、民主社會主義思想也在當中處於重要地位。由此而言，中間路線相對於國共兩黨政治路線各自所信奉的三民主義、馬克思主義，其理論基礎在血脈上無疑十分的駁雜。

第一節　自由主義

　　自由主義自近代成為西方意識形態的主流思想以來，不僅越來越多的學者與政客把其視為指導自己工作、生活與學習的指南，而且越來越多的國家和人民把其當作建構現代國家與政府的工具。特別是進入 20 世紀後，由於歐美資本主義國家對世界事務的主導與壟斷，自由主義更是成為一種風靡全球的

〔註 1〕汪朝光：《抗日戰爭勝利後中國中間黨派的政治抉擇》，《學術月刊》2009 年第 2 期。

思想。在此國家民族日趨世界化的情形下，自 19 世紀中期開始逐步被納入世界體系的中國，自然不可能被排除在自由主義思想的影響之外。所以，19 世紀末 20 世紀初，當嚴復、梁啟超們開始著力宣揚自由、民主、憲政等主張時，自由主義就逐步擠開了中國專制主義的大門，並在胡適等自由主義學人鼓吹下，最終演化成 20 世紀三四十年代中間路線的核心思想，成為中間派人士用來建構新中國、批判舊政權的有力武器。

一、何謂自由主義

從詞源學上看，自由主義來源於 19 世紀西班牙一個政黨的名稱，但作為一種學說，自由主義究竟是什麼？誰若想得到一個精確的定義，也許將非常的困難。因為在它的旗幟下，不僅互不相容的甚至雜七雜八的目標和原則混在一起、亂成一團，而且源遠流長、流派眾多。從區域上看，自由主義有比較側重於自由的英美式自由主義與比較強調民主的歐陸式自由主義之分；從時間上看，有古典自由主義與現代自由主義之別；從對傳統的態度上看，有保守主義與激進主義之對立；從現代自由主義主要派別上看，有杜威的實用主義、凱恩斯的國家干預主義、哈耶克的新保守主義、以賽亞·伯林的多元主義、羅爾斯的正義性自由主義、諾齊克的自由至上主義、阿倫特的古典共和主義，等等。

所以，當代西方著名政治哲學家喬·薩托利就曾經感慨道：「如果我們用『自由主義』這個標籤與那些和它相近的概念比較，如民主、社會主義、共產主義，那麼自由主義在一點上是無可匹敵的：它是概念中最不確定、最難以被準確理解的術語。」〔註2〕同為政治哲學家的安東尼·德·雅賽也在其著作中寫道：「要斷定誰不是自由主義者，什麼不是自由主義，已經成了十分困難的事了。」因為「在自由主義的標籤下，互不相容的雜七雜八的目標都混在一起，亂成一團，其混亂的程度，是任何別的主要政治意識形態，甚至包括社會主義在內，都無法與之比擬的」〔註3〕。同理，李強在研究西方自由主義歷史時也深有同感道：「當我們試圖找出『自由主義』的確切含義，找出自由主義區別

〔註2〕Giovanni Sartori, "The Relevance of Liberalism in Retrospect", in Zbigniew Brzeinski et al ed., The Relevance of Liberalism, Bouder, C olorado: Westview Press, 1978, p.1.

〔註3〕〔英〕安東尼·德·雅賽：《重申自由主義》，陳茅等譯，中國社會科學出版社 1997 年版，第 11 頁。

於其他意識形態的本質內涵時，我們不能不感到迷惘，感到無力。只要粗糙翻閱一下西方學者關於自由主義的著作，就會發現，有多少本著作，就會有多少種不同的定義。」〔註4〕事實上也是這樣，從 19 世紀末開始，由於受到法學思想與經濟學思想如平等、公正、權利等觀念的滲透，傳統自由主義在某種程度上逐漸喪失了自己原有的主旨和鮮明的面貌，而淪為一種眾說紛紜、見仁見智的學說。

正因為如此，許多西方學者在探討自由主義究竟是什麼的問題時，為避免概念上陷入以偏概全或言過其實的邏輯性困境，往往採用一種判定性詞彙而非一種描述性語句來給自由主義做一種模糊性、原則性的特寫式界定。所以，西方學者在設置判定自由主義標準時，一般只提出一些原則性指標。如羅爾斯在其《正義論》中給自由主義總結出六大基本原則：即個人自決原則，最大限度的平等自由原則，多元主義原則，國家價值中立原則，善的原則，正義優先原則。〔註5〕霍爾姆斯在回答「什麼是自由主義」者該命題時，認為其包含四個方面的核心規範：個人安全；公正性；個人自由；民主。〔註6〕斯皮茲在給自由派人士寫下的十大信條中也間接反映出自由主義的基本特質，他說自由主義者必須做到：尊崇自由甚於其他價值，即使是平等與正義也不例外；尊重人而不是尊重財產；勿信任權力，即使權力出於多數亦然；不要相信權威；要寬容；堅信民主政治；尊重真理與理性；承認社會必然發生變遷的事實；勿恥於妥協；保持批判精神。〔註7〕當然，西方學者對自由主義的認識，肯定遠遠不止上述三種觀點，但上述三種觀點所勾畫出的自由主義基本理念，無疑都是構成自由主義的基本要素，並且也涵蓋了自由主義的思想精華。

不過，自由主義之所以能夠成為影響西方乃至世界的思想，因為其不只是一套坐而論道的價值體系，更是一套貼著地面步行的民主制度。追溯西方現代民主制度的發展歷程，不難發現，作為自由主義在制度層面上的表徵，主要有政黨政治、議會制度、選舉制度、三權分立制度等，因為一方面只有在這些制

〔註4〕李強：《自由主義》，中國社會科學出版社 2007 年版，第 12～13 頁。

〔註5〕〔美〕羅爾斯：《正義論》，何懷宏等譯，中國社會科學出版社 1988 年版。

〔註6〕Stephen Holmoes, The Anatomy of Antiliberalism, Harvard University Press, 1993, pp.3-4.

〔註7〕D.Sptiz, The Real World of Liberalism, Chicago: University of Chicago Press, 1982, pp.213-215.

度中，自由主義的基本理念才能得到真正的貫徹和尊重；另一方面只有建立在自由主義的價值理念上，這些制度才能成為真正的民主制度。事實上，近代以來西方民主政治的發展歷史，無論是英美，還是法德，基本上都沿著自由主義道路邁進。

因此，為了表示自由主義價值與民主制度的不可分，啟蒙運動的代表人物法國思想家孟德斯鳩，從保護自由與人權的高度來論述三權分立的必要性。他說：「當立法權和行政權集中在同一個人或同一個機關之手，自由便不復存在了；因為人們將要害怕這個國王或議會制定暴虐的法律，並暴虐地執行這些法律。」「如果司法權不同立法權和行政權分立，自由也就不存在了。如果司法權同立法權合二為一，則將對公民的生命與自由施行專斷的權力，因為法官就是立法者。如果將司法權同行政權合二為一，法官便將握有壓迫者的力量。」「如果同一個人或由重要人物、貴族或平民組成的同一個機關行使這三種權力，即制定法律權、執行公共決議權和裁判私人犯罪或爭訟權，則一切都完了。」〔註8〕孟德斯鳩提出立法權、行政權與司法權分立的目的，並不為了使彼此絕對的分立，而是使其相互牽制求得平衡，如他規定行政機關沒有立法權，但擁有對立法的否決權；立法機關沒有行政權，但具有彈劾行政首腦的權力。如是，以確保國家行政權力對個人自由、生命與財產的尊重。

同理，作為孟德斯鳩思想繼承者的托克維爾出於對個人自由的維護，堅決反對權力過分集中。他在文章中寫道：「無限權威是一個壞而危險的東西。在我看來，不管任何人，都無力行使無限權威。」「當我看到任何一個權威被授以決定一切的權力和能力時，不管人們把這個權威稱作人民還是國王，或者稱作民主政府還是貴族政府，或者這個權威是在君主國行使還是在共和國行使，我都要說：這是給暴政播下了種子，而且我將設法離開那裏，到別的法制下生活。」〔註9〕托克維爾的言外之意，權力必須分開行使。與此類似，深受啟蒙運動影響的美國政治家麥迪遜，為了說明分權的必要性，特地從「人性」的角度進行論證。他說：「防止把某些權力逐漸集中於同一部門的最可靠的辦法，就是給予各部門的主管人抵制其他部門侵犯的必要法定手段和個人的主動。

〔註8〕〔法〕孟德斯鳩：《論法的精神》上冊，張雁深譯，商務印書館 1978 年版，第156 頁。

〔註9〕〔法〕托克維爾：《論美國的民主》，董果良譯，商務印書館 1993 年版，第289 頁。

在這方面，如同其他各方面一樣，防禦規定必須與攻擊的危險相稱。野心必須用野心來對抗。人的利益與當地的法定權利相聯繫。用這種方法來控制政府的弊病，可能是對人性的一種恥辱。但是政府本身若不是對人性的最大恥辱，又是什麼呢？如果人都是天使，就不需要任何政府了。如果是天使統治人，就不需要對政府有任何外來的或內在的控制了。」〔註10〕麥迪遜從人性的高度來論證分權的重要性，無疑是一種洞見。

西方自由主義思想家從民主角度強調分權的同時，也同樣肯定了政黨制度、選舉制度、議會制度等代議制民主，對於實施憲政、防止專制獨裁，所具有重要的作用。如劍橋大學政治學教授約翰·鄧恩在探討現代憲政的代議制民主時指出：現代憲政的代議制民主，在它有效運作的地方，不管時間長短，大體上已經取得了三個不同的、在人類範圍內引人注目的、有益的政治物品：即它提供了現代政府———一種統治體系，這種政府體制能夠將政府權力對國民個人和群體的自然安全所造成的直接風險減到最小；它為它的公民提供了一種評價政府對其被統治者的職責的適度標準；它既限制了民主，也限制了國家，換言之，它使民主對於現代資本主義經濟來說變得安全了，同時也使現代國家對於現代資本主義經濟來說變得更為安全。〔註11〕故此，歐美的議會制大都採用兩院制，並在兩院代表的產生方式、權限劃分、任期長短與人數分配等方面做出明確的規定，以達到最大限度地代表與包容不同階級、階層、社會集團甚至不同地域利益的目的。如美國為平衡大州與小州的利益關係，規定參議院由每州選出兩名代表組成；為兼顧多數選民的意願，則規定眾議院的人選根據各州人口的比例來確定。同時，為了防止國家權力長期被某些集團所壟斷和控制，則大力推行政黨政治，使兩黨或多黨輪流執掌國家政權，以實現權力的和平轉移與過渡。

所以，為了保證國家權力能始終沿著自由主義軌跡運行，美國當代著名學者文森特·奧斯特羅姆在政治設計上特意提出了十三條原則：即個人都是自己利益的最好判斷者；沒有人適於審理自己涉及他人的案件；人的團體不宜於同時既做法官又做當事人；野心必須用野心來對抗；個人的利益必須與立憲權利地位聯繫起來；手段必須跟目的相匹配；增進公眾幸福的權力；權力應相互牽

〔註10〕〔美〕漢密爾頓等：《聯邦黨人文集》，程逢如等譯，商務印書館1980年版，第264頁。
〔註11〕〔英〕約翰·鄧恩編：《民主的歷程》，林猛等譯，吉林人民出版社1999年版，第249～251頁。

制；權力過分集中必將導致暴政；黨派是被某種共同利益所驅使的公民而組成的集團；自由之於黨派如同空氣與火；共和制原則；防止多數暴政。〔註12〕文森特‧奧斯特羅姆藉此希望把國家的權力置於可控的範圍之內，並且提醒人們要始終保持對權力及權力者的警覺之心。

可見，在西方思想家的言說中，自由主義究竟是什麼？並沒有一個固定的答案，但就基本傾向而言，大家基本上都堅持個人主義立場與個人權利至上的觀點，認為個人應該得到尊重並享有某些基本權利，而且強調社會的法律、政治與經濟應該圍繞這些基本原則而展開。所以，自由主義是什麼，根據上述觀點與主張，簡單說，它既是一種思想與理論，更是一套制度與實踐。

如是，20世紀三四十年代的中國中間派人士又是如何來詮釋和傳揚這種西方的舶來品呢？相對於西方而言，中國中間派人士的詮釋可能顯得更為混亂與多元。比如在決定自由主義命運的40年代後半期，什麼自由主義？對當時自命為自由主義者的中間派人士來說，仍然是一個「論出多門」的概念。其中楊人楩認為：自由主義「是近代思想的產物，其功能在指示一種生活態度，尤其是有關政治生活的態度」〔註13〕。蕭乾提出：「自由主義是一種理想，一種抱負」，「一種根本的人生態度」〔註14〕。賀麟強調：自由主義是一般書生學者對於政治的共同信念，如注重理性與自由批評，注重個性發展與民主政治，注重緩進改革與不流血的革命。〔註15〕朱光潛則主張：自由主義本質上與人道主義是一回事。〔註16〕相對於以上諸種解釋，梁漱溟在見解上或許比較獨到，他認為個人主義就是自由主義，並進一步闡述說：「個人主義的內涵，並不像一般中國人把西洋名辭濫用誤解的那個樣子，一提個人主義，即視為是自私自利。其實個人主義是一種正大的主張，一種很有道理的理論，就是對待團體主義、社會主義而言，和哲學上有所謂唯心、唯物一樣。個人主義的見解，簡單說是這樣的：『團體是幹什麼的？它不過是個體的集合，其目的亦無非為的個人；無個人何有團體？更豈可以團體而抹煞個人？所以應

〔註12〕〔美〕文森特‧奧斯特羅姆：《復合共和制的政治理論》，毛壽龍譯，上海三聯書店1999年版，第72～85頁。
〔註13〕楊人楩：《自由主義者往何處去？》，《觀察》1947年第11期。
〔註14〕社評：《自由主義者的信念——關妥協、騎牆、中間路線》，《大公報》1948年1月10日。
〔註15〕賀麟：《自由主義與學術》，《周論》1948年第4期。
〔註16〕朱光潛：《自由主義與文藝》，《周論》1948年第4期。

當抬高個人在團體中的地位，看重團體中的各份子』。這就是個人主義。」〔註17〕梁氏的觀點，儘管相較於前述幾種見解，並沒有本質不同，也儘管其對自由主義解讀，也並不完全的準確，但畢竟在詮釋自由主義內涵時，不是那樣簡單與空洞。

　　自由主義究竟是什麼？對中間派人士者來說，依然沒有一個定於一尊的答案。所以，作為自由主義代言人的胡適，在當時不得不感歎道：自由主義「可以有種種說法，人人都可以說他的說法是真的」〔註18〕。對此，同為自由主義者的楊人楩也曾就此種言說不一的現象解釋道：自由主義始終沒有一部經典或一套政綱來規範它，從而為不同的詮釋留下空間。〔註19〕無獨有偶，以自由主義者自命的蕭乾也曾表達類似的觀點，他說：「自由主義不過是個通用的代名詞。它可以換成進步主義，可以換為民主社會主義。」〔註20〕中間派人士對自由主義的這麼一種認知，固然反映了自由主義本身不是一個能夠隨意定義的概念，但無疑也在某種程度上預示了以自由主義做理論基礎的中間路線，在國共路線夾縫中凝聚力不足的命運。

　　此外，中間派人士還對自由主義基本思想、觀點與主張進行大力宣揚。譬如蕭乾在《大公報》社評中寫道：「自由主義不止是一種政治哲學，他是一種對人生的基本態度：公平、理性、尊重大眾，容納異己。因為崇信自由的天賦性，也即是反對個性的壓迫。」〔註21〕楊人楩也在分析自由主義歷史與中國現狀的基礎上，提出自由主義者對現實的生活態度：「停止內戰以安定人民生活，重人權崇法治以奠定民主政治，反復古尚寬容以提高文化水準——三者概括了我們的經濟、政治及精神生活，三者缺一便不能構成進步而完全的生活態度，即自自由主義的生活態度。」〔註22〕同時，他們還力圖把與自由主義性質相配套的政黨政治、議會制度、選舉制度、三權分立制度移植到中國來，比如，羅隆基的十足道地民主共和國方案、張君勱的憲政治國理念、施復亮的政協路

〔註17〕中國文化書院學術委員會編：《梁漱溟全集》第五卷，山東人民出版社2005年版，第897頁。
〔註18〕胡適：《自由主義》，《創進》1948年第13期。
〔註19〕楊人楩：《再論自由主義的途徑》，《觀察》1948年第8期。
〔註20〕社評：《自由主義者的信念——關妥協、騎牆、中間路線》，《大公報》1948年1月10日。
〔註21〕社評：《自由主義者的信念——關妥協、騎牆、中間路線》，《大公報》1948年1月10日。
〔註22〕楊人楩：《自由主義者往何處去？》，《觀察》1947年第11期。

線等。因此，20 世紀 40 年代的中國自由主義者，在言說自由主義基本原則和價值理念方面，跟西方的自由主義者並沒有什麼兩樣。所以有研究者通過對 40 年代中國自由主義思潮的梳理，認為其宣揚的主要理念有：個人主義或個體主義；理性主義；漸進；寬容；民主；自由。〔註 23〕這些理念所受到的宣揚與守望，應該說是中間派人士對西方自由主義核心價值與觀念尊奉的表徵。

當然，中國知識分子對自由主義的言說，並非肇始於 20 世紀三四十年代，早在 19 世紀末嚴復、梁啟超就開始宣傳自由主義思想了，然後逐步發展成為影響中國知識分子的重要思想。其中作為中國自由主義開山者的嚴復就對個人權利特別看重，他在《天演進化論》一文中曾說：「國家社會無別具獨具知覺性，而必以人民之覺性為覺性。其所為國家社會文明福利，捨其人民之文明福利，即無可言……是故治國者，必不能以國利之故，而使小己為之犧牲。蓋以小己之利而後立群，而非以群而有小己，小己無所利，則群無所為立。」〔註 24〕梁啟超則對自由進行了積極地宣傳，他在《新民說》中道：「自由者，奴隸之對待也。綜觀歐美自由發達史，其所爭者不出四端：一曰政治上之自由，二曰宗教上之自由，三曰民族上之自由，四曰生計上之自由。政治上之自由者，人民對於政府而保其自由也。宗教上之自由者，教徒對於教會而保其自由也。民族上之自由者，本國對於外國而保其自由也。生計上之自由者，資本家與勞動者相互而保其自由也。」〔註 25〕稍後到了新文化運動時期，以陳獨秀、胡適為代表的新文化學人進一步對自由主義的民主、人權、理性、個人主義等理念進行宣傳。其中，陳獨秀高舉民主與科學的大旗向不人道的封建禮教與專制統治發起衝擊，而胡適則提出了健全的個人主義觀，認為人不僅要把自己鑄造成個人，而且要特立獨行，敢說老實話，敢向惡勢力作戰。胡適甚至借用易卜生的話說：「有時候我真覺得全世界都像海上撞沉了船，最要緊的還是先救出自己。」〔註 26〕魯迅對當時壓抑個性自由的現實也進行嚴厲的批評，他在《破惡聲論》中寫道：「聚今人之所主張，理而察之，假名之曰類，則其為類之大較二：一曰汝其為國民，一曰汝其為世界人。前者儻以不如是則亡中國，後者儻以不如是則畔文明。尋其立意，雖都

〔註 23〕吳雁南主編：《中國近代社會思潮》第 4 卷，湖南教育出版社 1998 年版，第 217～222 頁。

〔註 24〕王總主編：《嚴復集》第一冊，中華書局 1986 年版，第 314 頁。

〔註 25〕梁啟超：《飲冰室合集》專集之四，中華書局 1989 年版，第 40 頁。

〔註 26〕歐陽哲生編：《胡適文集》第 4 卷，北京大學出版社 1998 年版，第 486 頁。

無條貫主的，而皆滅人之自我，使之混然不敢自別異。」〔註27〕他甚至借小說《傷逝》中的主人公之口喊道：「我是我自己的，他們誰也沒有干涉我的權利。」周作人也應和道：「我想現在最要緊的是提倡個人解放，凡事由個人自己負責去做，自己去解決，不要閒人在旁呎喝叫打。」〔註28〕20年代末，胡適派學人針對國民黨的專制與獨裁，在思想界結成了所謂的人權派，強烈要求國民黨及其政府「快快制定約法，以保障人權」。

不僅如此，早先的自由主義者還希望在中國建立起西方式的自由主義政制。譬如嚴復、梁啟超就主張在中國實行議會制君主立憲制；民初年間，梁啟超、張東蓀又代表所在黨派積極參與了中央政府政治體制問題與政黨政治問題的爭論。對於前者，張氏認為要建立真正的內閣制政府，必須具備三個條件：即內閣總理由下院選出，內閣頒布閣令，用人權操諸內閣；〔註29〕張氏以為這樣，既可以防止軍事強人袁世凱的獨裁，也可以保證議會真正擁有國家最高的權力。對於後者，梁氏明確表示：「欲行完全政黨政治，必以國中兩大政黨對峙為前提。」原因是梁氏認為實行政黨政治，就可以實現政黨內閣，而政黨內閣有四大優越性：易導致內閣與國會結成一體，造成強有力之政府；可以保障民權；有利於對內閣成員的監督；富於彈力，便於政策的調整和變通。〔註30〕20年代一部分自由主義者繼續參與了關於中國政治制度建設問題的討論，其中胡適就提出了「好政府主義」的主張；李劍農、楊端六等太平洋學人也積極投入有關「聯省自治」問題的探討。

所以，自由主義在中國傳播的歷史，其實清末就開始了，只是在高揚中間路線的時代，其影響才變得空前盛大。不過，在其內涵界定上，中國自由主義者，儘管有著自己特有的看法和認知，但在總體結果上，如同西方學人一樣，並沒有形成一個權威的答案。

二、重視工具理性的自由主義

作為一種外來思想與文化，自由主義一些基本的價值理念和原則，並沒有因「水土不服」的原因，而發生本質的改變；但鑒於其非本土文化的特質以及

〔註27〕《魯迅全集》第8卷，人民出版社1998年版，第26頁。
〔註28〕高瑞泉選編：《理性與人道——周作人文選》，上海遠東出版社1996年版，第136頁。
〔註29〕張東蓀：《內閣制之精神》，《庸言》第1卷第19號。
〔註30〕梁啟超：《飲冰室合集》文集之二十八，中華書局1989年版，第73、67頁。

非故土文化的時空，從而決定其自傳入中國以來，在具體內容、表現形式、價值取向等方面，逐步打上了中國特色的烙印！

其一，濃厚的工具性色彩。中國自由主義的此種特徵，非自國共相爭時期才出現的，其實，自嚴復、梁啟超開始宣傳自由主義就產生了，如嚴復在闡述其求富觀時說：「夫所謂富強云者，質而言之，不外利民云爾。然政欲利民，必自民各能自利始；民各能自利，又必自皆得自由始；欲聽其皆得自由，尤必自其各能自治始；反是切亂。」〔註31〕嚴復的言外之意，自由是一種求富的工具。顯然，嚴復的此種傾向與西方自由主義中的自由至上原則是相違背的，但他為何如此呢？主要是希望通過西方自由主義這種思想來「鼓民力、開民智、新民德」，從而給近代中國指引出一條救亡圖存與尋富求強的道路。誠如梁啟超在文章中所說：「苟有新民，何患無新制度，無新政府，無新國家！非爾者，則雖今日變一法，明日易一人，東塗西抹，學步效顰，吾未見其能濟也。夫吾國言新法數十年，而效不睹者何也？則於新民之道未有留意焉者也……然則為中國今日計，必非持一時之賢君相而可以強亂，亦非望草野一二英雄崛起而可以圖成，必其使吾四萬萬人之民德、民智、民力，皆可與彼相埒，則外自不能為患，吾何為而患之！」〔註32〕然而，何以新民？根據梁氏「淬厲其所本有而新之」與「採補其所本無而新之」兩原則〔註33〕，西方自由主義思想無疑是其必須「採補」的重要對象。

嚴復、梁啟超二氏對自由主義所開啟的這種工具性路徑，自然也就為後來者所繼承和發揚，因為中國國情自嚴、梁時代直到20世紀中葉並沒有多大的改觀。所以，在新文化運動時期，自由主義中的一些觀點和思想，常被新文化學人用來反對封建禮教的有力武器。其中，陳獨秀以個人主義為武器，對中國傳統文化提出強烈的批評：「儒者三綱之說，為一切道德、政治之大原：君為臣綱，則民於君為附屬品，而無獨立自主之人格矣；父為子綱，則子於父為附屬品，而無獨立自主之人格矣；夫為妻綱，則妻於夫為附屬品，而獨立自主之人格矣。率天下之男女為臣、為子、為妻，而不見有一獨立自主之人格者，三綱之說為之也。」〔註34〕其後，為進一步喚起人們「倫理的覺悟」，陳獨秀更是以西方民主政治為標準來指陳中國倫理綱常的危害。他說：「倫理

〔註31〕王總主編：《嚴復集》第一冊，中華書局1986年版，第27頁。
〔註32〕梁啟超：《論新民為今日中國第一急務》，《新民叢報》1902年2月8日。
〔註33〕梁啟超：《釋新民之義》，《新民叢報》1902年2月8日。
〔註34〕陳獨秀：《一九一六》，《青年雜誌》1916年第5期。

思想影響於政治，各國皆然，吾華尤甚。儒者三綱之說，為吾倫理政治之大原，共貫同條，莫可偏廢。三綱之根本，階級制度是也。所謂名教所謂禮教，皆以擁護此別尊卑、明貴賤之制度也。近世西洋之道德政治，乃以自由、平等、獨立之說為大原，與階級制度極端相反。此東西文明之一大分水嶺也。吾人果欲政治上採用共和立憲制度，復欲於倫理上保守綱常階級制，以收新舊調和之效，自家衝撞，此絕對不可能之事。蓋共和立憲制，以獨立、平等、自由為原則，與綱常階級制為絕對不可相容之物，存其一必廢其一。倘於政治否認專制，於家族社會仍保守舊有之特權，則法律上權利平等、經濟上獨立生產之原則破壞無餘，焉有並行之餘地？」〔註35〕儘管陳獨秀的上述觀點具有並不完全正確且帶有明顯偏激色彩，但其對西方自由主義所持的開放與歡迎立場還是值得肯定的。

　　進入國共相爭時期，自由主義在被中間派人士當作針砭時弊、臧否國共標尺的同時，也當作實現其自我認同、標榜自我政見的圖騰。其中30年代，張熙若就「國民人格修養」問題大力宣揚個人主義，他說：「個人主義在理論上及事實上都有許多缺點與流弊，但以個人的良心為判斷政治上是非之最終標準，卻毫無疑義是它的最大優點，是它的最高價值。」〔註36〕其後，張熙若為維護其個人主義主張，針對國民黨獨裁現實進行批評：「近年來中國政治上使人最感不安的就是倒置這種賓主關係的傾向。國家（其實就是政府）高於一切，絕對的服從，無條件的擁護，思想要統一，行為要紀律化，批評是反動，不贊成是叛變，全國的人最好都變成接受命令的機械，社會才能進步，國家才能得救，運用政治的人才覺得真正的成功！外國人想拿機械造人，我們偏要拿人作機械。這種工業化在今日實在沒有提倡的必要。假使國家果真是不能作非，政府是的確萬能，那麼，絕對的服從，無條件的擁護，至少還有實際上的利益。不過不幸的經驗告訴我們，世上沒有這樣的國家與政府。最簡單的理由就是因為政府是由人組成的，不是由神組成的。政府中的人與我們普通人一樣，他們的理智也是半偏不全的，他們的經驗也是有限的，他們的操守也是容易受誘惑的。」〔註37〕40年代，鄒文淵鑒於國共政爭的激化，進一步強調自由的重要，他在《觀察》上撰文說：「自由的社會可以產生公是

〔註35〕陳獨秀：《吾人最後之覺悟》，《青年雜誌》1916年第6期。
〔註36〕張熙若：《國民人格之修養》，《大公報》1935年5月5日。
〔註37〕張熙若：《再論國民人格》，《獨立評論》1935年5月*日。

公非，且人當以此公是公非為規範，決不能假自由之名胡作非為……在自由社會中，法律制度是公是公非的結晶，任何人很難以私意去破壞它制裁。因此之故，自由的社會中人人須為他的行為負責，而沒有自由的社會才是不負責任的社會。」〔註38〕也許在當時的中國，自由主義對許多士人而言，既是一種批評時局的工具，也是一劑包治百病的良藥。所以今人許紀霖在研究中指出：「自由主義來到中國之後，從一開始就被作為一種社會變革的工具性價值加以引介闡釋，其捍衛個人自由的終極價值悄然隱去，而凸顯了其民主主義的工具價值，主張以和平、理性、漸進的方式變革現實秩序，實現歐美式的現代多元社會和民主政治……中國的自由主義者，之所以對自由主義發生興趣，決非學理的因素，而是現實的社會問題所刺激。他們對自由主義學理的關切，要遠遜於自由主義改革方案的設計。」〔註39〕故此，也就不難理解，在此工具性意識導向下，中國自由主義者在民主與自由、個體與群體的價值評判和選擇上，常常表現出一種對民主和群體的偏好，也就不是什麼意外之事；至於其在實踐中常帶有某種非自由主義思想，如國家主義、社會主義等，應該也是中國自由主義話語體系中的正常現象。

　　當然，作為一種思想或學說，自由主義具有工具性色彩也是正常現象，因為如果不這樣，它就失去了存在的意義；而且任何一種思想與學說之所以得以產生，一個重要原因就是它能夠對現實中出現的問題和困難提出自己的應對方案。但是，如果對工具性的過分強調，一方面會造成自己學理性的不足，從而在觀照現實問題時常流於事物的表象，另一方面會導致工具理性對價值理性的逾越，從而在實踐中出現自我否定的後果。事實上也是這樣，當時間進入 40 年代後半期，一部分篤信自由主義的中間派人士，之所以在中間路線生死存亡的抉擇時刻，紛紛倒入了左右兩翼的陣營，也許其真正的目的，並不是贊成或擁護國共路線，而是在感覺無望實現中間路線的情況下，希望通過迂迴的辦法來實現自己的政治理想。因此，中國自由主義的工具性特徵，對自由主義事業而言，無疑是一柄雙刃劍。故而有學者在研究中國自由主義歷史時感慨道：「我們依然不得不承認，作為自由主義之核心價值的個人主義在中國畢竟是一種稀缺資源，即使在新一代自由主義者那裏，為個體自由留出的空間也是相當有限的，他們所謂個人本位，總給人一種不甚牢固

〔註38〕鄒文淵：《民主政治與自由》，《觀察》1946 年第 13 期。
〔註39〕許紀霖：《許紀霖自選集》，廣西師範大學出版社 1999 年版，第 110～111 頁。

之感。」〔註40〕

　　其二，強烈的民主情結。「自由」優先，應該是自由主義最為核心的理念，甚至可以說自由主義之所以稱其為自由主義，就在於其對自由的看重和強調。如安東尼・德・雅賽在解釋傳統自由主義時說：「簡言之，這種自由主義，首先就是關於『自由』的，除了個人的自由外，再也沒有別的什麼自由。」〔註41〕喬・薩托利也說，所謂傳統自由主義：「就是通過憲政國家而對個人政治自由和個人自由予以法律保護的理論與實踐。」〔註42〕當然，民主也是構成自由主義的一個重要元素，但在自由主義的價值體系中，其相對於自由而言，只能處於一種從屬的、次要的地位。如法國思想家托克維爾通過對法國大革命的研究與美國民主的考察，不得不感慨地說：「在思想上我傾向民主制度……但我無比崇尚的是自由。」〔註43〕而西方古典自由主義更是主張：「民主應該服從自由。民主是自由的手段，自由是民主的目的。民主不是與自由同等重要的目的。民主更不僅僅應該是多數人的統治。」〔註44〕可見，在自由主義價值體系中，民主只能是捍衛自由、實現自由的工具。

　　故而，作為中國自由主義之父的嚴復，在引介和傳播自由主義時，就特意地強調「自由為體，民主為用」的原則。但是隨著陳獨秀在新文化運動中高舉起民主與科學的大旗，「民主」二字在中國自由主義者的心目中逐步取得了優先於自由的地位，尤其是到了40年代，民主對自由的優勢更是達到了空前的高度。因為中間派人士不僅在組建團體時紛紛標以民主的字號，如中國民主同盟、中國民主建國會、中國民主促進會等，以示對民主的看重；而且在各自的主張中特別強調民主，如中國青年黨認為民主政治的完成是刻不容緩之事，國社黨把實現民主稱為十二分重大的問題，民盟甚至在其政綱中提出要建立一種包括政治民主、經濟民主、社會民主在內的中國型民主，從而實現全體人民

〔註40〕閭潤魚：《以立憲政治保障個人自由──中國近代自由主義本質特徵探析》，《中國人民大學學報》2008年第2期。
〔註41〕〔英〕安東尼・德・雅賽：《重申自由主義》，陳茅等譯，中國社會科學出版社1997年版，第11頁。
〔註42〕〔美〕喬・薩托利：《民主新論》，馮克利、閻克文譯，東方出版社1997年版，第387頁。
〔註43〕〔法〕托克維爾：《舊制度與大革命》，馮棠譯，商務印書館1992年版，第4頁。
〔註44〕劉軍寧：《民主・共和・憲政──自由主義思想研究》，上海三聯書店1998年版，第88頁。

的政治、全體人民的經濟、全體人民的社會的目的。甚至有中間派人士認為：自由主義只是達到民主的工具，不是民主政治的目的，因為民主政治有比自由主義更高的境界。〔註45〕如此強烈的民主情結，注定了在中國自由主義話語系統中，民主具有比自由更顯赫的地位。事實上也是這樣，在中國自由主義者的言說中，民主就是他們一種耳提面命、長盛不衰的話題。所以有研究者認為：20世紀的中國自由主義者基本上是民主至上論者。〔註46〕

　　當然，中國自由主義者之所以如此的看重民主，一個重要原因，就是覺得民主是挽救民族危亡、克服專制政治、建立現代社會及兌現人民各項自由權利的良藥。比如，張瀾在全面抗戰時期談到如何集中全國人才、如何自由反映民意、如何和平解決黨爭諸問題時，認為關鍵在於民主，並倡言：「只有民主是中國唯一的道路，只有實行民主才是國家人民之福。」〔註47〕陳啟天則認為，「在民主政治下，人民不但有自由，而且有權利；人民不但可以進行公平的政治競爭，而且可以投票選擇代表自己的政府；人民不但沒有因失業與貧困而帶來的恐慌，而且沒有因專制與特權而造成的奴役。」〔註48〕民盟人員楚圖南更是認為：「民主政治將救助了中國的每一個人，也救助了所有中國的全體；將救助了中國的現在，也救助了中國的未來。」〔註49〕相對於前述觀點，施復亮也許說得更直白：「民主是解決目前中國一切問題的基礎，解決政治問題固然需要民主，解決經濟問題也一樣需要民主。民主是中國革命的主要目標，也是當今世界的主要潮流，誰也不應而且不能違反或違抗。」〔註50〕可見，民主之所以為中國自由主義者所崇尚，並不是其在價值上有更優於其他類似的東西，而是其工具上更能夠解決中國的實際問題。誠如女權運動的領袖人物劉清揚所說：「民主是挽救危機、加強國力、解除民困的先決條件，所以才成愛護祖國、要求生存的人民舉國一致的呼籲。」〔註51〕就此而言，中國自由主義者所流露出的民主情結，本質上則是中國自由主義工具理性的外化。

〔註45〕鄒文淵：《民主政治與自由》，《觀察》1946年第13期。
〔註46〕高瑞泉編：《中國近代社會思潮》，華東師範大學出版社1996年版，第240頁。
〔註47〕《中國是要民主的請聽參政員們的呼聲！》，《新華日報》1944年9月5日。
〔註48〕陳啟天：《民主政治與人性問題》，《民憲》1945年第2期。
〔註49〕楚圖南：《言論自由與身體自由》，楊力主編：《中國抗戰大後方中間黨派文獻資料選編》上冊，重慶出版社2016年版，第830頁。
〔註50〕施復亮：《當前的經濟復員問題》，《四川經濟季刊》1945年第4期。
〔註51〕劉清揚：《要求真的民主必從團結民眾做起》，《再生》1945年第100期。

　　或許從動機與目的上說，中國自由主義者對民主的過分強調確實是為了解決中國所面臨的實際問題，甚至也包括確保人民的自由權利，問題是在自由主義價值體系中，如果四處都遍布民主的影子，留給自由還有多少活動的空間？同時在民主強勢狀態下，是不是會出現民主對自由的踐踏？如果這樣，即使民主保護了自由，但自由也許已經不是自由主義的自由了。為此，政治學家米歇爾斯告誡那些民主至上論者的人們道：「民主並非是一件人們刻意去尋找就能找得到的財寶，與其相伴的常常是形形色色的寡頭統治。」〔註52〕貢斯當也曾指出，企圖通過單純的民主方式來保證主權的絕對權力不侵害個人利益，只能是一種幻想。當然，這也並不是說自由比民主重要，自由給人們帶來的就全是幸福；如果處理不當，自由也同樣會犯錯誤。對此哈耶克曾在其著作中寫道：「我們還必須認識到，我們可能是自由的，但同時也有可能是悲苦的。自由並不意味著一切善物，甚或亦不意味著一切弊端或惡行之不存在。」〔註53〕可見，在自由與民主之間，若想使二者相得益彰，就應該在制定政策與制度時，從價值理性和工具理性方面使二者保持某種平衡。問題是，中國的自由主義者有這樣一種自覺嗎？如果有這樣一種自覺，中國又是否有其實現的條件呢？顯然，中國自由主義者不能給出肯定的回答。故而，不僅中國自由主義者也就自然難逃民主至上論者的宿命，而且進一步凸顯出中國自由主義工具理性濃厚的特徵。

　　其三，偏重於群體利益。雖然說群體利益也是自由主義不得不考慮的對象，但根據自由主義價值判斷中的個人至上原則，個人利益才是自由主義首先關注的目標。然而，鑑於中國特殊的國情，自由主義一傳入中國就打上了偏重於群體利益的烙印。嚴復說：「特觀吾國今處之形，則小己自由，尚非所急，而所以祛異族之侵橫，求有立於天地之間，斯真刻不容緩之事。故所急者，乃國群自由，非小己自由也。」〔註54〕梁啟超則說：「自由云者，團體之自由，非個人只自由也。」因為「人不能離開團體而自生存，團體不保自由，則將有他團焉自外而侵之、壓之、奪之，則個人之自由更有何有也！譬之一身，任口之自由也，不擇物而食焉，大病浸起，而口所固有之自由失矣；任

〔註52〕〔德〕米歇爾斯：《寡頭鐵律》，任軍鋒等譯，天津人民出版社2002年版，第355頁。
〔註53〕〔英〕哈耶克：《自由秩序原理》上，鄧正來譯，生活‧讀書‧新知三聯書店1997年版，第13頁。
〔註54〕《嚴復集》第四冊，中華書局1986年版，第981～982頁。

手之自由也，持梃而殺人焉，大罰浸至，而手所固有之自由亦失矣」〔註55〕。梁啟超還繼續論證道：「人非群則不能使內界發達，人非群則不能與外界競爭。故一面為獨立自營之個人，一面為通力合作之群體。此天演之公例，不得不然者也。」〔註56〕相對於嚴、梁二氏的含蓄，五四時期的胡適則說的非常形象生動，他在「社會不朽論」中說：「我這個『小我』不是獨立存在的，是和無量數小我有直接或間接的交互關係的；是和社會的全體合世界的全體都有互為影響的關係的；是和社會世界的過去和未來都有因果關係的。種種從前的因，種種現在無數『小我』和無數他種勢力所造成的因，都成了我這個『小我』的一部分，我這個『小我』，加上種種從前的因，又加上了種種現在的因，傳遞下去，又要造成無數將來的『小我』。這種種過去的『小我』，一代傳一代，一點加一滴；一線相傳，連綿不斷；一水奔流，滔滔不絕；——這便是一個『大我』。『小我』是會消滅的，『大我』是永遠不滅的。『小我』是有死的，『大我』是永遠不死，永遠不朽的。」〔註57〕顯然，胡適的「社會不朽論」旨在說明：群體與個體對社會的存在與發展有著不可替代的作用，因而作為個體不能只意識到自己的重要，也要認識到作為社會的群體同樣重要。可見，在新文化運動中倡言個人主義思想的胡適，頭腦中仍然惦記著社會的那個「大我」。

當然，在中國偏重於群體利益的自由主義者，絕不是嚴復、梁啟超、胡適諸人，應該說它是大多數中國自由主義者的共同心態。如胡適派學人中的陳之邁就是其中的一員，他在 30 年代闡述個人與國家關係時說：「我們否定了原子論的國家結構學說，不只是承認國家是各個個人或家族積聚而成的，如沙堆一樣，而是要進一步的承認國家是高於個人的總和。國家的凝結體是有機體，即認定個人與國家的關係不但不只是一種『物理的變遷』，而且較無機化學中所謂『化學的變遷』更要進一步……脫離了國家個人實無以生存，特別是在弱肉強食的國際社會裏……也許有人說這種國家的意識是專制的，而不是民主的。這種說法也是似是而非……民主的古代希臘全部的政治理想是在國家以內的優美生活及對於國家的服務……這是民主政治最光榮燦爛的一頁，國家至上是一體完全尊崇的。」〔註58〕根據陳之邁的觀點，個人必須服從於國家的需

〔註55〕梁啟超：《飲冰室合集》專集之四，中華書局 1989 年版，第 44～46 頁。
〔註56〕梁啟超：《梁啟超全集》，北京出版社 1999 年版，第 881 頁。
〔註57〕歐陽哲生編：《胡適文集》第 2 卷，北京大學出版社 1998 年版，第 529 頁。
〔註58〕陳之邁：《政治教育論》，商務印書館 1938 年版，第 74～84 頁。

要。更有人從維護「國家自由」的角度來強調個人服從國家，他說：「民族未解放，個人何從獲得自由？個人不是做集團鬥士的一員，何從爭自由？個人離開了集團的鬥爭，何從有力量爭自由？以個人的利害做中心，以個人的利潤為背景，又怎樣能團結大眾，共同奮鬥來爭自由？所以我們要應現代中國的大眾需要，就必須克服個人主義，服膺集團主義。集團獲得了自由，做集團中一員的個人，才能獲得自由。個人沒有力量，集團才有力量。」〔註59〕這些話聽起來，不能說沒有理由，相反，在民族危亡關頭，相比於維護個人自由的言論，其更能鼓舞士氣和人心。所以，如果沿著中國自由主義者偏重於群體利益的道路走下去，國家自由或許捍衛了，但是，個人自由是否還在那裏？可能就得打上一個大大的問號。

中國自由主義者如此的「群體」情結，在旁觀者看來，似乎跟民主主義者沒有區別。比如，偉大的民主主義者孫中山先生在談到「自由」時曾說過：自由這個詞「如果用到個人，就成一片散沙。萬不可用到個人上去，要用到國家上去。個人不可太過自由，國家要得完全自由。到了國家能夠行動自由，中國便是強盛的國家。要這樣做去，便要大家犧牲自由」〔註60〕。中山先生上面這段話，顯然跟中國許多自由主義者的觀點完全有異曲同工之妙。當然，在某些中國自由主義者看來，他們之所以對群體利益是如此的眷顧，主要是希望通過對群體利益的維護，來實現對個體利益維護的目的。為此，張熙若分析個人與國家的關係時指出：「一件事情常常是有兩方面的道理，個人固然不能離開國家而存在，國家又何嘗能離開個人而存在？而且，講到底，國家還是為個人而存在的，個人不是為國家而存在的。國家只是一個制度，一個工具。它除過為人謀福利外別無存在的理由。這個制度，這個工具，在人的生活中雖極重要，但畢竟還只是一個為人享受、受人利用的東西。」〔註61〕中國自由主義者為實現維護個人權益的目的，而採取這樣一種迂迴戰術，在策略上說也許不錯，問題是在現實的中國是否行得通就很難說了，因為近代以來，西方先進的東西在中國常演變成淮橘為枳的事例不在少數。

正因為中國自由主義的如此特徵，所以有人在探討它與西方自由主義存在差別的原因時說：「在中國，少數受過良好西方教育的知識分子接受自由主

〔註59〕周天度，孫彩霞編：《救國會史料集》，中央編譯出版社2006年版，第19頁。
〔註60〕中國社會科學院近代史所編：《孫中山全集》第9卷，中華書局1986年版，第275頁。
〔註61〕張熙若：《再論國民人格》，《獨立評論》1935年5月26日。

義的理論動因，在於引援、介紹其思想學說，以致作為引導中國擺脫殖民地危險、走上現代民族國家之路的航標。近代西方自由主義幾百年的思想史行程，在中國僅僅幾十年、十幾年甚至幾年間便已完成。急迫的現實功利目的，使得中國自由主義知識分子在理論重心的選擇上，更樂於接受十九世紀以後流行於西方的功利主義理論，注重個人與國家利益的相關性，而不太重視或者說不太贊同十七、十八世紀古典自由主義所強調的個體至上原則，並且同時又或多或少地對與中國現實生活問題發生密切關係的民族主義、社會主義等思潮發生興趣。因此，中國自由主義知識分子的思想體系遠不如他們的西方先輩那麼『純正』，顯得比較駁雜。」〔註62〕此論應該很好地點出了中國自由主義之所以不同於西方自由主義的原因，當然，也無疑指出了中國自由主義具有強烈工具理性特徵的原因。

中國知識分子在中國傳播自由主義時之所以出現如此大的偏差，因為其目的並不在宣揚自由主義學說，而是希望從自由主義那裏尋得挽救民族危亡的良方，誠如著名自由主義者張君勱在談及其早年中國知識分子留學海外的動機時說：「由清末至民國初年，吾國知識界對於學問一種風氣：求學問是為改良政治，是為救國，所以求學問不是以學問為終身事業，乃是所以達救國之目的。我在日本及在德國學校內讀書，都逃不出這種風氣。」〔註63〕所以，同在民族危亡的大背景下，清末民初的知識分子如此，北洋時期、南京時期的知識分子又何嘗不是如此！故而，對中國知識分子來說，自由主義是不是西來的「真經」並不重要，重要的是它能否讓中華民族起死回生。如果借胡適「有用的就是真的，真的就是有用的」的話來比附中國知識分子對自由主義的心態，應該是非常契合的。

也許有人會因此提出：中國自由主義還是不是自由主義的命題。如果站在傳統自由主義或嚴格自由主義的立場上，毋庸置疑，中國自由主義已經與純正的自由主義存在著一定的差距，但如果站在現代自由主義或鬆散自由主義的平臺上，它依然是自由主義，因為它並不違背與否定自由主義的核心價值。同時，從發展的視角看，自由主義本身就是一種相當開放的思想，它會在保留原有核心理念的前提下，根據現實需要適當地添加新的內容。故此，所以自由主

〔註62〕何曉明：《近代中國自由主義：不結果實的精神之花》，《自由主義與近代中國（1840～1949）學術研討會論文集》，山東聊城2007年版，第20～21頁。

〔註63〕張君勱：《我從社會科學跳到哲學之經過》，《中西印哲學文集》上冊，學生書局1981年版，第64頁。

義常在不同時代和國度具有不同的特色，而中國自由主義所呈現的不同於西方自由主義的面孔，正是這種特色的再現。此外，作為現代某一特定時空下的自由主義，也很難把積累幾百年的自由主義理念都能夠貫徹到所要表達的觀點與主張之中，這誠如當代自由主義思想家米瑟斯在評判自由主義時所說：「18世紀和19世紀初的哲學家、社會學家和國民經濟學家們制定了一個政治綱領，這個政治綱領首先在英國和美國，然後在歐洲大陸，最後在人們居住的世界上的其他地區或多或少地成為實際政策的準繩。但是，它在任何地方、任何時候被全部貫徹實行過？甚至在人們視為自由主義的故鄉和自由主義的模範國家英國，也沒有成功地貫徹自由主義的全部主張。」〔註64〕從此意義上看，作為中國自由主義，其在思想內容上跟西方自由主義元典存在著某種疏漏與偏離，也是現代自由主義難以避免的現象。總而言之，儘管中國自由主義具有自己的面孔，但本質上仍然是自由主義。

可見，中國自由主義雖然在概念上如同西方一樣，是一個眾說紛紜的話題，但是自19世紀末開始傳入中國以來，就逐步打上了中國特色的烙印，並且隨著自己對中國政治、思想、文化的加深，而烙印益發的明顯。尤其是進入20世紀三四十年代，中國自由主義更是通過中間派人士的觀點主張及其中間路線的內容，進一步彰顯出自己固有的特點。從此意義上說，中國自由主義的特點，其實也是作為中間路線理論基礎的自由主義的特點。如是，何以中間路線要以自由主義作為自己的理論基礎呢？這是下面必須接著討論的問題。

第二節　中間路線與自由主義的結合

中間路線是隨著國共相爭逐步形成與發展起來的政治路線，不僅融合了各種各樣的思想與主張，而且匯聚了各式各樣的人物。中間路線之所以能夠如此，自由主義無疑在其中發揮了重要作用，因為自由主義，既使其延續了清末以來改良路線的某種內在精神，把西方民主政治作為挽救中華民族危亡的手段和中國未來政制建設的藍圖，也讓其把許多不同主張與思想的人集結起來，為著共同的政治理想而奮鬥。然而，中間路線與自由主義，作為兩個並沒有直接聯繫的東西，是什麼原因促成彼此結合在一起呢？

〔註64〕〔奧〕路德維希·馮·米瑟斯：《自由與繁榮的國度》，韓光明等譯，中國社會科學出版社1995年版，第44頁。

一、清季以來改良路線的歷史基因

　　自由主義作為一種思想在中國傳播，儘管肇始於 19 世紀末 20 世紀初以嚴復、梁啟超為代表的維新黨人的宣傳和介紹，但它的某些理念早在 19 世紀 70 年代就得到一些早期維新派思想家的肯定與認同。如王韜在介紹西方各國政治制度時說：「泰西之立國有三：一曰君主之國，一曰民主之國，一曰君民共主之國。」通過比較，王韜認為惟君民共主為最好的政治制度，而且只有君民共主的議院政治才是富強之本。〔註65〕鄭觀應對王韜的主張進一步論證道：「君主者權偏於上，民主者權偏於下，君民共主者權得其平。」同時，認為中國「苟欲安內攘外，君國子民持公法以永保太平之局，其必自設立議院始矣！」〔註66〕其後，何啟、胡禮垣等人還提出了在中國設立議院的具體方案。他們主張從有功名的士大夫中選舉議員，設省、府、縣三級議會，議員的責任是向官方反映民情的好惡、議論地方的利弊；對興革之事，則由縣詳府，府詳省，省詳君，若都取得一致，則予以實行，若不一致，則退回原處由議員再議。〔註67〕而且胡禮垣還把自由民主看成是實現未來理想社會最基本的條件，他說：「故談自由，而人以為蕩檢踰閑，而不知其所惡勿施者之在所必嚴，而要為各得其所也。談平等，則人以為肆無忌憚，而不知其禮別尊卑者之所在必謹，而要為稱物而施也。西哲穆勒約翰之《群己權界》以及甄克思之《社會通詮》諸書具在，一覽而明。然則理法之必循規模之必守者，其惟自由平等之人，是以無可疑義。今者文明大啟，人心察察，知所趨矣。是故學校之所學，學自由平等也；議院之所爭，爭自由平等也；商務之所通，通自由平等也；訟獄之所判，判自由平等也；梨園之所演，演自由平等也；風俗之所變，變自由平等也。由此觀之，繼今以往，貞期有在。」〔註68〕此外，這些早期的維新派思想家還宣傳天賦人權的思想，如鄭觀應曾說道：「民愛生於天，天賦之以能力，使之博碩豐大，以遂厥生，於是有民權焉。民權者，君不能奪之臣，父不能奪之子，兄不能奪之弟，夫不能奪之婦……故其在一人，保斯權而不失，是為全天。其在國家，重斯權而不侵，是為順天。」〔註69〕何啟、

〔註65〕王韜：《弢園文錄外編》，遼寧人民出版社 1994 年版，第 34～35 頁。
〔註66〕夏東元編：《鄭觀應集》上冊，上海人民出版社 1982 年版，第 314 頁。
〔註67〕何啟、胡禮垣：《新政真詮——何啟胡禮垣集》，鄭大華點校，遼寧人民出版社 1994 年版，第 115 頁。
〔註68〕胡禮垣：《胡翼南全集》卷 54，民國九年香江胡氏鉛印本，第 12 頁。
〔註69〕夏東元編：《鄭觀應集》上冊，上海人民出版社 1982 年版，第 334 頁。

胡禮垣也指出：「天既賦人以性命，則必畀以顧此性命之權。天既備人以百物，則必與以保其身家之權。」〔註70〕雖然這些早期的維新派思想家在主觀上還不明白什麼叫自由主義，同時在對民主、自由、人權等基本理念的闡述上存在著難以避免的誤讀，但客觀上無疑把自由主義的民主與議會制度等理念貫徹到了他們改造政治的設計之中，從而在某種程度上為後來的改良路線接受自由主義創造了條件。

　　與早期維新派思想家相比，作為後來的維新黨人梁啟超、嚴復、康有為等人在對自由主義的認識和宣傳上則有了質的提升。因為他們不僅從政治制度方面有意識地把自由主義的議會制度、選舉制度、政黨政治、憲法治國等主張納入到改良路線的體系之中。康梁黨人在百日維新期間，在政治上就明確地提出君主立憲的主張；其後，在清末新政期間，康梁等立憲派為實現真正的憲政，又先後在三次全國性的國會請願運動中，充當起領導者的角色；再後，袁世凱當國，為了使剛誕生的中華民國變成一個真正的資產階級民主共和國，梁啟超等清末立憲派人士又紛紛組建政黨，嘗試政黨政治。而且，此前他們還針對專制的現實自覺地宣傳自由主義的思想。嚴復在 1897 年《論世變之亟》一文中寫道：「夫自由一言，真中國歷古聖賢之所深畏，而從未嘗立以為教者也。彼西人之言曰：惟天生民，各具賦畀，得自由者乃為全受。故人人各得自由，國國各得自由，第務令毋相侵損而已。侵人自由者，斯為逆天理，賊人道。其殺人傷人及盜蝕人財物，皆侵人自由之極致也。故侵人自由，雖國君不能，而其刑禁章條，要皆為此設耳。」不久，梁啟超也說道：「自由者，權利之表徵也。凡人所以為人者有二大要件：一曰生命，二曰權利。二者缺一，時乃非人。故自由者亦精神界之生命也。文明國民每不惜擲多少形質界之生命，以易此精神之生命，為其重也。」所以，「今日欲救精神之中國，捨自由美德外，其道無由」〔註71〕。此外，梁啟超還把自由分為四個方面，即政治自由、宗教自由、民族自由、經濟自由。尤其是梁啟超等立憲派人士還以自由主義思想為指導，提出了興民權的主張與權利義務的統一性觀點，對於前者梁氏闡述道：「國者何？積民而成也。國政者何？民自治旗事也。愛國者何？民自愛其身也。故民權興則國權立，民權滅則國權亡。」〔註72〕並

〔註70〕何啟、胡禮垣：《新政真詮──何啟胡禮垣集》，遼寧人民出版社 1994 年版，第 397 頁。
〔註71〕梁啟超：《飲冰室合集》文集之五，中華書局 1989 年版，第 45 頁。
〔註72〕《飲冰室合集》文集之三，中華書局 1989 年版，第 65～67 頁。

認為它與自由一樣，放諸四海而皆準，俟諸百世而不惑；對於後者，梁氏認為：「人人生而有應得之權利，即人人生而有應盡之義務，二者其量適相均。」如果「今吾不急養義務思想，則雖日言權利思想，亦為不完全之權利思想而已」〔註73〕。就此而言，清末的戊戌黨人與立憲派，對自由主義的認識與推崇，在很大程度上已經進入到自覺狀態。

　　儘管梁啟超等改良派人士在其政治主張中大力倡言自由主義，但他們心目中的資產階級共和國並沒有在中國建立起來，反而隨著北洋軍閥統治的確立，自由主義似乎離中國越來越遠。所以，以陳獨秀、胡適、李大釗等為代表的新文化學人群則從更深層次來宣傳自由主義的價值觀念，如民主、自由、科學、人權、個人主義等，希望藉此來解放人們的思想，喚起人們的覺醒。為此，陳獨秀在新文化運動一開始就指出：「國人慾脫蒙昧時代，羞為淺化之民也，則急起直追，當以科學與人權並重。」並放言：「個人之自由權利，載諸憲章，國法不得而剝奪之，所謂人權是也。人權者，成人以往，自非奴隸，悉享此權，無有差別。此純粹個人主義之大精神也。」〔註74〕李大釗則從憲法與自由的關係立論道：「吾人苟欲為幸福之立憲國民，當先求善良之憲法；苟欲求善良之憲法，當先求憲法之能保障充分之自由。」同時，李大釗還認為思想自由是人們其他自由得以保障的淵源，他說：「暢舒國民之自由，不當僅持現存之量以求憲法之保障，並當舉其可能性之全量以求憲法保障其淵源也。其淵源為何？即思想自由是已。」〔註75〕胡適則從「健全的個人主義思想」出發，告誡青年道：「把自己鑄造成器，方可以希望有益於社會。真實的為我，便是最有益的為人。」「爭你們個人的自由，便是為國家爭自由！爭你們自己的人格，便是為國家爭人格！自由平等的國家不是一群奴才建造得起來的！」〔註76〕此外，高一涵則從平等的角度，強調國家應對人民應有權利的尊重，他說：「國家者，非人生之歸宿，乃求得歸宿之途徑也。人民、國家，有互相對立之資格。國家對於人民有權利，人民對於國家亦有權利；人民對於國家有義務，國家對於人民亦有義務……故欲定國家之蘄向，必先問國家何為而生存；又須知國家之資格，與人民之資格相對立，損其一以利其一，皆為無當。」〔註77〕由於新文化

〔註73〕梁啟超：《飲冰室合集》專集之四，中華書局1989年版，第107頁。
〔註74〕陳獨秀：《獨秀文存》，安徽人民出版社1987年版，第9、28頁。
〔註75〕李大釗：《李大釗文集》上冊，人民出版社1984年版，第244～245頁。
〔註76〕胡適：《胡適文存》第四集，遠東圖書公司1985年版，第612～613頁。
〔註77〕高一涵：《國家非人生之歸宿論》，《青年雜誌》1915年第4期。

學人群廣泛宣傳和提倡，自由主義在當時不僅成為思想文化領域的一大思潮，而且也奠定了日後其與三民主義、馬克思主義相抗衡的基礎。

但是隨著馬克思主義在中國的傳播與五四運動的爆發，自由主義失落成為不可避免的事實，可它的價值觀念與政治主張，對中國的改良路線而言，無疑是有其積極性意義的。同時，對那些政治上持改良傾向的人而言，無疑也是最好的話語資源和精神指南。事實上也是這樣，從 19 世紀晚期到 20 世紀 20 年代早期，自由主義就逐步成為指導中國政治改良的主導思想，而且也是改良者宣傳革新的重要理論武器。

既然如此，中間路線在思想上是否向自由主義貼近呢？回答是肯定的。一方面中間路線的改良性質決定了其必然與清末以來的改良路線在話語上具有親緣性，同時，彼此都是以西方資產階級國家的民主政治作為自己的政治藍圖，從而也就意味著相互間在意識形態領域具有廣泛的通約性。另一方面，作為中間路線的倡言者——中間派人士中的許多人本來就是以前改良路線的實踐者與鼓吹者，這樣，一則他們在奉行中間路線的時候難免不受從前話語體系和思維模式的影響，二則這些人物之所以向中間路線靠近，中間路線自然也包含了他們所向往與追求的某種根本性的要素。就此來看，中間路線與自由主義的結合是改良路線歷史基因的沉澱使然。

二、現實的需要

如果說歷史因素，為中間路線與自由主義的結合提供一種可能性的話，那麼現實中國共相爭的存在和中間派人士思想人員龐雜的實情，無疑為其提供了一種必要性。

從中間路線本身看，既然作為一條政治型的改良路線，就必須在理論上要有自己的思想基礎，這樣才會形成自己獨立的價值取向、理論框架與宗旨原則等，從而在實踐中，既可以從表徵上體現出自己的固有價值，也可以從宣傳上讓自己的觀點與主張自成體系，更可以讓自己在分析和處理社會問題時，發現旁人發現不了的問題，提出旁人提出不了的方案。並且中間路線一旦擁有自己的價值取向、理論框架與宗旨原則等，不但能給信奉者構築起一個共同的精神家園，而且也會吸引更多的追隨者為實現自己的政治理想而奮鬥。誠如國共兩黨路線之所以擁有一大批虔誠的力行者和眾多的追隨者，主要是前者以三民主義作為自己的理論基礎，從民族、民權、民生三個層面來觀照中國的現實問

題並制定相應的政策，同時宣稱要在中國建立一個繁榮昌盛的三民主義共和國；後者以馬克思主義作為自己的理論指南，站在辯證唯物主義與歷史唯物主義的高度來分析中國社會存在各種癥結的原因，從而提出了以階級鬥爭作手段、以民族革命和民主革命為途徑的新民主主義的革命構架，然後主張在對外打倒帝國主義實現民族獨立、對內推翻反動階級的統治實現人民民主的基礎上，建立一個沒有剝削和壓迫、人民真正當家做主的社會主義新中國。故而作為身處國共對峙格局裏的中間路線，無論是從制定自己的路線、方針、政策與獲取更廣泛的群眾支持出發，還是從立足於黨派的競爭與抗衡來自國共兩黨的壓力出發，都得擁有自己的基本理論。

那麼，用什麼來充當中間路線的基本理論呢？根據當時的現實，也許自由主義是一個不錯的選擇。雖然說自由主義，不似馬克思主義以其激進果敢的革命姿態和強烈的人道主義關懷，來贏取廣大青年與下層民眾的擁戴；也沒有像三民主義借政治權力而一躍成為國家的意識形態，對所有國民的思想具有普遍的指導意義。但自由主義畢竟以其對自由民主的強調、對憲政法治的追求、對個人主義權利的看重與對變革社會的理性態度，仍然獲得了許多知識分子的信奉和尊重。所以，儘管此時其在思想領域已不再像新文化運動時期那樣佔據輿論的中心，可依然還是中心輿論的一個重要組成部分，啊比如，30 年代全面抗戰爆發前，處於全國輿論重心的《獨立評論》《大公報》就是兩大宣傳自由主義的重鎮。可以說自由主義在思想界的地位和影響是除馬克思主義與三民主義外其他諸家學說和思想所無法比擬的。此外，自由主義自清季以來就是改良路線的重要理論資源，並且自新文化運動以後已成為知識分子抨擊時弊的重要理論武器。故此，中間路線若想真正拮抗國共兩黨的政治路線，以自由主義作為自己的主要思想資源，也許是一種明智的抉擇。

從中間派人士的構成來看，作為中間路線踐行者的中間派人士，儘管從外部觀之，他們似乎是一個團體，但如果從裏面觀之，其團體中不僅存在著不同派別，如青年黨、國社黨、第三黨、救國會、鄉建派、職教社等，而且團體中還包含著許多無黨派人士，如胡適派學人以及其他各界社會人士等。因此，可以說中間派人士在人員構成上是相當複雜的：就其領袖人物而言，既有晚清時期革新派人物張瀾、黃炎培、沈鈞儒等，也有民初時期的改良派人物張君勱、張東蓀等，還有新文化運動時期的保守派人物梁漱溟與激進派人物胡適等，更有五四時期的學生輩人物羅隆基、章伯鈞、曾琦、左舜生等，顯然，這些領袖

人物，無論是人生歷程還是學識背景無疑存在著巨大的差異；就其中的派別而言，在一些具體的觀點與主張上也各有不同，如青年黨強調「國家至上」，國社黨力主「經濟民主」，農工黨取法「平民政權」，救國會追求「人權保障」，職教社信奉「教育救國」，鄉建派崇尚「鄉村自救」，等等。

　　中間派人士在組織與觀點上的如此特徵，以至於日後自由知識分子儲安平在評價中國民主同盟時說道：「民盟是一個很勉強集合的政團，民盟裏的人物各有各的教育背景，各有各的政治看法，各有各的歷史環境，他們只是在一個相同的情緒下集合起來的，就是『反對國民黨』，這是他們唯一連（聯）繫的中心。」〔註 78〕學者陳衡哲針對中間派人士在國共相爭中的各自為政的現實，也在文章發表了類似觀點，她說：「我們用西方文化的尺來度量中國的自由思想份子，則大概可得到下面的幾種類似：（一）略等於英國的反對黨，而缺少組織。（二）略等於英國及美國的新英倫區域的知識分子，立於文化道德及思想的領袖地位。（三）略等於歐美的教士，立於道德的領袖地位，但缺少維持生活的薪資。」〔註 79〕此故，中間路線要把這樣一個組織鬆散而主張各異的團體整合起來，如果沒有一套包容性理論作基礎，不是一件容易的事情。

　　所以，對中間路線來說，採用什麼辦法，如何從思想上把這些人生歷程與學識背景不同的人物以及所屬派別黏合起來成為自己忠實的踐行者呢？也許只有自由主義才能承擔起此種重任。因為自由主義理念中的那種漸進式社會進步理論，為這些不同的人士與派別提供了共同的改良話語；而其對寬容理性等原則的強調，又無疑為這些人士與派別消解其所具有的不同甚至對立觀點和主張造就了適宜的工具。事實上，正因為自由主義的存在，這些人士及派別才匯聚在中間路線的周圍來探索中國近代化的歷史道路。

　　至此，正是在歷史與現實的共同合力下，自由主義與中間路線的結合才成為一種必然。

第三節　依附性理論

　　在中間路線跟國共兩黨政治路線博弈過程中，充當其理論基礎的，除卻自由主義這一主導性思想外，還包含著其他一些思想，其中影響比較大的有：

〔註 78〕儲安平：《中國政局》，《觀察》1947 年第 2 期。
〔註 79〕陳衡哲：《關於自由思想份子》，《觀察》1947 年第 12 期。

青年黨的國家主義、國社黨的國家社會主義、鄉建派的村治主義等。這些思想，雖然沒有像自由主義一樣，對中間路線的政治理想產生全方位的或決定性的影響，但對某一部分人員而言，它們同樣是其應對中國許多具體問題的重要工具或指南。是以，如果說自由主義在中國路線多元化理論中居於主流地位的話，那麼國家主義、國社主義、村治主義等諸種思想無疑處於依附性地位。

一、國家主義

國家主義（Statism 或 Nationalism），是一種由民族主義思想發展而來的關於國家主權、國家利益與國家安全問題的政治學說。根據其代言人──著名哲學家費希特的概括，其核心思想：抵抗外來侵略，捍衛國家主權；反對分裂割據，維護國家統一；肯定傳統文化，增強民族自信；弱化個人利益，強調國家本位。所以，國家主義思想，對於整合散亂人心、增強民族自信、推進國家統一、抵抗外來侵略有其不可替代的作用。故而，在 19 世紀它成為德國許多思想家用來喚醒民族自信、實現國家統一的重要工具。譬如著名哲學家黑格爾為實現德意志民族的統一和強盛，針對地方諸侯各自為政的現實，大力倡言國家主義主張。他說：「人們所必須希求於國家的，不外乎國家應是一種合理性的表現，國家是精神為自己所創造的世界。」「國家高高地站在自然生命之上，正好比精神是高高地站在自然界一樣。因此，人們必須崇敬國家，把它看作地上的神物。」〔註80〕顯然，黑格爾希望通過神化國家觀念，來培植民眾的國家崇拜情結，最終使每一個國家成員自覺地把維護國家的獨立、自由和榮譽當作自己的根本義務，甚至為之犧牲生命也在所不辭。事實上，19 世紀的德意志民族之所以能夠在普魯士領導下結束了長期分裂的歷史，並進而建立起統一的德國，國家主義思想應該在當中發揮了重要的推動作用。

正因為國家主義對於國家統一和民族獨立有如此大的作用，所以，隨著甲午戰後民族危機的進一步加深以及戊戌變法的失敗，以梁啟超為代表的改良派人士在探索救國救民的道路中，開始把流行於歐洲的國家主義思想引入中國，並大力地予以宣傳。他在《愛國論》一文中說：「國之存亡，種族興衰，雖曰天命，豈非人事哉？彼東西之國何以勃然日興？我支那何以蕭然日危？

─────────

〔註80〕〔德〕黑格爾：《法哲學原理》，范揚、張啟泰譯，商務印書館 1961 年版，第285 頁。

彼其國民,以國為己之國,以國事為己事,以國權為己權,以國恥為己恥,以國榮為己榮;我之國民,以國為君相之國,其事權其榮其恥皆視為度外之事。嗚呼!不有民,何有國,不有國,何有民?民與國,一而二,二而一者也。」〔註81〕梁氏還倡言:「真愛國者,國事以外,舉無足以介其心,故捨國事無嗜好,捨國事無希望,捨國事無憂患,捨國事無忿憤,捨國事無競爭,捨國事無歡欣。真愛國者,其視國事無所謂艱,無所謂險,無所謂不可為,無所謂成,無所謂敗,無所謂已足。真愛國者,其所以行其愛之術者,不必同,或以舌,或以血,或以筆,或以劍。」〔註82〕其學生蔡鍔也在《軍國民篇》中寫道:「國魂者,國家建立之大綱,國民自尊自立之種子。其於國民治關係也,如戰陣中之司令官,如航海之指南針,如槍炮之照星,如星辰之北斗,夜光不足以喻其珍,干將不足以喻其銳,日月不足以喻其光明,海嶽不足以喻其偉大。」〔註83〕他們希望藉此來陶冶人們的愛國主義情感,激發起人們為國家民族利益而勇於獻身的精神。

　　五四運動以後,迫於民族危機依舊的現實和對中國共產黨領導無產階級革命模式的抵制,從少年中國學會分離出來的日後成為青年黨領袖的曾琦、李璜、余家菊、左舜生、陳啟天等,重新開始宣傳清末以來所傳入的國家主義思想。為了擴大對國家主義思想的宣傳及徵集同志,曾、左、李等人在其所創辦的《醒獅週報》中,明確揭櫫道:「本報之主張計分為四項:(甲)關於主義:本報絕對主張和平的、自衛的國家主義,反對不明時勢的世界主義與不合國情的共產主義。(乙)關於手段:本報絕對主張全民革命,聯合農工商學各界建設全民政治,反對一切階級專政之獨裁政治。(丙)關於態度:本報絕對主張內不妥協,外不親善。(丁)關於口號:本報絕對主張內除國賊,外抗強權。」〔註84〕表面看,青年黨人似乎在宣示辦報的宗旨,其實是在向外界宣告其國家主義思想和主張。並且為了說明國家主義在中國出現的必然性,李璜在文章中寫道:「然則中國人便能說都有了國家主義嗎?曰未能。主義者有一定明瞭的意識,不徒恃盲目刺激的感情……因此,一種主義並不是少數人可以不顧社會情形,隨意杜撰,隨意移植的。歷史不同,境地兩樣,心情便異。徒有主張,不能共喻,不能相生,便不能同往。譬如中國從前還不知有外國而以國為天下

〔註81〕梁啟超:《飲冰室合集》文集之三,中華書局1989年版,第69頁。
〔註82〕梁啟超:《飲冰室合集》專集之十一,中華書局1989年版,第1頁。
〔註83〕曾業英編:《蔡松坡集》,上海人民出版社1984年版,第32頁。
〔註84〕《卷首語》,《醒獅週報》1924年10月10日。

的時候，便來提倡國家主義，或是今日中國還沒有大實業而未成資本制度的時候便來提倡集產主義，都是一樣的違反了這個不可抗的事理。主張國家主義的中國人，也無非是認定在社會的進化程途中間，此時具有這樣的組織，處在這樣境地的中國，有國家主義的要求與必要，因又從而長養之罷了。這種主張是順乎時勢而生，是一點不用勉強手段的。」〔註85〕李璜的言外之意，國家主義在中國的出現，完全是一件順天應人的事件。

那麼國家主義是什麼呢？一部分青年黨人紛紛發表自己的見解，其中曾琦認為：「國家主義者何？在一定領土以內，其國民團結一致，以內求本國之進步，外禦異族之侵略者也。」〔註86〕李璜提出：「國家主義乃是基於一國國民所共有的志願。」〔註87〕有人主張：「國家主義是以超越個人、民族、宗教、階級、黨派的利益而擁護整個國家利益的主義。」〔註88〕陳逸凡倡言：「國家主義的要義，在以國家為前提；個人依國家而存在，無國家即無個人，所以應當犧牲個人，盡忠於國家。」而且，「國家是至高無上的，個人的道德責任，在犧牲一切，擁護國家」〔註89〕。所以，國家主義思想的本質，就是個人或團體，都應該服務於國家的利益，哪怕犧牲自己的生命也義不容辭。

此故，青年黨人在組黨儀式上，正式標榜黨的宗旨是：「本國家主義之精神，採全民革命的手段，以外抗強權，力爭中華民國之獨立與自由；內除國賊，建設全民福利為宗旨。」〔註90〕其後又在「全國國家主義團體聯合會」成立的宣言中再次對黨的宗旨進行強調：「吾人今後之任務，不外下列兩端：其在積極方面，則本國家主義之精神，以實行全民政治，凡有關於全面福利之事，本會無不協力以圖之，而一階級專政之邪說，在所必屏；其消極方面，則本國家主義之精神，以實行『全民革命』，凡有害於全民福利之人，本會無不協力以除之，而一階級革命之謬論，在所必斥。」〔註91〕從這些主張中不難發現，青年黨的國家主義在本質上是一種民族主義思想，其目的是為了實現國家的獨立自由以及人民的幸福安康，其所強調的「國家至上」「民族至上」

〔註85〕李璜：《釋國家主義》，《醒獅週報》1924年10月10日。
〔註86〕曾琦：《國家主義與中國青年》，《醒獅週報》1925年5月30日。
〔註87〕李璜：《釋國家主義》，《醒獅週報》1924年10月18日。
〔註88〕俞祖華、王國洪主編：《中國現代政治思想史》，山東大學出版社1999年版，第177頁。
〔註89〕遼寧大學哲學系編：《中國現代哲學史資料彙編續集》第8冊，第96～97頁。
〔註90〕孫子和編：《民國政黨史料》，正中書局1981年版，第268頁。
〔註91〕方慶秋主編：《中國青年黨》，檔案出版社1988年版，第153頁。

「全民革命」「全民政治」「內除國賊」「外抗強權」等，其實都是實現上述目的的手段。

　　青年黨人用其國家主義思想做標尺，在20世紀二三十年代，一方面強烈批判中國共產黨的馬克思主義思想及其武裝鬥爭，另一方面嚴厲譴責國民黨及其政府對內獨裁、對外妥協的舉措；但是在民族危亡關頭，卻又與國共兩黨攜起手來，共同集結在抗日民族統一戰線的旗幟下並肩奮戰。其中，青年黨代表左舜生在全面抗戰爆發後，為實現共禦外侮的目的，特地致函蔣介石、汪精衛說：「國民政府為今日舉國共認之政府，亦即抗戰唯一之中心力量，同人等必本愛國赤誠，始終擁護……至其成績如何，固不欲自為陳述。總之，同人等睹目前之艱巨，念來日之大難，僅有與國民黨共患難之一途，外此都非所計及。僅知國家不能不團結，以求共保，外此亦無所企圖。坦率直陳，力求實踐，耿耿之懷，敬請明教。」〔註92〕此後，又在「全國代表大會宣言」所提出其對國事最低限度的主張中就包括：「擁護政府抗戰，以求最後勝利；厲行全民總動員，加強抗戰力量；在不妨礙國家之獨立與統一原則之下，聯合各黨共同奮鬥」等內容〔註93〕。可見，國家主義思想支配著青年黨人的主張與立場。所以，從此意義上說，是否維護和捍衛國家利益，是青年黨人在政治實踐中用來評判敵友的基本標準，也是他們用來做出擁護或反對性決策的重要依據。

　　不過，國家主義思想的合理性，畢竟有著很強的時空性，如果不看對象與環境，一味地強調對國家的服從與謳歌，往往在結果上走向了它的反面。所以，現代著名自由主義者霍布豪斯曾經在評判黑格爾國家主義思想時說道：「過去我們沒有理會黑格爾對國家的頌揚，以為那只是一個形而上學的夢想家的狂言。這是個錯誤。他的整個想法是和歐洲歷史上最不幸的發展緊密地交織在一起的。現在時興把德意志軍國主義想像為俾斯麥時代以前盛行的一種美好感傷的理想主義引起的反作用的產物。這是非常錯誤的。這種政治上的反動，是從黑格爾開始，他的學派自始至終都拼命反對發源於十六世紀荷蘭、十七世紀英國及十八世紀法國的民主觀念與人道主義思想。黑格爾的國家觀念企圖證明自由與法律上一致的，藉以削弱民主的原則；想用紀律的觀念削弱平等的原則；要使個人成為國家的一部分，以削弱個性的原則；把國

〔註92〕左舜生：《中國青年黨代表左舜生致蔣介石、汪精衛函》，《國論週刊》1938年第11期。

〔註93〕《中國青年黨第九次全國代表大會宣言》，李義彬編：《中國青年黨》，中國社會科學文學出版社1982年版，第271頁。

家推崇為人類社會最高和最後的組織形式，以削弱人性的原則。」〔註94〕霍布豪斯對黑格爾國家主義思想的批評，並非是無的放矢，因為黑格爾在其思想主張中，過分強調人民對國家的服從，結果使得其思想成為日後法西斯主義思潮泛濫的溫床。

　　青年黨人的國家主義思想，是否也如黑格爾國家主義思想一樣，成為中國法西斯主義思潮的源頭呢？回答是否定的。因為歷史和時代沒有給予它此種機會。但是，在戰後中國民主力量進一步向前發展的時候，它卻公然背叛民主陣營而成為國民黨專制政府的花瓶，不能說跟其國家主義思想無關。如其在參加國民黨制憲國民大會的聲明中說：「溯自數年以來，吾人對全國團結之工作亦曾奔走調停，不遺餘力，其所懷抱之目的：一為爭取和平；二為促成統一；三為實現民主！此不僅朝野各方絕無異詞，即全國人民亦莫不對此殷勤期待。所不同者，有人認為參加國大，足以破壞和平，吾人則認停戰既已實行，惟有一致參加國大，和平始有繼續維持之希望；有人認為參加國大足以招致分裂，吾人則認為分裂本為數年來已成之事實，惟有一致參加國大，始有促進全國統一之可能；有人認為參加國大，足以妨害民主，吾人則認為惟有將政協改訂之憲草在本屆國大通過，獲得舉國一致之支持，民主始能獲得一有力之保障。凡此若干主要目的之完成，視為本黨創造以來基本立場之所在。」〔註95〕從字面看，青年黨人之所以參加國民黨主導的制憲國民大會，根本原因就是為了國家的統一、和平與民主。但事實證明，其此舉既無益於國家統一，也無益於國家和平，更無益於國家民主，相反卻成為國民黨粉飾其專制並悍然發動內戰的幫兇！然而，青年黨人為什麼是如此的不明事理與時勢，自然是因其對國家主義思想的過分信奉，導致自己被專制者所蒙蔽與利用而不自知。

　　如果說，青年黨人對國民黨專制的擁護和支持，是因其對國家主義思想過分信奉而不自知的話，那麼其自成立以來不斷對中國共產黨的批評與攻擊，更因其自恃信奉國家主義而產生一種思想上的傲慢與偏見。如陳啟天通過對國家主義與共產主義比較後說：「我們已從理論上將國家主義與共產主義的分歧點弄明白了。現在可進而談談目前的中國究竟以何種主義解決國事，則須取決於以下各問題的答案：1. 何種主義在本國近代史上有較久的根據？我們的答

〔註94〕〔英〕霍布豪斯：《形而上學的國家論》，汪淑鈞譯，商務印書館1997年版，第17～18頁。

〔註95〕《中國青年黨參加偽制憲國民大會聲明》，李義彬編：《中國青年黨》，中國社會科學文學出版社1982年版，第306～307頁。

案是共產主義不及國家主義。2. 何種主義較合國情而易得多數人的信仰？我們的答案是共產主義不及國家主義。何種主義較能減少外國壓力和共管的口實？我們的答案也是共產主義不及國家主義。解決中國目前國事，共產主義既處處不及國家主義，所以我們毅然決然主張國家主義，反對共產主義。」〔註96〕難道共產主義真的不如國家主義嗎？事實證明，陳氏的話，顯然是言過其實了，並且他這些話所流露出來的意思，除卻對共產主義的無知，就是對國家主義的自負。

相對於其他青年黨人對中國共產黨的批評，陳啟天的觀點雖然有些自負，但終究還算理性，因為許多青年黨人在批評中國共產黨及其革命時，不僅顯得偏執，而且顯得狂妄。譬如有人在告示中寫道：「共匪為禍，由來已久。往者假借名義，肆虐中國，莫敢誰何，且不論矣。自反共之後，兵匪猶復倒行逆施，變本加厲。以擁護蘇聯為目的，而自外於中國，以破壞一切為手段，而無恤於同胞。殺人放火，無所不為，民受其毒，無以復加。十六年南昌之慘劇，廣州之慘劇；十九年長沙之慘劇，吉安之慘劇；均去今未遠，餘痛猶存。近者復乘暴日進犯之時，妄建偽中央政府於贛南，圖以鄂贛為根據，分兵四擾閩南、粵北、湘南、皖西及豫南，為患心腹，舉國震驚，亡國滅種，迫在目前，政府竭力剿辦，尚未立湊大效。」〔註97〕這裡，中國共產黨及其領導的新民主主義革命，已經完全被妖魔化與黑惡化了。然而，青年黨人之所以對中國共產黨領導的革命是如此極盡誣衊之能事，是因為其國家主義思想驅使下，以凸顯「唯我」愛國愛民的目的，進而把自己置於愛國主義道德的制高點上。誠如青年黨人梁榮滔標榜道：「我們國家主義者，鑒於國運之傾危，惕於人民之痛苦，良心不忍坐視，遂糾合同志，提倡國家主義。」〔註98〕梁氏所表達出來的一種語態，完全是一種非國家主義不能救國、非國家主義者不算愛國的傲慢。

儘管青年黨人所倡言與信奉的國家主義思想，在抵抗外來侵略、鞏固國家統一方面，自有其不可否定的積極作用；也儘管其希望用國家主義思想來喚起國民的自覺心，恢復國民的自信心，進而達到安內攘外、定國興邦的目的；〔註99〕更由於其自我宣稱國家主義，不僅有著充足的哲學依據，而且有著充分的

〔註96〕陳啟天：《國家主義與共產主義的分歧點》，《醒獅週報》1925 年 8 月 8 日。
〔註97〕《反共救民會募捐啟事》，《鏟共半月刊》第 28 期 1932 年 10 月 10 日。
〔註98〕梁榮滔：《國家主義的根本精神》，《醒獅週報》第 152～157 期合刊，1927 年 10 月 10 日。
〔註99〕《本報出版宣言》，《醒獅週報》創刊號，1924 年 10 月 10 日。

科學依據〔註 100〕。但鑒於在思想淵源上跟 19 世紀歐洲流行的國家主義的傳承關係，從而注定其不可避免地帶上了某種「唯我」愛國愛民的獨斷主義色彩，或者說其本身就攜帶著專制獨裁的原始基因。所以，在現實中常常出現這樣的悖論，國家主義者在一邊反專制、反獨裁的同時，一邊卻不由自主地成為專制、獨裁的同盟軍或吹鼓手。故而在中國，作為一種學說，國家主義常常受到來自自由主義、馬克思主義、三民主義等思想的批評。此外，青年黨人那種「國家至上」「民族至上」「全民革命」「全民政治」「內除國賊」「外抗強權」等高調的政治主張，根據其自身實力與當時中國實況，除了譁眾取寵外，就只能助長自己盲目虛驕和狂妄自大的心理。

此故，儘管自 20 世紀 20 年代以來，青年黨人就開始鼓吹從國共兩條對立型政治路線的夾縫中另走一條新路，但其主張很難為其他中間派人士所接受。即使在日後中間路線的凸顯階段，其國家主義思想也只能局限在有限的黨人之間。並且因其對國民黨專制的附和，最終被中國民主同盟完全清除出中間派人士的隊伍，其主張也自然被徹底排除在中間路線之外。當然，在青年黨人的自我感覺中，不僅其思想是「中間」的，而且其團體也是「中間」的。如國民黨軍隊攻佔延安後，青年黨成都機關報發表社論說：「我們期待政府於攻佔延安之後，立即主動的發動一個恢復和平的辦法，以謀收拾這一垂危之局，同時希望中共方面也以全國民命為重，立刻轉變作風，得止且止，不必蠻幹到底，徒害生靈。」〔註 101〕青年黨人的這種言論，看似不偏不倚，可根據其當時的政治立場及表現，更多的是一種惺惺作態。

二、國家社會主義

如同青年黨的國家主義一樣，國社黨的國家社會主義也是中間路線的理論基礎之一，但其影響除卻對民盟共和國方案與戰後中間路線的主張產生某種作用外，基本上局限於國社黨人的政治主張。那麼，作為中間路線中一種相對重要的思想主張，其本質是什麼呢？根據其代言人張君勱的解釋，主要是一種為防止無產階級革命與實現民族復興目標而企圖利用國家權力進行社會改造的資產階級改良主義。具體說，張氏是出於「民族自活」與「社會公道」的目的，主張實行一種建立在公私混合所有制經濟基礎之上的計劃經濟模式。他

〔註100〕陳啟天：《國家主義的哲學依據·國家主義的科學依據》，《醒獅週報》第 152
～157 期合刊，1927 年 10 月 10 日。

〔註101〕《國軍攻克延安》，《新中國日報》1947 年 3 月 21 日。

以為這樣，既可以因計劃經濟的推行而克服資本主義放任經濟所帶來的消極後果，又可以因公有制經濟的存在而防止由於私人資本的過分集中所造成的社會貧富差距的出現，從而達到推動民族經濟發展和維護社會公道的目的。如其在國社黨黨綱的「總則」中所標榜：「總之我們於政治是根據效率的科學，與個性差別的科學，以與站在平等原理上的民治主義調和為一。於經濟，是把易於造產的集產主義，與宜於分配的普產主義，以及側重自治的行會主義，調和為一。於教育，是把淑世主義，與自由主義調和為一。」〔註102〕可見，發展混合所有制的計劃經濟，不僅是國家社會主義思想的重要內容，而且是中國國家社會黨人的基本政治目標。

那麼，這種公私混合的所有制經濟有何具體內容呢？根據張君勱的設計，原則方面：確認公有財產與私有財產存在的合法性，但必須在國家制定統一計劃的監管之下生產；實現私有財產的平衡與普遍，消滅貧富懸殊現象；國家應根據公道原則與和平方法，轉移或吸收私人生產或餘值，以為民族經濟擴充資本；謀取民族經濟在世界經濟中的平等地位，並促進世界經濟問題之解決。農業方面：承認土地私有，國家擁有對全國土地的支配權；農業與工業聯合；依據法律與公道，使佃農逐漸變為自耕農；設立農業貸款銀行，補助和獎勵農業合作社；興修水利，改良作物、生產工具及耕作方法，提倡並獎勵畜牧與造林。工業方面：國家根據社會需要，規定工業之發展；依據工業的性質，規定公有私有的界限；積極引進外資；獎勵特種國貨製造，保護技巧之手工業；設立勞動保險，保護工人正當權益。金融方面：進行稅收改革，實行關稅自主；統一幣制；國家設立對外貿易銀行，並設置對外貿易準備金；設立調節物價機關，控制投機事業。交通方面：籌建全國平均發達之鐵路路線；整理內河航道，收回內河外商航權；創辦遠洋航業，收回外商沿海岸航權；興辦大規模航空事業。〔註103〕張君勱希望通過這樣一種經濟制度的建構，把國家社會主義的主體思想充分地展現出來。

為了進一步論證此種混合所有制經濟的合理性並防止外來的批評，張君勱還辯護道：「人們往往把人類的經濟就各種主義而劃分，好像有一個資本主

〔註102〕　《中國國家社會黨黨綱》，中國第二歷史檔案館編：《中華民國史檔案資料彙編·政治（二）》，第5輯第1編，江蘇古籍出版社1994年版，第932頁。

〔註103〕　《中國國家社會黨黨綱》，中國第二歷史檔案館編：《中華民國史檔案資料彙編·政治（二）》，第5輯第1編，江蘇古籍出版社1994年版，第936～942頁。

義經濟的而與社會主義的經濟截然不同。其實在實際上就本來沒有純粹的資本主義。任何機械生產的社會中本雜有手工生產。在資本制度中合作社居然可以存在，居然可以發達。自有資本主義以來即附帶有社會政策。社會政策的堆積苟以一定的方向便可成為社會主義。凡此種種足見實際的經濟狀態無不是複雜的與混合的。」〔註104〕可見，張君勱這種超越意識形態而思考經濟發展的觀點與主張是相當有創見的。所以陳先初先生在研究中對此做出非常中肯地評價：「他強調經濟生活的非單一性，力圖將資本主義與社會主義兩種經濟制度的長處結合起來，創造一種適合於中國經濟發展的新模式，也反映出他對社會經濟生活進行了較為深入的觀察以及對於中國發展道路的思考，這一觀察與思考都不乏一定的合理性。」〔註105〕應該說陳先初先生的評價，確實抓住了張君勱國家社會主義思想的本質。

同時出於反對中國共產黨所領導的無產階級革命的目的，張君勱特意從社會生產關係方面把自己的國家社會主義跟馬克思科學社會主義區別開來。為此，他論證說：「第一，馬克思主義者之生產工具公有說，在求分配平均，吾輩則以造產為出發點；第二，馬克思主義者之口號，為各國無產者聯合，固有所謂第二、第三國際，吾輩則以民族生存為第一義；第三，馬克思主義者中之俄國派，好討論革命戰略，乃有中國為封建社會為資本主義社會之爭此戰略之討論，既關於撰擇群眾以圖搗亂之研究，吾輩則重在高懸社會改造之目的與方案於國門，斯得於國人公開之贊助；第四，馬克思主義者注重階級鬥爭以一『恨』字為下手方法，吾輩自情感理智意志三方面鼓舞國人，期於吾輩方案之實現。」〔註106〕這裡張君勱表面上是在劃清國家社會主義跟馬克思科學社會主義的界限，骨子裏其實是表達一種反對中國共產黨所領導的無產階級革命的情懷。

此外，張君勱為了替自己的國家社會主義改良方案張目，還從政治層面上對當時的專制現實提出強烈批評，他在《國家民主政治與國家社會主義》長文中寫道：「二十年來之中華民國，有政府而實等於無政府，有制度而實等於無制度，混沌而已，搗亂而已。宣誓服從共和者，而背叛共和矣，名為擁護共和者，實則以國會為豬仔耳。乃至名為有預算，而始終無一名實相符之預

〔註104〕 《我們所要說的話》，《再生》1932年5月20日。

〔註105〕 陳先初：《精神自由與民族復興——張君勱思想綜論》，湖南教育出版社1999年版，第184～185頁。

〔註106〕 方慶秋主編：《中國民主社會黨》，檔案出版社1988年版，第39頁。

算，名為有決算，而始終無一可以昭示天下大信之決算。近年以來，行所謂一黨專政矣，雖無憲法，固有黨法以資信守，而同為三民主義之同志，或相爭於一民二民之間，或爭執於一人集權與全黨集權之界，其所以爭執者，果有嚴格之黨法根據乎？抑與昔日北洋派以國法為兒戲者等耳。如是黨治下之無制度無政府，譬之昔年號為法治下之無制度無政府，此兩時代政治現象之所呈現者，政府自毀綱紀以便己私而已，反對者勾結武力以到政敵而已。」〔註107〕並且為確保其國家社會主義主張的實現，進而求得一種「國家制度上權力與自由」的平衡，張君勱還對與該主張相伴生的「『修正』的民主政治」進行介紹，他在《中國國家社會黨黨綱》一文中說：「我們的『修正』民主政治，其實乃是真正的民主政治。至於普遍所謂民主政治，卻是根據民主政治原則而生有偏弊的政治制度。我們所想出的修正方案是什麼？第一，必須建立一種政治制度，在原則上必須合乎民主政治的精神，在實施上必須使黨派的操縱不能有所憑藉。在平時，不拘兩黨或多黨都能運用，即假定無黨亦能運用。而在緊急時，立刻可以集中全民的意思與力量……我們的『修正』民主政治，即是使民主政治由空想而趨於科學的，因此不妨即名之曰科學的民主政治。」〔註108〕可見，張君勱對國家社會主義方案與自己修正的民主政治主張還是相當自信的。

　　弔詭的是，根據中國當時的政治現狀，張君勱所揭櫫的政治主張，既無助於實現「權力與自由」的平衡，也無助於國家社會主義主張的實現。誠如陳先初先生在研究中指出：「他的所謂『修正』，從理論上講並未產生也不可能產生真正意義上的『第三種政治』，因為政治形式的改變並不能導致一種新型國家政治的出現，所謂自由與權力的平衡，在資產階級專政的條件下也不可能真正獲得。另一方面，從實踐上講，張的所謂『第三種政治』方案，是為中國而設計的，其所謂『修正』從一定意義上講也是針對現行中國政治而言的。但是在現實中國的具體歷史條件下，他的主觀設想不可能演變為現實。不僅如此，出於理論與現實的考慮……這些言論不僅無助於使現存政權『民主化』，反而有可能成為論證現存政權合理化的藉口。因而儘管張君勱主觀上確實希望把中國政治引向合乎資產階級利益的軌道，但面對現實，他卻又無能為力，從而不

〔註107〕張君勱：《國家民主政治與國家社會主義》，《再生》1932年第2期。
〔註108〕中國第二歷史檔案館編：《中華民國史檔案資料彙編・政治（二）》第5輯第1編，江蘇古籍出版社1994年版，第932～933頁。

得不使自己的主張大打折扣。」〔註109〕如此結局，應該說不僅是張君勱的無奈，而且也是中國國家社會黨的無奈。

戰後，由於國家社會黨與長期活動於海外的中國民主憲政黨合併，以及國內民主和平潮流的出現與國外歐洲民主社會主義思潮的興起，張君勱在對原國家社會主義和修正民主政治進行整合的基礎上，提出了民主社會主義主張。如其在《中國民主社會黨政綱》的總則中聲言：「本黨主張：民主社會主義為今後唯一立國之道」，「民主社會主義之鵠的，在使個人得自由之發展，社會盡分工合作之能事，國家負計劃與保護之責任，國際進於各國之協調與世界政府之建立。」〔註110〕同時，張氏還在《中國民社黨中央組織委員會宣言》中提出了民主社會主義四大經濟綱領，即「一曰大工業國有；二曰國有事業須為社會服務，其為國有事業之負責者，不許其在工商界金融界肆其操縱之伎倆；三曰將所得盈餘謀國民福利之增進；四曰勞資衝突必須解除。」〔註111〕並且，為達到完全否定馬克思科學社會主義的目的，張君勱正面以「社會主義是什麼」為問題意識，提出了「社會主義是以全社會各得其所為目的，不是以個人謀利為目的」「社會主義是非採行計劃經濟不可」「社會主義是在勞工、土地、資本三方面有一番公道的調整方法」等主張；反面以「社會主義不是什麼」為思想脈絡，提出了「社會主義不是唯物史觀」「社會主義不是階級鬥爭」「社會主義不是必定要完全廢除私有財產」等三個觀點〔註112〕，試圖從理論上對馬克思主義思想中有關社會主義的主張進行逐一的駁斥。

張君勱既然是主張民主社會主義，那麼對民主特別的看重自然是其思想體系中的應有之義。為此，戰後他除了強調實行計劃經濟以達到經濟民主外，還特意設計出政治民主的具體方案，如其在《中國民主社會黨政綱》中提出，民社黨的政治目標是：「確定國家之主權屬於人民全體，國家之主要任務，在謀人民全體之福利，徹底掃除以人民為工具之權力主義。」採取的措施有：保障人民基本自由，厲行法治，法律面前人人平等，軍政分離，黨派合作，建立文官制度，實行普選制和地方自治等。〔註113〕張君勱在「民主社會黨政綱」

〔註109〕 陳先初：《精神自由與民族復興──張君勱思想綜論》，湖南教育出版社1999年版，第151頁。
〔註110〕 《中國民主社會黨政綱》，《再生》1946年第129期。
〔註111〕 方慶秋主編：《中國民主社會黨》，檔案出版社1988年版，第169頁。
〔註112〕 張君勱：《民主社會黨的任務》，《再生》1947年第168期。
〔註113〕 《中國民主社會黨政綱》，《再生》1946年第129期。

中之所以如此凸顯與強調「民主」，除了在某種程度上為迎合中國戰後出現的「民主」「憲政」的時代潮流外，跟其國家社會主義思想與「修正」民主政治中的固有民主因子也有著莫大的關聯。

　　儘管張君勱的民主社會主義在思想上，相對於此前的國家社會主義與修正的民主政治有所發展，但並沒有超越「民族自活」「社會公道」以及「權力與自由」等基本框架，而且仍希望給國家民族的發展指引出一條新路，故而可以說，張君勱戰後所倡言的民主社會主義思想，既是其對戰後歐洲民主社會主義思潮在中國傳播的一種回應，也是其對自己原有思想主張在新條件下的一種發揮與延伸。因為無論其國家社會主義思想，還是民主社會主義主張，本質上都是為了防止或反對無產階級革命而提出的一套資產階級改良主義思想。如當時一個筆名叫「俊生」的國社黨人在陳述「國家社會主義」的由來及其時代背景時說：「我們雖不贊同國家至上論，但仍認為國家還是有其存在的重要性。在另一方面，我們又恐代表國家的政府，重踏西方資本主義國家的弊點，加深階級鬥爭的裂痕，釀成社會革命的慘劇起見，所以主張發展社會主義的體制。」〔註114〕所以，雖然張君勱在其所揭櫫的民主社會主義大旗下，公開提出：我們不走英美資本主義的路亦不走蘇聯共產主義的路，而走資本主義與共產主義兩者中間的路；〔註115〕但其超階級的國家觀念、非暴力的政治立場、有限的社會改良主張，決定了其民主社會主義思想不可能跟國家社會主義思想有著本質的不同。再就是從國家社會主義與民主社會主義思想起源來看，兩者都是起源於西方的一種反馬克思主義的社會改良思想，只不過前者更強調國家在社會政治經濟生活中的核心地位與作用，後者更側重於對民主權力的尊重與民主制度的建構。故而，作為國家社會黨指導思想的國家社會主義，即使其在戰後改頭換面變成了民主社會主義，仍沒有跳出其原有的思想窠臼。

　　有鑑於此，張君勱代表中國國家社會黨所提出的國家社會主義與代表中國民主社會黨所提出的民主社會主義，作為中間路線思想體系中重要理論組成部分，相對於其他的思想主張，特別是國共兩黨的思想主張而言，有著自己獨特的魅力與價值。但由於自身所固有的缺陷及其信奉者對權力過分遷就的實用主義心態，從而不僅弱化了自己在社會上的號召力，而且也增添了理想在踐行中的阻礙力。所以，張君勱及其國家社會黨的國家社會主義，儘管從其在

〔註114〕俊生：《中國國家社會黨》，《再生》1946 年第 104 期。
〔註115〕張君勱：《政治路線》，《再生》1947 年第 186 期。

中國的發展歷程看，可以追溯到北洋政府時期憲政主義思想與基爾特社會主義主張，可是從 30 年代到 40 年代，仍然處於一種曲高和寡的狀態，即便戰後，張君勱將其改頭換面變成了民主社會主義，看似抓住了時代的脈搏，但隨著其對國民黨虛假民主的曲意奉迎，也就注定了其在跟中間路線漸行漸遠的同時，不可避免地遭受被時代潮流拋棄的命運。

三、村治主義

村治主義，作為屬於梁漱溟、晏陽初等為代表的一批從事鄉村建設的中間派人士所信奉的思想，其政治情形與歷史際遇有點類似於青年黨的國家主義、國社黨的國社主義。故而，相對於中間派人士中其他派別所信奉的思想，村治主義的內涵是：鄉建派人士針對中國內憂外患的現實，希望通過對鄉村的治理和建設，來實現繁榮鄉村進而挽救國家危亡，實現民族復興的思想與主張。但是，如何實現鄉村的建設與治理呢？鑒於鄉建派人士內部人員背景的複雜性與學識的差異性，彼此之間並沒有形成一種完全一致的思想主張，相反，而是根據自己的識見及所處現實，各自進行著自認為正確而必須的鄉村改造工作。所以，在鄉建派人士的村治主義思想體系中，就其影響與成效而言，梁漱溟的鄉村建設思想與晏陽初的鄉村建設主張，可為其中的代表。正如鄭大華在研究中指出：「鄉村建設運動中，人們提出了各種各樣的鄉村建設思想，在這些思想中尤以中華平民教育促進會幹事長晏陽初和山東鄉村建設研究院院長梁漱溟的思想最為系統，影響也最大。他們的思想不僅是定縣與鄒平鄉村建設實驗的指導思想，不少地方的鄉村建設活動也是根據他們的思想而進行的。」〔註 116〕

梁漱溟是一個對中國傳統文化有著深刻研究與深厚感情的知識分子，其在 20 世紀 20 年代初所出版的《東西方文化及其哲學》一書中，就非常鮮明地表達了此種素養與意向〔註 117〕。所以，正是出於對中國傳統文化的摯愛和研

〔註 116〕鄭大華：《民國鄉村建設運動》，社會科學文獻出版社 2000 年版，第 137 頁。

〔註 117〕梁漱溟在其著作中陳述自己之所以研究和宣揚儒家學說的原因時說：「我又看著西洋人的可憐，他們當此物質的疲敝，要想得到精神的恢復，而他們所謂精神又不過是希伯來那點，左衝右突，不出此圈，真是所謂未聞大道，我不應當導他們於孔子這一條路來嗎！我又看見中國人蹈襲西方的淺薄，或亂七八糟，弄那不對的佛學，粗惡的同善社，以及到處流行種種怪秘的東西，東覓西求，都可見其人生的無著落，我不應當導他們於至好至美的孔子路上來嗎？無論西洋人從來生活的猥瑣狹劣，東方人的荒謬糊塗，都一言以蔽之，

究，梁漱溟在考察中國近代自救運動屢屢「播下龍種收穫跳蚤」的結局後，認為其根本原因是過於迷信西方而迷失自我所致。為此他分析說：「從來中國民族在文化上的自大，很快地為西洋之實際的優勝打擊無存。頓爾一變為虛怯之極。方當受欺吃苦，民族命運危殆之時，我民族志士仁人，先知先覺，未有不急起以自救者；而內審外觀，事事見拙，不能不震驚歆羨於他；所以自救之道，自無外學他。始而所學在其具，繼所趨求在其道，自曾文正、李文忠以迄共產黨，雖再轉再變，不可同語，而拋開自家根本固有精神，向外以逐求自家前途，則實為一向的大錯誤，無能外之者。所謂『屢試無效，愈弄愈糟』者，其病即坐此。由是他加於我之欺凌侵略，猶屬可計……吾人今日所食之果，與其說為歐洲人、日本人所加於我者，寧曰吾人所自造。」〔註118〕因此，要實現民族自救，就必須從中國傳統文化中找出路。

　　為了闡述自己民族自救的鄉村建設主張，梁漱溟以文化為導向來解讀中國近代落後的根源並尋找走出困境的路徑。梁氏認為近代以來中國之所以在現代化問題上屢遭挫折，根本原因是「文化失調」。因為中國文化與西洋文化是兩種路向完全不同的文化，一種是非己的意欲轉換、調和與持中的文化，一種是意欲向前而崇尚鬥爭與征服的文化。但是，近代以來由於東西文化的相互碰撞，使得中國文化陷於一種「東不成、西不就」的狀態，從而導致各種各樣的問題在現代化過程中層出不窮。梁氏在分析文化失調所產生的影響時說：「中國問題並不是什麼旁的問題，就是文化失調。極嚴重的文化失調，其表現出來的就是社會構造的崩潰，政治上的無辦法。此其問題的演進，現實老社會受新環境包圍，感覺得有點應付不了，稍稍變化他自己以求其適應。所謂變化他自己，質言之，就是學一點西洋。不料，這變化竟是變不得的。因其文化自身即達於極高度的妥當調和，改變一點，則其所以為妥當調和即不如初，好比配置穩恰、扣搭密合的一件東西，稍一變動，即見仄斜罅漏。所以這變化的結果除了讓自身失其原有調和外，不能有任何正面的積極的成功。環境仍未能適

可以說他們都未曾嘗過人生的真味，我不應當把我看到的孔子人生貢獻獻給他們嗎！然而西洋人無從尋得孔子，是不必論的；乃至今天的中國，西學有人提倡，佛學有人提倡，只有談到孔子羞澀不能出口，也是一樣無從為人曉得。孔子之真若非我出頭倡導，可有那個出頭？這是迫得我自己來做孔家生活的緣故。」（蔡尚思主編：《中國現代思想史資料簡編》第2卷，浙江人民出版社1982年版，第220～221頁。）

〔註118〕梁漱溟：《中國民族自救運動之最後覺悟》，蔡尚思主編：《中國現代思想史資料簡編》第3卷，浙江人民出版社1983年版，第488～489頁。

應，更覺著急，勢必有再一度變化，再變的結果更是對內失調，對外不能適應。抑且從其對內失調，而對外更無力。數十年來變化不能自己，每一度變化輒引入更深度的崩潰；要想成功的，卻一件得不到（民治不成，黨治不成，學校制度的失敗，工業制度的失敗等）。」〔註119〕因此，梁氏主張要改造中國文化、實現民族自救，就必須立足於固有的傳統文化，儘量吸收西洋文化的長處，如團體組織與科學精神等，以達到東西文明的對接。如是，中國的文化不僅有了安身立命之地，而且有了發揚光大之機，至於其他一切社會、政治、經濟諸問題皆可迎刃而解。

出於獲取人們對自己鄉村建設主張支持的需要，梁漱溟曾在「主編『村治』之自白」中說：「我眼中的鄉治或村治，全然非所謂什麼『當今建設事業之一』，或什麼『訓政時期之一種緊要工作』；我是看作中國民族自救運動四五十年來再轉再變，轉變到今日亦是最後的一新方向。這實是與四五十年來全然不同的一新方向；以前都往西走，這便要往東走。我不能牽牽扯扯裏混在往西的人堆裏，幹我往東的事；事原是大家的事，原要大家往東走才行，我一個人往東沒用的。如果大家於舊方向不死心斷念，則我的鄉治或村治即無從談起！」〔註120〕梁漱溟希望通過自己這樣一種表白，以引起國人對村治思想與主張的理解和認同，從而自覺地投身到鄉村建設運動中。

為了進一步號召人們對自己鄉村建設的支持，梁漱溟又以「中國社會特殊論」為平臺來勾畫改造社會的藍圖。為此，他設計道：中國是一個「倫理本位、職業分途」的以農村為重心的社會，跟西方「個人本位、階級競爭」的以都市為中心的社會有著本質的不同，所以中國社會在未來行進的路向上不能純粹取法西方資本主義的發展模式。梁氏進而一方面主張必須在充分尊重中國倫理本位實情的前提下進行社會改造，那就是在農村普遍設立具有政教合一性質的鄉農學校，以此作為改造鄉村的領導組織，同時把鄉村中的各種勢力以學董、學長、理事、學員的形式統一納入該組織之中；另一方面提出在鄉農學校的領導下，充分發揮傳統文化的倫理合作優勢，以合作社的形式大力引進與利用西方的科技知識，來推動鄉村經濟的發展和進步。不難判斷，在梁氏預設中：通過前者，既可以使混亂的中國鄉村進入到古人所謂的「德業相勸、過失相規、

〔註119〕梁漱溟：《鄉村建設理論》，上海人民出版社2006年版，第22頁。
〔註120〕中國人民大學中共黨史教研室編：《批判中國資產階級中間路線參考資料》第2輯，中國人民大學，1962年，第136頁。

禮俗相交、患難相恤」的境界，也可以使整合後的中國鄉村成為改造中國政治的基礎；通過後者，既可以改變中國鄉村原來那種自給自足的封閉式生活軌道，也可以推動都市經濟的發展和抵制外來經濟的入侵。如是，二者結合，使中國鄉村在保留傳統中優秀因子的前提下實現向現代社會的順利轉型，進而真正承擔起挽救國家和民族的重任。

　　所以，梁漱溟晚年在自傳中追述自己從事鄉村建設的動機時說：「進行鄉村建設工作，我頭腦中所設想的兩個要點，因為從我的眼光看，中國有兩大缺陷。中國農民的散漫幾乎到了自生自滅的程度。農民不關心國家，國家也不管農民。農民散漫，缺乏團體組織，這是一個缺陷。中國社會所缺乏的另一面是科學技術。我所想的憲政的新中國，必須從地方自治入手，而地方自治又必須從團體自治入手，將農民組織起來，才能實現。我夢想的團體自治是合作社；這種合作社主要是生產合作社，也包括消費合作社、信用合作社。西洋進步是從都市入手，是向外侵略發展貿易，而犧牲農村發展起來的。我們不能走這個路子。總之，中國缺乏『團體組織』和『科學精神』這八個字。將這兩方面補進來，中國即發達進步，成為很好的國家。這個好，要勝過西洋，因為其富強是建立在廣大農村之上的。」〔註121〕由此觀之，梁漱溟的鄉村建設思想，就是一種立足中國現實，以文化為導向、以鄉村為基點，力求實現民族自救和復興傳統文化，而主張對社會進行全面改造的一系列觀點與主張的總和。

　　相對於梁漱溟以復興傳統文化為突破口的鄉村建設思想，晏陽初的鄉村建設思想則主要側重於倡導平民教育來改造和發展中國鄉村，進而達到民族再造的目的。此故，有如吳相湘在給他做傳時所強調：「倡導平民教育的最高目的，在救國強國。」〔註122〕當然，作為一個留學美國的中國知識精英，究竟是什麼原因促使晏陽初獻身於鄉村建設？根據他自己在解釋「平教運動」緣起時所說：「平教運動的發端，是在歐戰時候，當時各國招募華工，到歐洲工作。兄弟從美國到法國，辦理華工教育，目睹華工不識字之痛苦，從那時得了一些經驗，同時聯想到國內一般不識字文盲關係國家民族前途的重大，所以回國以後，就從事提倡識字運動。但是在工作經驗中相信中國大部分的文盲，不在都市而在鄉村，中國是以農立國，中國大多數的人民是農民，農村是中國百

〔註121〕梁漱溟：《梁漱溟自傳》，江蘇文藝出版社1998年版，第123頁。
〔註122〕吳相湘：《晏陽初傳——為全球鄉村改造奮斗六十年‧前言》，嶽麓書社2001年版，第1頁。

分之八十五以上人民的著落地，要想普及中國平民教育，應當到農村去。所以同人才決定到定縣去工作。」〔註123〕同時，晏陽初也認為鄉村在中國處於非常重要的地位，因為它既是中國的經濟基礎，也是中國的政治基礎，更是中國人的基礎〔註124〕；如果中國廣大農村及其農民仍處於貧窮落後的狀態，那麼將無力改變「民族衰老、民族墮落、民族渙散」等事關中華民族的生死存亡問題。當然，還有其他方面的原因，吳相湘認為，晏陽初之所以投身於中國鄉村改造運動，跟其家學淵源、求學經歷及蜀地注重實用的學風存在很大關係。〔註125〕故而，對晏陽初來說，從事鄉村建設是其人生事業的必然選擇。

出於強調鄉村建設的重要性，晏陽初一方面分析長期以來中國精英之所以在探索民族發展道路過程中漠視鄉村的原因，主要是由於他們根本沒有認識到改變中華民族落後命運的關鍵所在，從而導致他們所設計的政治方案常常偏離中國問題的癥結。所以儘管自鴉片戰爭失敗後，仁人志士們，從洋務運動到維新變法，再到民族革命，從商業救國到事業救國再到教育救國，但就是難以改變中華民族積弱積貧、內憂外患的現實；同時，又因為自身固有的士大夫情結，使得精英們既放不下身段去親近農民，也敞不開眼光去觀察鄉村，因而雖然精英們在事關民族前途話語中，不停地講政治、談經濟、論教育，就是很少論及中國的農村、農民與農業。另一方面，他宣稱鄉村建設的目的就是：「對於民族的衰老，要培養它的新生命；對於民族的墮落，要振拔它的新人格；對於民族的渙散，要促成它的新團結新組織。」〔註126〕晏陽初希望通過對鄉村建設重要性的宣揚，以達到徵集同志、喚起民眾而達成共識的目的。

然而，如何進行鄉村建設？晏陽初及其所屬團隊根據對農村長期的觀察、調查和研究，認為農村問題雖然千頭萬緒，但關鍵問題只有四個，即愚、窮、弱、私的問題。如其在平教專科學校開學典禮上講話時指出：「我們覺得要創辦一種人民生活的教育，非先瞭解人民生活的實況不可。因此，我們就跑到鄉下，從人民實際生活中去找。結果，覺得一般人民最感困難的四個問題：一是

〔註123〕晏陽初：《中華平民教育促進會定縣工作大概》，鄉村工作討論會編：《鄉村建設實驗》第1集，中華書局1934年版，第53～54頁。
〔註124〕鄭大華：《民國鄉村建設運動》，社會科學文獻出版社2000年版，第138～139頁。
〔註125〕吳相湘：《晏陽初傳——為全球鄉村改造奮斗六十年》，嶽麓書社2001年版，第1～12頁。
〔註126〕宋恩榮編：《晏陽初全集》第1卷，湖南教育出版社1989年版，第294頁。

愚，二是窮、三是弱、四是私。」〔註127〕所以針對這四個問題，晏陽初相應地採取文藝教育、生計教育、衛生教育與公民教育以應對，因為文藝教育可以治「愚」，生計教育可以醫「窮」，衛生教育可以療「弱」，公民教育可以除「私」。是時，晏陽初對中國農村農民的認識是相當有見地的。比如胡適在分析中國社會的病根時，就提出跟他相同的看法。他說：「我們真正的敵人是貧窮，是疾病，是愚昧，是貪污，是擾亂。這五大惡魔是我們革命的真正對象，而他們都不是用暴力的革命所能打倒的。打倒這五大敵人的真革命只有一條路，就是認清了我們的敵人，認清了我們的問題，集合全國的人力智力，充分採用世界的科學知識方法，一步一步地做自覺的改革，在自覺的指導之下一點一滴的收不斷的改革之全功。」〔註128〕

為了強調「公民教育」在四大教育體系中居首要地位，晏陽初說：「我們辦教育，固然要注意文藝、生計、衛生，但是我們不要忘了根本的根本，就是人與人的問題，大家要都是自私自利，國家就根本不能有辦法，絕沒有復興的希望。所以，我們辦公民教育，用家庭方式的教育，在家庭每個分子裏，施以規模道德的訓練，使每一個分子，瞭解一個人與社會的關係，以發揚他們公共心的觀念。其次我們在這國難嚴重的局面下，還要注意喚醒人民民族意識，把歷代偉大人物，可歌可泣的故事，用通俗的文字寫出來，用圖畫畫出來，激勵農民的民族意識。」〔註129〕這裡，晏陽初不僅凸顯了公民教育的重要性，而且也指出了公民教育的相關方式與內容。

與四大教育主張相平行，晏陽初還提出了與之相匹配的「學校式、社會式、家庭式」三大教育方式，因為他覺得單純依靠傳統的教育方式，難以真正落實其四大教育主張。並且，出於強化這三大教育方式的不同功能性，晏陽初在文件中特地指出：「四大教育的主要方式有三種，一是學校式，一是社會式，一是家庭式。從前的看法以為學校之課程的教授是教育的全部，從平民教育的立場看，學校的方式只是一種方式。學校式的實施以文字教育為主，注重於工具知識之傳授與基本訓練，注重於個人的教學。社會式的實施以講解表演及其他直觀與直感鑒於的方法為主，注重團體的共同教學。家庭式的教育或為中國特殊的而又是必需的一種方式。家庭在中國社會結構上，佔有特殊的地位，欲改

〔註127〕宋恩榮編：《晏陽初全集》第 1 卷，湖南教育出版社 1989 年版，第 175 頁。
〔註128〕胡適：《我們走那條路》，《新月》1929 年第 10 期。
〔註129〕晏陽初：《中華平民教育促進會定縣工作大概》，鄉村工作討論會編：《鄉村建設實驗》第 1 集，中華書局 1934 年版，第 60～61 頁。

善中國的生活方式，必須從家庭做起。」〔註130〕晏陽初希望借助這三大教育方式的實施從而把整個農村社會整合起來，使廣大的農民能夠時時處處地接受新文化的教育與學習，進而盡快地治癒自己「愚、窮、弱、私」的痼疾，實現向「新民」階段的蛻化。

　　鄉村建設畢竟是一項複雜的系統工程。為確保該工程的順利開展與推進，晏陽初一方面提出了四大教育在實施過程中，必須堅持有序推進與切合農民生活的兩大原則；另一方面，鄉村建設在進行過程中，必須遵循研究實驗、訓練人才與表徵推廣三步走戰略。此外，鄉村建設者必須樹立要「化農民」必先「農民化」的決心。〔註131〕因為只有這樣，鄉村建設才能在實踐過程中，既不至於產生偏廢的毛病，也不至於出現脫離實際的缺點，更不至於造成鄉村建設者們身在鄉村而心在都市的後果。當然，鄉村建設絕不是那麼容易實現的，對此晏陽初並不是沒有意識到。全面抗戰爆發後，他在談到民眾訓練工作時曾感慨地說：「民眾所受的疾苦是什麼？到了怎樣程度？怎樣可以解放？他們的毛病在哪裏，可能性在哪裏？怎樣可以清治而扶植它？我們應當深入下層，與共艱苦，而廉得其真情。我們應從實地工作中隨時修勵自己，增長我們自己。即教即學，即行即知，步步實驗，步步改進，庶幾不愧為民眾訓練員，而完成先知知後覺、先覺覺後覺的教育任務。」〔註132〕所以，根據晏氏的主張不難推測，單一的民眾訓練工作尚且如此艱難，龐雜的鄉村建設工作無疑更加任重而道遠！

　　至此，可以說，晏陽初的鄉村建設思想，就是通過傳授有關「文藝、生計、衛生、公民」等現代教育內容，及訴諸「學校、社會、家庭」三位一體的現代教育方法，把「愚、窮、弱、私」的中國農民培養成具有一定現代生產生活知識，且講文明、守秩序、懂法律、愛國家的現代公民，進而以此為基礎，實現農村復興與民族再造的目的。由於晏陽初的此種鄉村建設思想，既具有鮮明的現代性，又具有很強的操作性，從而受到了當時許多鄉建派人士的讚揚與歡迎，並發展成跟梁漱溟鄉村建設主張並駕齊驅的鄉村建設理論。

　　在鄉建派人士的村治主義思想體系中，除卻梁漱溟、晏陽初的鄉村建設思

〔註130〕晏陽初：《中華平民教育促進會定縣實驗區》，詹一之編：《晏陽初文集》，四川教育出版社1990年版，第39頁。

〔註131〕鄭大華：《民國鄉村建設運動》，社會科學文獻出版社2000年版，第147～157頁。

〔註132〕晏陽初：《去把無窮的「民力」開發出來》，《戰時民訓》1938年第1期。

想外，還有其他名稱各異的鄉村建設思想和主張，如無錫實驗區的鄉村建設思想、徐公橋實驗區的鄉村建設思想、鎮平實驗區的鄉村建設思想、中華職業教育社的鄉村建設思想、燕京大學社會學系的鄉村建設主張、金陵農學院的鄉村建設主張、中國華洋義賑救濟總會的鄉村建設主張，北平師範大學鄉村教育實驗區的鄉村建設主張、齊魯大學鄉村服務社的鄉村建設主張等。不過，這些名稱各異的鄉村建設思想與主張，儘管由於彼此不同的歷史淵源與相異的風土人情，而使得其在表徵上呈現出不同的特點，但在發展的路向上無疑是相通的。誠如許仕廉、章元善在鄉村工作第一次集會上說：「現在關心國事者，以國之不強，由於農業之不振，使坐此不救，則覆亡厄運，必迫在眉睫，於是救濟聲浪，彌漫全國，救濟事業，應運勃興，或從平民教育入手，或從農村經濟入手，或從鄉村自衛入手，其入手處雖有異同，而目的在共謀農村之救濟與復興，企圖縣自治之完成，以創造新中國則一也。」〔註133〕對此，有人也附和說：「它們的最後目的，當然是復興鄉村，復興中國。而它們的共同目標，則是想在一個地區，用實驗的方法，努力尋求整套的或部分的適切有效的復興農村方案，以推行於全中國各個農村。」〔註134〕故此，可以說這些不同的鄉村建設思想與主張，如同梁漱溟、晏陽初的鄉村建設思想一樣，也是村治主義思想體系之中的重要組成部分。

　　根據當時的中國現實，上述村治主義思想，無疑是改造中國農村、農民、農業落後面貌的重要主張，進而也是實現民族自救與再造的基本方法。但由於其在手段上，側重於自下而上的社會改良，難免陷入事務主義的窠臼中；又因為其實踐上，偏好於我即真理的價值判斷，難免陷入故步自封、畫地為牢的困局中。故而，20世紀30年代的鄉村建設運動，看起來熱熱鬧鬧、風風光光，似乎形成了一股巨大的社會潮流，實際上則是各自為政、一盤散沙，毫無力量可言。正因為如此，作為中間路線重要思想的村治主義，也就只能局限在鄉建派人士之中，而難以為其他中間派人士所接受與認同，甚至還遭到來自他們的批評。

　　鑒此，作為中間路線理論基礎的國家主義、國家社會主義與村治主義，彼此既有各自成立的理由，也在一定程度上契合中國的實際需要。所以，儘管中

〔註133〕許仕廉、章元善：《鄉村工作討論會發起經過及鄒平之集會》，鄉村工作討論會編：《鄉村建設實驗》第1集，中華書局1934年版，第2頁。

〔註134〕曾毓雋：《鄉村工作討論會第二次集會經過》，鄉村工作討論會編：《鄉村建設實驗》第2集，中華書局1935年版，第2頁。

間路線以自由主義作為自己的主要理論基礎，但也同樣給它們的存在留有相應的空間。事實上也是這樣，不僅在中間路線的倡言者中有上述諸種思想的信奉者存在，而且在中間路線的觀點與主張中也不乏這些思想的因子。當然，在中間路線的理論基礎中，是否還有其他的思想呢？回答是肯定的。譬如救國會的抗日救亡主張，第三黨的平民革命、平民政權思想等，在特定時空中，都可以說是中間路線的理論基礎；只不過就其內容與作用來說，其許多主張已基本上包括在前述的諸種思想之中。

小結

作為相對於國共兩黨政治路線而存在的中間路線，其在與二者博弈過程中，以自由主義、國家主義、國家社會主義、村治主義及其一些思想和主張，作為其理論基礎與來源，自有其不得不為之的理由。不過，在這些不同的思想與主張中，自由主義對中間路線的影響和作用無疑最大。因為它不僅為中間路線變得開放與多元提供了理論依據，而且為中間路線的建構提供了思想指導。甚至還可以說，正因為自由主義的存在，中間派人士才成為各界精英的最大聚合體，中間路線才有了跟國共兩黨政治路線相拮抗的思想底蘊。然而，自由主義畢竟是一種舶來的思想，所以不可避免地打上了「工具性、民主性、群體性」等具有強烈工具理性特色的時代烙印，而此種特徵，固然為自由主義預防「水土」不服提供了某種保障，但也在某種程度上，為自由主義的異化打開了方便之門。事實上，40 年代後期，中間路線及其中間派人士在國共兩黨的壓力下，不斷地挪移自己固有的立場和原則，不能說跟自由主義的中國特徵沒有關係。至於國家主義、國家社會主義、村治主義及其他思想和主張，儘管其在中間路線拮抗國共兩黨政治路線過程中發揮了重要作用，但相對於自由主義在中間路線中的作用而言，自然處於從屬和次要地位，並且由於其自身所固有的某些缺點，既使得其長期難以為更多的中間派人士所認同，也使得其長期游離於社會的邊緣，難以為廣大民眾所接受。

第四章　難以走出書齋的政論

　　中間路線作為回應中華民族近代以來「路在何方」的歷史產物，自然有著自己明確的政治目標，否則，既不能回答長期以來的歷史追問，也難以應對現實中來自其他政治路線的挑戰。所以，出於對歷史與現實雙重問題的考量，中間派人士在踐行中間路線時，不僅把救亡與建國當作其基本的政治目標，而且把其作為抗衡國共兩黨政治路線的重要武器。當然，根據中國當時的社會現實與政治境遇，救亡與建國，應該說是絕大多數政治集團或政治人物用來建構和宣揚自己政治主張的平臺。可以肯定的是，不同的政治集團或政治人物，鑒於各自意識形態或價值取向的差異，從而注定了彼此間不僅在救亡方面存在很大的差異，而且在建國方面也存在根本的不同。故此，作為中間路線政治目標的救亡與建國，中間派人士在國共政治路線對立的政治格局中是如何宣揚該主張的，實在有對其進行探討的必要，因為這在某種程度上，既有助於對 20 世紀三四十年代其他政治派別或人物的瞭解與認知，更有助於加深對中間路線本身的理解與研究。

第一節　挽救民族危亡

　　自鴉片戰爭結束後，挽救民族危亡就成為中國許多比較重大的社會政治活動所發起的一個重要思想動因，同時也是這些社會政治活動尋找與實現其政治價值的基本依據。故而也就不難理解：其中的洋務運動之所以要大力興辦近代的軍事與民用工業，主要是因為其發起者認為中華民族在「三千年未有之變局」下，必須要「自強」與「求富」；戊戌變法之所以要從制度層面上對原

有的陳規陋俗進行衝擊和清洗，也是因為變革者在甲午慘敗與帝國主義瓜分中國狂潮的局面下，覺得中華民族已到了「瓜分豆剖，漸露機芽」的程度；新文化運動的陳獨秀們之所以要在思想界掀起一場狂飆式的啟蒙運動，更是因為他們覺得「倫理的覺悟才是最後的覺悟」，只有這樣，中華民族才能走出危機的深淵。不過，直到國共之爭的出現，中華民族的危亡仍然還是所有炎黃子孫不得不面對的現實，尤其是隨著抗日戰爭的逐步展開，更是讓每一個中國人深感形勢的嚴峻與國運的阽危。所以在這樣一種背景下，禦侮救亡成為每一個血性的炎黃子孫心中共同的呼聲，但是在現實中該如何禦侮救亡呢？不同政治派別或政治人物，各有自己相應的主張與對策。對此，奉行中間路線的中間派人士自然未能例外。

一、宣揚堅決抵抗

九一八事變發生後，作為中間派人士重要組成部分的青年黨人，從其 20年代政治綱領所標榜的「國家至上」「民族至上」「內除國賊」與「外抗強權」等政治主張出發，就開始表達了堅決抵抗日寇侵略的政治立場。其中，陳啟天在文章中寫道：「自九一八暴日強佔遼吉黑以來，全國國民莫不痛心疾首於國難臨頭，在無可如何中盡力設法抗日。有的從事經濟絕交，有的參加義勇軍，有的奔走呼號，有的發言立論，甚至有的絕食，有的自殺，都足以表示愛國的熱誠。然執政的國民黨既不抵抗日本的橫暴，反於日本繼續進攻之時，大鬧其黨內之爭，置國難於不顧，這不是比暴日還要痛心一萬倍嗎？」〔註1〕雖然，陳啟天沒有直接說自己要堅決抗日，但通過對國人抗日行為的肯定與宣揚，自然也間接宣示了他的立場，並且也順帶譴責了國民黨的不抵抗政策。並且為了號召全國青年投入到抗日救亡大潮中去。謝承平呼籲道：「總之，我們青年的出路，在這個國破家亡的時候，當然生了問題。如果我們同現政府一樣的麻木自私，走一條鑽狗洞的出路，那只有在政治上做列強走狗之走狗，在經濟上做洋商的買辦之奴隸，在文化上做本洋八股的工作者。在家庭生活上做無恥不仁的伴侶。果爾還算得是富於情感富於理想的青年嗎？我們還算得是中華的國民嗎？我們還算得是人類嗎？不！決不！我們要起來，對日作戰，為國而死！只有戰，只有死，是青年的出路，是中國的出路。」〔註2〕謝氏的話語聽起來

〔註1〕陳啟天：《國難與黨爭》，《民聲週報》1931 年第 6 期。
〔註2〕謝承平：《戰與死是青年的出路》，《民聲週報》1931 年第 11 期。

難免顯得感性和悲壯，但在東北戰事頻頻告急而政府卻無所作為的情形下，對於鼓舞民氣、堅定鬥志，自有其積極作用。

其實，青年黨人這種堅決抗擊外來的立場，在其國家主義思想中就表露無遺。如李璜在給國家定義時說：國家就是「一定的人民，佔有一定的土地，保有一定的主權；而此人民本其自愛的心情和其生活條件，此土地也，不容人侵奪，此主權也，不容人干犯；有前人時時締造的艱難，即有後人世世保守的責任，有一種特殊文化的遺留，即有一種相當感情的回顧；因而國家不獨有其實質，又復具有其靈魂」〔註3〕。李璜言外之意，即是國家的人民，就有愛國守土的責任，即是祖宗的子孫，就有承前傳後的義務。所以，在外敵入侵、民族危亡的關頭，作為國家主義信奉者的青年黨人自有其抵抗外來侵略、維護國家主權的義務與責任。

與此類似，第三黨人從平民主義立場出發，在堅持反蔣介石及其南京政權的同時，針對日寇侵佔東三省的事實，提出「聯合一切被壓迫階級與弱小民族，消滅一切帝國主義在華之支配勢力」的主張。〔註4〕不久，一・二八事變發生後，第三黨又在發表的對外宣言中提出：立即對日宣戰，完成民族革命；反對賣國的南京政府及一切出賣民族利益的反動勢力；全國革命軍人一致起來抗日救國；發動全國人民一致武裝抗日；聯合世界一切被壓迫民族及被壓迫民眾一致反抗日本帝國主義等口號〔註5〕。相對於此前的抗日主張，此時第三黨人的口號，雖有過於高調的嫌疑，但反對的對象已大為縮小，無疑是一種進步。到了1935年，隨著華北局勢的日趨緊張，第三黨人提出了民族革命的主張，其在「綱領」中宣稱：「挽救這一近在眉睫的民族危機，最適當有效的辦法只有發動反對帝國主義的民族革命戰爭，首先對日宣戰，只有靠中國人民之最後一滴血，才能保障中國不淪為完全殖民地，才能毀滅半殖民地的桎梏，博取中華民族的解放。」〔註6〕第三黨人希望通過民族革命戰爭的途徑，來實現抗擊

〔註3〕方慶秋主編：《中國青年黨》，檔案出版社1988年版，第25頁。

〔註4〕《中國國民黨臨時行動委員會對時局宣傳大綱》，中國農工民主黨黨史資料研究委員會編：《中國農工民主黨歷史參考資料》第2輯，出版社不詳，1982年，第230頁。

〔註5〕《中國國民黨臨時行動委員會對上海事件緊急宣言》，中國農工民主黨黨史資料研究委員會編：《中國農工民主黨歷史參考資料》第2輯，出版社不詳，1982年，第252頁。

〔註6〕《臨時行動綱領》，陳竹韻、陳起城編：《中國民主黨派歷史資料選輯》下冊，華東師範大學出版社1985年版，第202頁。

日本帝國主義侵略和爭取民族解放的目的，是值得肯定的，不過其四面出擊的政治方針，還是在很大程度上消解了該主張本應帶來的正能量。

同為中間派人士的救國會人員，為了顯示自己堅決的抗日立場，不僅在組織名稱上直接以「救國」二字來表明其成立的主旨，而且在其成立宣言中明確表示堅決抗日的意向，其中針對國民黨及其政府不抵抗政策批評道：「大會認為在現代國家意義之下，中央政府不應該只圖謀政權統一的權利，而忽略政權統一的義務——主要的是國防的義務；地方政府也不應該只在乎平時坐享土地的報酬與人民的血汗，而不負臨事保護領土與人民生命財產的義務。在敵寇侵入的時候，地方政府應該認定抵抗侵略與正式宣戰不同，應該認定敵來即拼是天經地義的守土之責而決不能以聽命中央為苟且偷安的粉飾。中央政府在那時，更應該統籌全局，不分畛域，動員全國迎敵，而決不能諉為地方事件，視若秦越。在過去，孤軍一隅之戰太多了！中央政府顯然已經忽略了國防的義務。」〔註7〕救國會的言辭是否過激與客觀，姑且不論，但其堅決抵抗日寇侵略的立場無疑是鮮明的。

不僅如此，作為救國會重要人員的王造時針對日寇的步步緊逼，更是在集會中倡言道：「總之，四年來的事實，給了我們下列的教訓：（一）日本帝國主義的侵略政策，非吞併我全中國不止。因此，我們與他絕對沒有妥協的可能，如果不願做亡國奴，我們與他只有拼一個你死我活。（二）日本帝國主義的侵略手段，除了用武力威脅外，還利用各種各色的漢奸，直接間接出賣民族利益。因此，我們除了與敵人拼一個你死我活外，還得要肅清一切賣國賊。（三）依賴國聯落了一場空，現在轉過臉來信賴敵人講親善，危險更加萬倍，非反對不可。只有自己站得起來，才能希望得到國際上的援助。（四）不抵抗主義是可恥，是卑怯，因此我們對於辯護不抵抗主義的各種漢奸理論，也非一概打倒不可。」〔註8〕顯然，王造時所說的「教訓」，就是面對日本帝國主義的入侵，除卻針鋒相對的抵抗，任何幻想都是錯誤的。當然，根據當時中日之間力量的對比與國內外環境，王造時此種言論，難免帶有激情有餘、理性不足的毛病，可面對日寇步步進逼的事實，既便是富有理性的知識分子，都有可能產生決一死戰的衝動。

〔註7〕《全國各界救國聯合會成立大會宣言》，周天度、孫彩霞編：《救國會史料集》，中央編譯出版社 2006 年版，第 99 頁。
〔註8〕王造時：《四年以來的教訓》，《大美晚報》1936 年 1 月 28 日。

事實上也是這樣，常以理性相標榜的胡適派學人，也在民族危亡不斷加深的情形下，成為堅決抗日的主張者。其中一向以沉穩著稱的胡適在熱河出現危機後，胡適一改往日「準備好了再打」的論調，明確提出：「我們此時已被『逼上梁山』，已是義無反顧的了……我們要準備犧牲，要準備更大更慘的犧牲。」〔註9〕與胡適持類似觀點的丁文江，則在明白對日戰爭成為不可避免的結局時，也堅決主張抗日，他在文章中說：「我個人向來極端唱『低調』的，我向來主張中國遇有機會，應該在不喪失領土主權範圍之內與日本妥協，並且應該利用一切國際關係，來緩和我們的危機，來牽制日使它與我們有妥協的可能。」然而，「到了今天，若是依然以苟安為目的，這是最下流的自殺政策……我們不能保全國土，我們至少應該使敵人出最高的代價來買地，不能拱手的奉送於他。」〔註10〕既然崇尚理性的胡適派學人都認為對日寇沒有妥協的餘地和可能，那麼唯有抵抗才是所有中國人正確的選擇。

為堅定國人的抗戰決心，青年黨人常乃德針對當時社會上所流傳「中國實力弱小，不足以抗戰」的謬論，撰文說：「中國現有軍隊，內容腐敗，誠不足與日本戰。但實力不足的國家，並不是絕對不能與強敵作戰的。歐戰時塞爾維亞的抗奧，比利時的抗德，均以弱敵強，取得最後的勝利。因為國際形勢，敵人的國情，均對於戰爭的勝負有關。日本因為國內生產的不足，經濟的凋敝，和思想界的動搖，若持久戰爭下去，必定失敗。」〔註11〕常乃德即是說，決定戰爭勝負的除了武器，還有國際形勢和國家的綜合實力。同理，章乃器也對悲觀派所鼓吹的「中國因軍事落後而不能抗日」的主張進行駁斥道：「本來，如果武器真是萬能，人類就不可能有這許多歷史的演變；歷史上的弱小民族和被壓迫階層，便不應該有翻身的機會。二十五年來中國軍閥官僚統治的『兔起鶻落』，特別的使『唯武器史觀』在中國站不住腳。在辛亥革命的時候，清朝政府的武器力量顯然是遠過同盟會；在國民革命軍北伐的時候，北洋軍閥的武器力量也顯然是超越前者。然而武器優越的人們，竟都會在武器力量低劣的人民大眾面前崩潰下去。誰說武器是萬能的呢？」〔註12〕章氏之意，武器落後不是妨礙救亡的理由，而是屈膝投降的遁詞；只要廣泛地發動群眾加入到救亡的洪

〔註9〕胡適：《我們可以等候五十年》，《獨立評論》1933年4月2日。

〔註10〕丁文江：《假如我是蔣介石》，《獨立評論》1933年1月15日。

〔註11〕常乃德：《怎樣去對日作戰》，《民聲週報》1931年第8期。

〔註12〕章乃器：《開一套亡國論——唯武器論和唯武器史觀》，《大眾生活》1936年第9期。

流，中國就能取得抗戰的勝利。

傅斯年為鼓舞國人樹立抗戰必勝的信心，在紀念九一八事變一週年的文章中寫道：「淺看來是絕望，深看來是大有希望。這希望不在天國，不在未來，而在我們的一身之內。我們若以民族的希望為宗教的信仰，以自身勤勉工作各盡其職業為信仰之行事，則大難當前，盡可處之泰然，民族再造，將貢一份助力。宋明的道學先生尚能以四書五經養其浩然之氣，我們不能以近代知識養我們的浩然之氣嗎？我們的知識不使我們有失望之餘地，我們的環境不許我們有懈怠的權利！」〔註13〕傅斯年告訴國人，只要大家各盡職守、團結一致，為國家民族的利益奉獻自己的所有，外患是沒有什麼可怕的，並且中華民族一定能打敗日本帝國主義，實現國家獨立與民族復興。並且，為敦促國民黨用實際行動進行抗戰以爭取國民的信任，任鴻雋就黨國要人「文電」宣傳抗戰的行為批評道：「文電宣傳，不必有真正的事實，這不是我們今日上下相承的衣缽真傳嗎？政治可以用宣傳成功，軍事又何嘗不可用宣傳制勝？只可惜的，在內戰的時候大家都用宣傳作武器，倒也勢均力敵；一到外戰，一邊用的是飛機大炮，一邊用的是文電宣傳，那就不戰而勝負之數早已定了……這種專靠宣傳，不求實際政策的結果，是使國民對於政府失其信仰心。」〔註14〕其實任鴻雋在告誡國民黨政府時也強調，面對外敵的入侵，應該拿出實際行動來抵抗，而不是拿宣傳作手段來麻醉自己與蒙蔽國民，只有這樣才能贏得國民的愛戴與信任。

特別是對蔣介石為掩飾自己九一八事變以來不斷妥協的抗日立場，說什麼「和平未到絕望之時，決不放棄和平；犧牲未到最後關頭，絕不輕言犧牲」的論調，中間派人士更是批駁道：「除非甘心做漢奸的賊徒以外，誰也知道，中日關係早已到了和平絕望的最後階段。即拋開以前的歷史不說，但就『九一八』事變而論，數日之內，日本吞併我東北三省，難道我們還應該不抵抗嗎？其後淞滬停戰協定、塘沽停戰協定、『四一七』聲明、大灘和約，及至何應欽梅津協定，中國主權的損失，難道夠我們幻想和平解決的可能嗎？冀東偽政權出現，何異於溥儀稱帝？冀察政委會成立，何異於殷汝耕叛變？內蒙古獨立和華南浪人的活動，又何異於東北熱河的失陷？五年以來，整個中國，在日本帝國主義鋼刀宰割之下，已是斷股折肱，四分五裂，難道中日關係還有和平可言嗎？再就是秋廣田提出三原則來說，接著是華北走私的驚人發展，華北駐軍的

〔註13〕孟真（傅斯年）：《「九一八」一年了！》，《獨立評論》1932 年 9 月 18 日。
〔註14〕叔永（任鴻雋）：《熱河失敗的教訓》，《獨立評論》1933 年 4 月 2 日。

驚人增加，防共協定的威逼成立，這簡直又使斷股折肱的中國，挖去了心臟，取出了筋肉，連骷髏都不如了。」〔註15〕文中的內容，難免有言過其實、誇大其詞的成分，但所列舉的事件，無一不是日本帝國主義的侵華鐵證和中華民族的恥辱標誌；也許在一部分中間派人士看來，正是因為國民黨在禦侮方面的無所作為和妥協退讓，才使得中華民族的危機變得瓜分豆剖、每況愈下。

　　全面抗戰爆發後，為貫徹中間路線堅決抵抗日寇侵略的主張，中間派人士不僅向國人宣揚抗戰必勝的思想，而且號召國人必須樹立自力更生的觀念。就前者而言，鑒於抗戰前期中國軍事不斷失利的現實，中間派人士通過撰寫文章、發表演說、接受採訪等途經，不斷宣揚抗戰必勝的主張。其中，青年黨領袖曾琦在重慶中央廣播電臺發表講話道：「總括起來說，我們對日，長期抗戰彼之消耗大，而我之消耗少；彼之敵眾，而我之敵寡；彼之人口寡，而我之人口眾；彼之物質有限，而我之物質無窮；我為自衛競爭，心安理得，而彼為侵略戰爭，做賊心虛；我為得道多助，而彼為失道寡助。勝利屬於我們是毫無疑問的。」〔註16〕國社黨領袖張君勱則說得更直接：「總之，敵人之困難與國際有利於我之情勢，已皎如天日。吾們要對於兵力問題與生產問題加以努力，自然便能抵抗，不怕得不到勝利。此之謂戰志，此之謂決心，此之謂自信心。全國上下所應培植者在此，所應保持者在此。外界之情勢，只能為我自信心之幫助，如其自己不信自己，那便無戰志，勝利又何從而來呢？」〔註17〕曾琦、張君勱告訴國人，無論國際形勢還是中日之間的實際情況，中國都是處於優勢的一方，最後的勝利自然屬於中國。為了強化國人的自信心，救國會領導人鄒韜奮則用鐵的事實來證明中國抗戰必然會勝利，他在七七事變三週年紀念文章中寫道：「在三年前的今日，日本強盜開始對我國作大規模的侵略戰，認為只須三個月即可滅亡中國，達到『速戰速決』的目的。如今打了三年，敵人只是泥足愈陷愈深，我國仍在繼續堅持英勇的抗戰。」〔註18〕與此類似，職教社領袖黃炎培也在演講中說：「有人說，中國抗日，日本可勝而不勝，中國可敗而

〔註15〕啬夫：《敢問當局：「難道犧牲還未到最後」嗎？》，《救亡情報》1936 年第 4 期。
〔註16〕曾琦：《長期抗戰之心理建設》，《國論週刊》1938 年第 35 期。
〔註17〕張君勱：《持久戰之自信心》，楊力主編：《中國抗戰大後方中間黨派文獻資料選編》上冊，重慶出版社 2016 年版，第 626 頁。
〔註18〕鄒韜奮：《抗戰三週年紀念與當前的急迫問題》，《全民抗戰》1940 年總第 127 期。

不敗，是什麼緣故？因為日本不是富強而是貧強，中國不是弱小而是弱大。貧強的國家，遇弱大的民族，結果宜其如此：日本的吃虧，在一『貧』字；中國的不敗，在一『大』字，這怕是真理。我們總須保持其大而去其弱，以躋於富強之林。我們要乘此鼓舞民氣，團結民心，培養民力，富裕民主，前途是很有希望的。」〔註19〕顯然，中間派人士希望通過講道理、擺事實的方式來幫助國人樹立抗戰必勝的信念。

　　同時，為了防止國人因軍事失利而滋生悲觀情緒，七君子之一的李公樸在「駁悲觀論」的文章中還對國人進行開導說：第一，悲觀論者只看見了我們在一些點和線上的軍事失敗，而沒有看到中國在政治軍事經濟方面的進步性，以及由這各方面的進步所造成的最後勝利的條件；第二，悲觀論者只是片面地看到了日寇軍力的強大，而沒有看到在這一掩飾下日寇內部矛盾的增長，與其本身力量的繼續空虛和減弱；第三，悲觀論者只看見了日寇及其他侵略國家的猖狂，只看到了在張伯倫外交犧牲下的捷克的前例，而沒有看到中國和捷克的國際條件完全不同，更沒有看到爭取外援絕不是完全依靠外援。〔註20〕根據李公樸的觀點，日本侵略者的軍事勝利只是暫時的，中國才是最終的勝利者，所以沒有必要因一時失利而悲觀失望。當1944年國人因國民黨豫湘桂戰場的慘敗而心生悲觀的時候，張申府更是鼓舞國人說：「現在我們應該怎麼樣呢？那就應知今日是抗戰軍事一個最危急的時候，在這個時候，我們根本最要緊的就是立定信心，不但堅決相信，我們的抗戰必然勝利，為期並且也不很太遠，而且更相信我們的將來一定還會富強，足以立國於未來的和平世界。我們要一點也不動搖，一點也不遲疑，一點也不徘徊。我們要切實認識一切罪惡、一切毛病，但我們卻要絕不牢騷，絕不悲怨，絕不悲觀。」〔註21〕其實張氏在告誡國人，在危險局勢下，悲觀失望的心態不僅無益於危局的緩解，相反，只能導致局勢的更加險惡。

　　就後者而言，黃炎培為鼓勵青年在抗戰中樹立起自力更生的觀念，在跟大後方青年懇談時倡議道：「青年學友諸君！我們抗戰大局，必須自力更生，不能稍存依賴心理，一味希望外援；有政府領導，更要全體民眾，自動起來從事

〔註19〕黃炎培：《嚴防敵誘降陰謀》，《國訊》1940年第253～254期合刊。
〔註20〕李公樸：《當前抗戰形勢與後方工作》，楊力主編：《中國抗戰大後方中間黨派文獻資料選編》上冊，重慶出版社2016年版，第505～506頁。
〔註21〕張申府：《我們應該怎樣》，《國訊》1944年第385期。

一切抗戰工作。」〔註22〕而救國會領袖沈鈞儒更是把自力更生當作爭取抗戰勝利最為重要的條件，他在接受記者採訪時指出：「抗戰勝利的條件為：（一）國內進步與團結，自力更生；（二）國際的援助；（三）敵國內部的崩潰。但後兩個條件必須依靠著第一個條件，只有我們自己進步，自力更生，才能得到國際援助；也只有靠著我們的自力更生，才能在敵人崩潰的條件下取得勝利。」〔註23〕在沈鈞儒看來，只有自力更生才能爭取到國際援助並最終打敗日本侵略者。所以，張申府針對一部分國人不思進取、坐待勝利的懶惰心理批評道：「但是勝利可以坐待嗎？別人的勝利可以代替我們的嗎？別人的勝利可以減輕我們的責任嗎？有什麼口實，祖宗的遺業，寸土隻民，可以輕易放棄嗎？無根據的悲觀固然要不得，旁觀坐待的樂觀又何嘗有一點要得？推、拖、挨，是今日最大的罪惡。勝利是萬萬也拖不來的。適應今日國際勝利的局面，對著今日國內嚴重的危機，我們要做到與幫助我們的盟國配合得上，我們必須努力，更大努力，更把事情做得好一點，以至盡我們所能，做到可能的最好處。絕不僥倖，絕不依賴。」〔註24〕張申府很明顯呼籲國人在國際反法西斯戰爭形勢根本好轉的情形下，必須用自己的實際行動去獲取抗戰的勝利，而不能抱著一種因人成事的心態去等待勝利。

　　出於鞭策國人自力更生的需要，中間派人士大力倡言擔當與獻身精神。黃炎培在給中華職業教育社諸同志、同事、同學的一封信中寫道：「吾人服務，遭遇空前的艱危和困苦，不但須看作個人獻身賣力報群報國的時機，且須認清這就是一生事業鞭策成功的好機會，在這個時候，須插身進去，須擔當下來。如果存心以為這時候我無從效力，暫且向旁邊退隱一下，到事平後，我算一個是了。這是大錯特錯。」〔註25〕其後，黃炎培又在演講中進而號召青年道：「兄弟今天敢說，如果中華民族四萬萬人，每個人都覺悟了，都肯把他思想、才力、財產、生命，統統貢獻給國家民族，有這種精神，這個國家，這個民族，一定可以存在，可以永久，這是不可磨滅的真理。」〔註26〕在黃炎培看來，要挽救

〔註22〕黃炎培：《與大後方青年學友懇談》，《國訊》1942 年總第 317 期。
〔註23〕新華社記者：《沈鈞儒先生談當前抗戰內政外交》，《新華日報》1942 年 7 月 4 日。
〔註24〕張申府：《我們應該怎樣》，《國訊》1944 年第 385 期。
〔註25〕黃炎培：《一封公開的信》，楊力主編：《中國抗戰大後方中間黨派文獻資料選編》上冊，重慶出版社 2016 年版，第 51 頁。
〔註26〕黃炎培：《中國抗戰四年來的覺悟與今後青年應有的努力》，楊力主編：《中國抗戰大後方中間黨派文獻資料選編》上冊，重慶出版社 2016 年版，第 74 頁。

國家民族的危亡，國人必須付諸一種實實在在的行動與精神。跟黃炎培不同，青年黨巨頭左舜生從國民道德的高度來強調國人必須對國家懷有奉獻精神。他在文章中寫道：「要做一個現代獨立國家的國民，愛國是他必具的道德之一，其表現此種道德之極致，在平時即應視國家的痛癢如自身的痛癢，視國家的休戚如自身的休戚，視國家的榮辱如自身的榮辱；父母應當愛，為國家之故，有時即對父母之愛亦不得不轉移；妻子可以愛，為國家之故，有時即對妻子之愛亦不能不拋棄；至在戰時，即國家遭受著一種最大危難的時候，假如已經到了需要我把生命去貢獻，我們即應該毫無猶豫的直任不辭，中國聖賢說的所謂『戰陣無勇非孝』，所謂『臨危受命』，所謂『臨大節而不可奪』，便完全是指這種最高道德而言，其意義明白深刻而有力，我們歷史上許多為國家民族而奮鬥而犧牲的偉大人物，便都是躬行實踐這種最高道德信條的代表。」〔註27〕所以，左舜生在告訴國人，為國家民族奉獻自己的一切，既是現代公民的基本道德，也是中華文化的優良傳統。

既然如此，全面抗戰階段那些投敵叛國的行為自然成為中間派人士聲討與譴責的對象。當以汪精衛為首的國民黨集團不顧民族大義，公然投敵時，沈鈞儒、鄒韜奮等對汪精衛的投日行徑進行全力聲討，他們在致蔣介石的電報中說：「汪兆銘背黨叛國，通敵求和，違反國策，惑亂人心，固革命政黨所不容，亦全國人民所共棄。」〔註28〕陶行知則在接受記者採訪時聲言：「有人說，汪逆已經掉下茅廁坑，遺臭萬年，無甚作用了。我覺得不能這樣看。就因為他掉下茅坑，才播下一坑蛆，變成一群群紅頭大蠅，到處撒霍亂病菌，我們不但要討汪，而且要徹底肅清蒼蠅和虎列拉——漢奸。」〔註29〕而心理學家潘菽則對自甘為奴的漢奸強烈譴責道：「漢奸，唉，我們把世界上一切卑鄙、下賤、無恥、盜竊、姦邪合併起來都不足以代表他們的罪惡。把字典上一切要不得的字都聚集起來都不足以形容他們的嘴臉。社會上殺人越貨，罪列一等的大盜仍有他們的信義和魯直這種可取的方面。當他們被綁赴刑場時，我們一方面固然覺得他們罪有應得，但一方面也覺得他們有點可憐。惟有漢奸的罪惡是絕對的，是無可寬恕的。當一個漢奸要（被）槍斃時，我們不但痛快之至，並且恨不得

〔註27〕 左舜生：《抗戰與國民道德的最高表現》，《國光旬刊》1938年第7期。
〔註28〕 《沈鈞儒、鄒韜奮等申討汪精衛叛國投敵的快電代郵》，周天度、孫彩霞編：《救國會史料集》，中央編譯出版社2006年版，第537～538頁。
〔註29〕 《我們對於國民參政會第四屆會議的意見》，楊力主編：《中國抗戰大後方中間黨派文獻資料選編》下冊，重慶出版社2016年版，第1140～1141頁。

多咬他幾口肉下來才行。」〔註30〕

除了對充當日寇鷹犬的真漢奸進行嚴厲譴責外，那些在民族危亡關頭不事抵抗或只顧私利的準漢奸，同樣成為中間派人士的批評對象。比如左舜生在文章中寫道：「除掉若干甘心去做敵人傀儡的漢奸不值一論而外，其他像有力的不肯出力，有錢的不肯出錢，惟求一己的安全，不顧國家的死活；惟問自己在國外銀行有無存款，不顧國家的經濟財政陷於如何的困窘；如此等等的漢奸，超漢奸，也還是到處都有的。對於一個無知無識，無食無衣，既愚且貧的分子，他對國家不能有任何積極的貢獻，甚至做出多少越軌的行為，這在無可原諒之中，還不無可以原諒之外；惟有這班富有知識，或坐擁厚資，到今日這個時候，仍不願為國家效涓埃之助，甚至做出漢奸，準漢奸，超漢奸的行為，才實在是罪無可恕。」〔註31〕左氏的批評目的就是勸喻國人，在國家存亡的緊要時刻，所有人，特別是有知有識、有才有資之人都應該站出來保家衛國，真正做到有錢出錢、有力出力，否則就與漢奸無異。其後，青年黨又在其全國代表大會宣言中再次強調類似於左氏的觀點：「今天中國的抗戰只是士兵的抗戰，而不是全民的抗戰。各地壯丁的徵拔，勞役的負擔，都未能符合公平的原則，所謂『有力者出力』已難盡如事實。而多數知識分子，富商大賈，或遠遁後方，浪費資力；或寄財異國，逃避服役。不肖官紳更從而上下其手，假借名義，魚肉平民，所謂『有錢者出錢』更屬空文。」〔註32〕相對於青年黨人的批評，王崑崙的言論也許更加尖銳與嚴厲。他對那些逃避抗戰的國人聲討道：「你逃避抗戰的人們，大概是為了害怕抗戰吧？抗戰將要到來的時候，你們為了害怕而反對發動抗戰，結果敵人不是因為你們怕戰而不來。抗戰終於不免了，你們又說這抗戰發動得太早，反對別人堅持抗戰的主張。你們認為再戰下去，中國會一定失敗到底。這是理性上得來的判斷嗎？是你禁不起大炮的轟，飛機的炸──害怕！敵人要攻廣東了，你掩耳盜鈴地幻想著因英國的掩護而幸免。你終於棄城而逃了，敵人還沒有到城邊！為什麼？害怕！敵人剛一攻上岳州，忽然自己放火燒了長沙──提前誤用了焦土的辦法。為什麼？害怕！在後方，每天翻開報紙，不注意我們的反攻，只看到敵人的進展，心裏想著，『敵人早晚會到四川，敵機今天來炸重慶！』這為

〔註30〕潘菽：《漢奸的心理分析》，《新民族》1938 年第 3 期。

〔註31〕左舜生：《抗戰與國民道德的最高表現》，《國光旬刊》1938 年第 7 期。

〔註32〕《中國青年黨第九次全國代表大會宣言》，楊力主編：《中國抗戰大後方中間黨派文獻資料選編》上冊，重慶出版社 2016 年版，第 174 頁。

什麼？害怕！」〔註33〕或許王崑崙的話語難免有點情緒化色彩，但其抗戰的決心與愛國的熱情無疑得到了淋漓盡致的展現，並且對每一個血性的炎黃子孫來說，也是一種很好的激勵。

中間派人士在抗戰時期為踐行中間路線所表現出來的這一系列救亡立場與抗戰主張，與其說是證明其自身堅決抗戰的志節，不如說也是其所信奉的中間路線堅決抵抗日寇侵略的最好表證。正因為如此，隨著日寇侵略的步步緊逼，堅決抵抗成為中間派人士應對外來侵略的唯一選擇。盧溝橋事變發生後，作為自由知識分子代表的胡適在《〈獨立評論〉編輯後記》中寫道：「在此際我們只願表明我們的態度與決心：我們必須抵抗，如地方當局所表示，敵方再不速停射擊，我們唯有準備大犧牲。」〔註34〕而同為自由知識分子的張佛泉則呼應胡適的觀點說：「無論如何，我們卻只有一條路，即，小來自然抵抗，大來亦自然只得抵抗！絕沒有不戰而退，以大好河山拱手送人的道理！東四省的丟，是歷史上絕無僅有的事！做亞比西尼亞是一件悲慘但卻壯烈的事！但如我們之送東北，卻是怎樣也講不通！」〔註35〕青年黨人也在社論中應和道：「我們自來是主戰的，我們到現在仍然堅決主戰，而且堅決相信最後勝利一定屬於我們。」〔註36〕可見，對奉行中間路線的廣大中間派人士而言，在日本侵略者的鐵蹄下，任何妥協苟安的想法與行動，只能招致更大的損失與屈辱，相反，只有堅決抵抗，才是國家民族的唯一生路。

二、強調一致對外

堅決抵抗日寇的侵略，固然是中間派人士踐行中間路線過程中的基本主張，但是如何抵抗呢？囿於各自識見與政治立場的差異，使得彼此在具體主張的言說中存在許多差別，不過從宏觀上看，一致對外，無疑是他們禦侮主張中的共同傾向。因為只有團結起來，共赴國難，才能真正抵抗日寇的進攻，並取得最後的勝利。誠如胡適所說：「我們要禦外侮，要救國，要復興中華民族，這都不是在這個一盤散沙的社會組織上能做到的事業。」〔註37〕而青年黨巨頭

〔註33〕王崑崙：《新年告逃避抗戰的人們》，《時事類編》1939 年第 29 期。
〔註34〕胡適：《〈獨立評論〉編輯後記》，《獨立評論》1937 年 7 月 18 日。
〔註35〕張佛泉：《我們沒有第二條路》，《獨立評論》1937 年 7 月 25 日。
〔註36〕國論社同人：《我們對於抗戰的認識與信念》，《國論週刊》創刊號，1938 年 2 月 19 日。
〔註37〕胡適：《慘痛的回憶與反省》，《獨立評論》1932 年 9 月 18 日。

余家菊從其國家主義立場出發號召大家說：「今日惟一的問題，只是國家的生死問題，我們惟一的論點，只是國家的利害得失，我們當用嚴肅的態度，冷靜的頭腦，為國家覓取可行有效的途徑，至於黨的存在，本來只是為的國家，並不是國家為黨存在，這是我們自來一貫的信念，也是我們對其他一切有黨籍的人們一個誠懇的期待。假如到了這樣一個危機的時刻，為國家說話，一切是非利害的準則，仍不能脫去黨的臭味，這是難保不引起一般國民的厭惡的。」〔註38〕余家菊明確主張，在國家民族的危急時刻，所有人都應打破黨見私利，一切以國家利益為最高原則，團結起來共赴國難。

所以，青年黨人陳啟天為強調一致對外的重要性，特地以中國政府長期以來在對外戰爭中喪權辱國的教訓來警示國人。為此他針對日寇不斷入侵的事實建言道：「日本既以武力侮辱中國及中國全體人民，即以正式入了國際戰爭狀況。凡國際戰爭應為全國的，不是局部的，然後可以獲得最後的勝利。但是中國近百年來的對外戰爭幾無一不是局部的，而非全國的。甲午戰爭，只局限於北洋的局部。庚子戰爭，只局限於平津的局部。中東路戰爭，只局限於東北的局部。其他各地無一次不是觀望，以故無一次對外戰爭不失敗。因為外國用整個國家的力量向中國進攻，而中國只有以局部的力量去抵抗，何得不失敗？」〔註39〕陳啟天的意思是，中國政府之所以對外戰爭屢戰屢敗，根本原因是局部抗戰，故而在對日戰爭中，若想不重蹈覆轍，就必須一致對外，以求得最後的勝利。而救國會人員鄒韜奮，為了防止國人面對外患產生以鄰為壑或明哲保身的心態，針對日本人與一批漢奸所挑起的所謂「華北自治」問題著文說：「我們要大聲疾呼，敬告全中國的大眾，我們當前最嚴重的問題，是全民族爭生存的問題；表面上看上去似乎有些像是局部問題，實際上所謂局部的問題，便是這全民族爭生存的整個問題的一部分，孤立著是解決不了的，離開全局問題是解決不了的。嚴格說起來，無所謂東北問題，華北問題，就是整個中國的生死問題。這一點倘若不徹底弄明白，無異把自己眼睛掩閉著，一直往著死路上跑……現在鬧著華北問題，倘若仍舊存著從前對於東北問題一樣的態度，不堅決地看作這是整個中國生死存亡的問題，而僅認為是華北的局部問題，那除非是聽任華北做東北第二，全中國做華北第

〔註38〕余家菊：《關於國民參政會》，楊力主編：《中國抗戰大後方中間黨派文獻資料選編》上冊，重慶出版社2016年版，第243頁。
〔註39〕陳啟天：《全國總動員援助馬將軍抗日到底》，《民聲週報》1931年第8期。

二，絕對得不到其他的結果。」〔註40〕其實，鄒韜奮跟陳啟天的觀點比較類似，彼此都是告訴國人：中華民族作為一個國家，無論外敵入侵國內哪個地方，全國人民都應該團結起來共同對敵，否則，任何隔岸觀火、視他者為秦越的思想行為，只會造成唇亡則齒寒、戶破則堂危的嚴重後果。

就然如此，奉行中間路線的中間派人士面對國家內爭不斷、一盤散沙的現實，為推進全國一致對外局面的出現，一方面大力倡言團結，另一方面嚴厲譴責內爭。

就前者而言，左舜生針對國民黨「四全大會」為實現全國團結而決定召開的「國難會議」建言說：「我們理想中的『國難會議』，不是一個虛應故事的東西，也不是一個敷衍殘局的工具，它應該是在這個國難期中能夠徹頭徹尾去完成他救國工作的惟一機關。」「它應該是全國經濟，智慧、良心的總團結。因此之故，所代表的方面要多，而分子不宜太雜。人選標準，應該以在民眾的信用一點上站得住腳的為主，不要以為這是可以用來敷衍任何方面或控調任何方面的一種工具。」〔註41〕左舜生的本意是在告誡國民黨，既然是為應付國難而召開的會議，那就應該把各派政治力量的代表包羅其中，並整合成一個共同禦侮的統一體，而不應借國難之名，行欺世之實。

跟左氏不同的是，翁文灝則建議國人在大敵當前的情況下，不要再過多地去責備政府，而應該在政府領導下一致對外。他說：「到了這樣時候，大家不滿意政府是天然的。中國弄到如此樣子，自然是大家都有不是，雖然略有程度不同。不過因為不滿意而只管你罵我，我罵你，是無用的。彼此自家相打更不應該。在這個危急存亡的時候，我們更需要一個政府，而且要一個有力量能負責的政府。我們不應該破壞政府，只希望政府不要破壞自己。同時各部分的人都應該自盡他的職責，不要過於依賴政府的領導。」〔註42〕翁文灝的意思非常清楚：國家受辱，固然是政府不好，但作為國人同樣也有責任；如果只一味地停留在批評政府與追查責任的層面上，即使出發點是好的，也不會有好的成效；故而，明智的做法，就是放棄抱怨與責備，積極主動地團結在政府的周圍，盡力盡責地做好本職工作，國家才有得救的希望。另外，丁文江也呼籲道：「中國今日已到了死中求生的地步。無論內爭的結果如何，

〔註40〕鄒韜奮：《華北問題》，《大眾生活》1936年第3期。
〔註41〕左舜生：《我們理想中的「國難會議」》，《民聲週報》1931年第9期。
〔註42〕翁文灝：《我的意見不過如此》，《獨立評論》1932年8月28日。

在今日都不能算帳。當局的人果真能為最後的掙扎，國民當然要同他站在前線準備犧牲。」〔註43〕面對民族危亡的加深，向來以批判國民黨著名的救國會，也強調團結起來共同抗日，其在初步政治綱領中明確宣稱：「救國陣線目前的主要任務，是促成全國各黨各派徹底團結共同抗日。」「救國陣線的共同敵人，是日本帝國主義和漢奸。」同時倡議：「我們主張各實力派同時釋放政治犯；主張大家捐棄前嫌，不咎既往。有些人過去即使曾有危害民族利益的行為，只要他們能毀家紓難，捨身為國，我們要同樣的毫不歧視的認為同志。」〔註44〕顯然，在救國會諸君子的眼中，救亡是一件迫在眉睫的要務，而團結則是實現救亡所必需的前提。

當國共兩黨在救亡問題上日趨積極時，中間派人士也一改從前的批評立場，而表示熱烈的歡迎與擁護。如中國共產黨在 1935 年發表《八一宣言》後，就獲得了中間派人士的廣泛好評，其中張東蓀在《評共產黨宣言並論全國大合作》一文中說：「以一個向來主張完成世界革命使命的黨現在居然說為國家獨立與祖國生命而戰了。以一個向來受命於第三國際的黨現在居然說中國人民的事應由中國人自己解決了。以一個向來主張用階級鬥爭為推動力對於一切不妥協的黨現在居然說願意與各黨派不問以往仇怨都合作起來，這是何等轉向，這個轉向是何等光明！我們對於這樣勇敢的轉向又應得作何等佩服！」〔註45〕沈鈞儒、章乃器、陶行知、鄒韜奮等則在其聯名發表的聲明中明確表示贊成和支持該宣言所提出的停止內戰、聯合各黨各派共同抗日救國的主張，他們在聲明中說：「中國共產黨於去年八月一日發表宣言，主張停止內戰，聯合各黨各派，共同抗日救國。中國紅軍領袖也迭次發出通電，籲請各方面停戰議和，一致對外。我們贊成中國共產黨和中國紅軍這一政策，而且相信這一個政策會引起今後中國政治上重大的影響。」「我們所希望的，中國共產黨要在具體行動上，表現出他主張聯合各黨各派抗日救國的一片真誠。因此，在紅軍方面，應該立即停止攻襲中央軍，以謀和議進行的便利；在紅軍佔領區內，對富農、地主、商人，應該採取寬容態度；在各大城市內，應該竭力避免有些足以削弱抗日力量的勞資衝突。這樣，救亡聯合戰線的展開，才不至

〔註43〕丁文江：《假如我是蔣介石》，《獨立評論》1933 年 1 月 15 日。
〔註44〕周天度、孫彩霞編：《救國會史料集》，中央編譯出版社 2006 年版，第 104～105 頁。
〔註45〕中國人民大學中共黨史教研室編：《批判中國資產階級中間路線參考資料》第 2 輯，中國人民大學 1959 年版，第 215～216 頁。

受到阻礙。」〔註46〕因為在中間派人士看來，中國共產黨這種政策的改變，對於全國團結一致、共同抗日局面的形成與出現，有其不可估量的意義。不僅如此，七七事變發生後，那些長期疏離甚或敵視國民黨的中間派人士紛紛表示擁護國民黨的領導。其中，救國會領導人沈鈞儒等在對外發表談話時說：「在獄時讀蔣先生廬山談話，深為感動，當即拍電表示熱忱。出獄後來京晉見黨政軍當局，大家對於抗戰決心，表示完全一致，至於戰略上時間與空間之把握，自應由政府作最妥善之設計。又此次黨政軍領袖所表示對國內問題，無不以寬大仁厚、坦白直率為依歸。此與全國民眾之所祈求者，真可謂上下一心。」〔註47〕字裏行間透露出的全是對國民黨的擁戴之意，讓人根本感覺不到沈氏等曾是剛被國民黨從監獄所釋放的不同政見者。

　　隨著第二次國共合作正式開始，第三黨人為推動全國團結，在《〈抗戰行動〉創刊辭》中號召說：「在患難相共、危舟同濟的今日，全國上下必須齊一意志，共同掙扎，已屬客觀邏輯的定則。所謂內部摩擦與相互攻訐，不僅違反客觀的要求，而於民族生存的大業，更有異常惡劣的影響。」〔註48〕職教社領袖褚輔成針對廣州、武漢相繼失守所帶來的消極影響，更是以國民參政員的身份大聲呼籲國人必須團結，為此在接受記者採訪時說：「今天的參政會，我想是應該更進一步推進國內的團結，來消滅這種不安的現象與毒害抗戰的氣氛。以鐵的團結事實，來粉碎敵人的陰謀，這是人們在今天困難環境和條件下必要的手段。唯有鐵的團結，才能毀滅敵人併吞我國、滅亡我民族的幻想；唯有鐵的團結，才能獲得國際更多更大的同情與援助；唯有鐵的團結，才能取得最後的勝利。」〔註49〕救國會領袖陶行知則直接對那些不顧民族利益仍然鼓吹反共的人提出強烈批評：「在抗戰處於困難的現階段，精誠團結應成為一個更重要的課題。但有少數人還不懂這是國家民族存亡的關鍵，因此抗戰已兩年多了，還有人喊著反共或排除異己。要指導反共是世界侵略者的口號，是敵寇慣喊的口號，同時是汪逆叛徒正在用的口號。」〔註50〕致公黨領導人司徒美堂在皖南

〔註46〕沈鈞儒等：《團結禦侮的幾個基本條件與最低要求》，《生活教育》1936 年第 11
　　　　期。
〔註47〕記者：《沈鈞儒等訪馮閣》，《申報》1937 年 8 月 8 日。
〔註48〕《創刊詞》，《抗戰行動》創刊號，1938 年 2 月 1 日。
〔註49〕褚輔成：《唯有鐵的團結，才能取得最後的勝利》，《新華日報》1938 年 10 月
　　　　31 日。
〔註50〕陶行知等：《我們對於國民參政會第四屆會議的意見》，楊力主編：《中國抗戰
　　　　大後方中間黨派文獻資料選編》下冊，重慶出版社 2016 年版，第 1140 頁。

事變發生後，致國共兩黨領導人電文中說：「蓋我全中國抗戰，我四萬萬五千萬同胞人人須要出財出力，甚至出命，團結一致，以爭取整個國族的生存。萬不容任何黨派各自為戰，各自為政，更不容任何黨派互相傾軋，貽誤抗戰以至亡國。今為我整個國族爭取生存計，美堂等敢以血誠，向我國共兩黨呼號，敦請公等速行負責，解決兩黨糾紛，放棄前嫌，重修兄弟之好，攜手抗戰，先使河山光復，領土完整；即使將來之神州禹域，楚弓楚得，無論何黨獲主中原，我海外僑胞亦皆服從。惟此時此際，因國共兩黨爭奪領導地位，分裂祖國，以致淪人民子子孫孫於萬劫不復之境，則其罪惡，子孫萬代亦莫之能恕也。」〔註51〕顯然，各位中間派人士希望國人，尤其是國共兩黨在民族危亡的緊要關頭緊密團結起來，共同抵抗日寇的侵略。

其後，為了更好地推動團結進行抗日，中間派人士以原有的各黨派為基礎組成中國民主政團同盟，並在其對時局的主張中明確提出：貫徹抗日主張，恢復領土主權之完整，反對中途妥協；加強國內團結，所有黨派間最近不協調之點，亟應根本調整，使進於正常關係；督促並協助中國國民黨切實執行抗戰建國綱領；確立國權統一，反對地方分裂，但中央與地方須為權限適當之劃分，軍隊屬於國家，軍人忠於國家，反對軍隊中之黨團組織，並反對以武力從事黨爭。〔註52〕民盟希望國共兩黨在事關民族利益的前提下，各自應主動調整那些易於造成矛盾衝突的政策，以增強彼此間的團結與信任，齊心協力打擊侵略者。針對國共兩黨在抗戰中的摩擦事件，中國民主政團同盟則儘量斡旋於其間，以彌合因此而產生的裂縫。並且為喚起兩黨對團結禦侮的重視，民盟在公開發表的談話中指出：「不團結即分裂，分裂即陷國家民族於死亡，故中國之必須團結，不僅為我全國國民一致的希望，亦即為與我並肩作戰的各友邦所一致期待。」〔註53〕民盟即是說，團結不僅關係到國家民族的生死存亡，而且也是全國人民與國際友邦共同的心願。

就後者而言，傅斯年在文章對國民黨在大敵當前的情況下仍忙於內爭、無

〔註51〕《美洲洪門總幹部監督司徒美堂等致國共兩黨領導人電》，楊力主編：《中國抗戰大後方中間黨派文獻資料選編》上冊，重慶出版社2016年版，第252頁。

〔註52〕《中國民主政團同盟對時局主張綱領》，中國民主同盟中央文獻資料委員會編：《中國民主同盟歷史文獻（1941～1949）》，文史資料出版社1983年版，第8頁。

〔註53〕《中國民主政團同盟對目前時局的看法與主張》，中國民主同盟中央文獻資料委員會編：《中國民主同盟歷史文獻（1941～1949）》，文史資料出版社1983年版，第21頁。

所作為的現實批評道:「『九一八』事件一出,我們以為大家總要革面洗心,人
盡其能,共赴國難,當時未嘗不引『敵國外患所以安國』之談以自慰。然而不
然!起初是和會的一陣文章,黨國領袖人物曾表示其『誠意』於天下;其繼是
倉皇辭廟,遂駕東周,及南北軍閥對滬戰反應之百分冷淡;最近是以所謂抵抗
計劃引其來汪精衛辭職;到了今天,不特抵抗的工作不曾辦,並如此這般的一
個政府也弄得不上不下,若有若無了。今天若想廣州不做撤腿(退)的文章,
南京肯做積極的工作,漢口不謀局面的開展,北平有個振作的精神恐怕沒有多
人相信吧?這樣的漁陽鼙鼓驚不破北平的羽衣曲,引不出漢口的輪臺詔,振不
起廣州的勤王意氣,碎不了南京的六朝風度,則中華民族更有何希望呢?」〔註
54〕作為歷史學家的傅斯年,以自己特有的學識素養,旁徵博引,對國民黨忙
於內鬥、疏於禦侮的做法,進行了嚴厲的譴責與深刻的諷刺。

相對於傅斯年的含蓄,陳啟天的批評可要直接得多,他說:「果然,中國
內部之變,行將出現。一致抗日的新局面,不但我們所主張的國防政府一時無
法產生,即國民黨所謂和平統一會議,也不和平,不統一,連會議也不會議了。
什麼主席問題,什麼總司令問題,什麼四全大會問題,都是國民黨要人爭執的
主要問題。國難當前,猶不覺悟。國民黨已執政權的人不肯絲毫讓給黨內的政
敵,同時未執政權的人,也不肯絲毫讓給黨內的政敵。像這樣爭執下去,中國
不將為國民黨的黨爭所亡了⋯⋯我們要鄭重勸告國民黨的人們:你們如果還
記得孫中山先生臨死時『和平,奮鬥,救中國』的呼聲,你們便不應只是爭奪
權利以亡中國⋯⋯你們之中如果還有人良心未死,便應該捨黨為國,停止黨
爭,共赴國難。不然,你們彼此既都是同志,究有何仇怨,不惜以國家為犧牲
而從事黨爭呢?」〔註55〕這裡,陳啟天雖然沒有明說國民黨內爭是引發外患之
源,但無疑指出其是加重外患的重要因素。

作為中間路線踐行者的中間派人士站在救亡的高度,除了批評國民黨自
身內鬥外,對其為維護黨見黨利而鎮壓異黨異見的行為進行譴責。當救國會
「七君子」〔註56〕因要求抗戰而被國民黨政府逮捕關押後,救國會同人撰文呼
籲道:「我們要求爭取沈老先生等的自由,因為沈老先生等的自由,也就是我
們中國人愛中國的自由;沈老先生等有罪,同時就是一切愛國民眾都有罪。沈

〔註54〕孟真(傅斯年):《「九一八」一年了!》,《獨立評論》1932 年 9 月 18 日。
〔註55〕陳啟天:《國難與黨爭》,《民聲週報》1931 年第 6 期。
〔註56〕七君子指:沈鈞儒、王造時、李公樸、沙千里、章乃器、鄒韜奮、史良七人。

老先生等主張聯合各黨各派，主張抗戰，主張民主，如果有罪，那麼，以後主張聯合、抗戰、民主的每個中國人，都會成為罪犯的危險，我們不能任某些人再走入害怕民眾運動、違反民眾的路上去。我們要求沈老先生等的自由，也就是要求政府更加堅定地和民眾合作。否則，他們又要和民眾離得更遠。」〔註57〕救國會同人的此種呼吁，其實是在批評國民黨為自己利益而故意製造與民眾的矛盾和隔閡，嚴重影響了中華民族的抗日救亡運動。當皖南事變發生後，宋慶齡、柳亞子等致書蔣介石道：「今日敵人既瀕敗境，惟欲我抗建實力之削弱，以至於消滅，於是惟欲我發動剿共以造成無限制之內戰。而在我痛心敵人以戰養戰之陰謀，應從扶植淪陷區域各種抗日實力入手。力避敵人以華制華之毒計，當於保障國內絕不釀成分裂開端，蓋已成為莫可爭辯之關鍵。誠如此……功罪之分，成敗之界，至為明顯，非獨國人所深知，抑亦敵友所均悉。」〔註58〕因為他們知道，國民黨及其政府這樣一種只顧黨見黨利而不顧民族安危的行為，無異於是親痛仇快、自殘手足之舉。

同理，站在民族利益的角度，中間派人士對中國共產黨的暴力革命並不是沒有批評的。有人在《覆巢之下各黨各派》一文中說：「今日共產黨人如欲日禍滔天之會，加緊赤化，是速中國之亡也……共產黨亦要國家，需舞臺，此時自應停止破壞工作，一致抗日！」〔註59〕此外，中間派人士還對中國共產黨的親共產國際政策提相當反感。第三黨也與中國共產黨劃清界限說：「共產黨純粹是國際的，而我們是帶有民族性的；共產黨以中國革命為手段，而我們的目的就是中國革命。」〔註60〕青年黨人則常把中國共產黨視作「國賊」的化身和代名詞，因為它們覺得對共產黨而言，挽救民族的危機不是最重要的，無產階級革命與國際工人運動才是第一位的。

中間派人士在宣揚反對內爭、團結抗戰主張的同時，為顯示中間路線的禦侮救亡立場，在全面抗戰爆發後，紛紛向國民黨及其政府表達一致對外的主張，即使以前經常批評或反對國民黨的青年黨、救國會及第三黨，也未能例外。其中，國社黨領袖張君勱在「致蔣介石汪精衛的信」中說：「更有進者，

〔註57〕《關於沈鈞儒等案的真相》，《救國時報》1937年5月25日。
〔註58〕沈桂萍、程宇編：《影響20世紀中國的100封信》，湖南文藝出版社1999年版，第226～227頁。
〔註59〕《覆巢之下各黨各派》，《大公報》1932年2月20日。
〔註60〕曾憲林、萬雲編：《鄧演達歷史資料》，華中理工大學出版社1988年版，第218頁。

方今民族存亡，間不容髮，除萬眾一心，對於國民政府一致擁護而外，別無起死回生之途。吾輩同志之中，有參加民元之革命者，與反對洪憲之帝制者，平日自命對於中山先生創建民國之工作，亦嘗負弩前驅；因此，愛護民國之心尤為深切。則今日強寇放張，竊據僭起之際，尤當追隨公等之後，鞏固主權，保全國土，使中華民國長保昔日之光榮，且得今後之自由發展。」〔註61〕不僅如此，張君勱還致信中國共產黨領袖毛澤東，希望中國共產黨及其武裝力量在國民黨領導下一致對外。為此，他在信中說：「蓋國家遭此大難，其存其亡，間不容髮，內部多一分誠意，即抗戰增一分實力。如公所謂動員民眾與政治民主化云云，非各方誠信既孚，絕無實現之望。苟在蔣先生領導之下，而別有一黨焉，自有黨軍，自有特區，自標馬克思主義，則先生所提出之『長期合作方式中之民族聯盟』如何而有實現之可能乎？目前之障礙，既此三點，應謀所以消除之，乃能達於真正之團結。吾輩既存心於禦外敵報祖國而念念不忘者為國家至上之一義，則何必沾沾於一黨一派之利益而不肯拋棄之乎？」〔註62〕由此可見，張氏在致國共兩黨領袖的信中，不僅表達了自己及其黨人願意在國民黨領導下共赴國難的立場，而且也希望中國共產黨及其武裝力量也像他一樣接受國民黨領導、共同抗擊日寇的侵略。儘管書信中不免流露出幾分書生意氣，但其熱愛國家的赤誠畢竟是毋庸置疑的；並且其此種抗戰主張，應該說在中間派人士中富有一定的代表性與權威性。比如，1937 年 9 月1 日，救國會章乃器在《申報》上發表的《少號召多建議》；1938 年 4 月 30日，青年黨代表左舜生在《國論週刊》第 11 期發表的《中國青年黨代表左舜生致蔣介石汪精衛函》等；都表達了跟張君勱相似的意思，即在自己願意接受國民黨及其政府領導的前提下，也希望全國各種政治力量都能在國民黨領導下同仇敵愾、共同抗日。

故而，正是為了表示自己一致對外、共同抗日的誠意，中間派人士在大敵當前的情況下，一改此前批評國民黨、非難國民政府的立場，紛紛投入到國共兩黨所組成的抗日民族統一戰線之中。更有自稱只做國民黨諍友的胡適，不僅站在政府立場，對地方勢力挑戰中央的行為予以譴責，而且還加入到政府中去，充當起國民黨的「過河卒子」。此外，其他一些中間派人士如翁文灝、蔣

〔註61〕張君勱：《國家社會黨代表張君勱致僅僅是汪精衛信》，中國人民大學中共黨史教研室編：《批評中國資產階級中間路線》第三輯，中國人民大學 1962 年版，第 4 頁。

〔註62〕張君勱：《致毛澤東先生一封公開信》，《再生》1938 年第 10 期。

廷黻、吳景超、胡適、陳之邁、周炳琳等,在救亡這一時代主題下,也如同胡適一樣先後加入到國民政府之中,成為體制內的一員。

中間派人士在大敵當前的情況下,表示接受國民黨領導,並不意味著放棄自己原有的立場來維護國民黨的統治,相反,而是希望通過抗日救亡活動的開展,來宣揚與落實自己所屬政治路線的主張。比如,第三黨在其「抗戰時期的政治主張」中說:「現在的抗日戰爭,已經在政府領導之下,全面展開,民族存亡,繫此一舉,我們為忠實我們歷來的主張,必須竭盡能力,效忠於抗日的神聖的民族的解放戰爭;同時必須爭求上列戰時政治主張的實現,以保障抗戰勝利的前途,達到民族獨立自由平等的目的。」〔註63〕

第二節　建構現代國家

如同挽救民族危亡一樣,建立一個怎樣的現代國家?可以說這也是鴉片戰爭以來,先進中國人為之不斷思索與求證的命題,但無論是魏源的《海國圖志》、洪仁玕的《資政新篇》、康有為的《大同書》、孫中山的《三民主義》、陳獨秀胡適們的「民主與科學」等觀念上對現代國家的建構,還是洪秀全的太平天國運動、曾國藩的自強求富運動、康有為的維新變法運動、孫中山的辛亥革命運動等實踐上對現代國家的追求,其不但沒有建立起一個現代國家,相反,在某種程度上導致這個本已破敗不堪的國家與民族,在外患不斷的情況下更風雨飄搖。所以,20年代末,隨著國共兩條政治路線鬥爭日益激烈的現實而逐步成形的中間路線,自然把建立現代國家當作自己重要的政治目標,希望以此來根治中華民族長期以來積弱疾病、內憂外患的弊病;但鑒於其信奉者內部思想的多元性與組織結構的多重性,故而在對建立現代國家內容的表述上,呈現出見仁見智的局面。不過,就其中的代表性觀點和影響而言,主要有張君勱代表國社黨所提出的建國方案與羅隆基代表民盟所提出的建國方案。

一、張君勱的國社黨建國方案

張君勱,作為國社黨領導人與著名中間派人士,自清末留學日本開始就一直思考如何把中國建立成一個現代國家,並藉此實現挽救民族危亡進而實現

〔註63〕《中華民族解放行動委員會抗戰時期的政治主張》,《抗戰行動》1938年4月第6期。

民族復興的目的。所以，隨著自己長期對中國政治、社會的觀察與思考，張君勱在表達建國方案的主張時也顯得愈發清晰。

其一，力行憲政。憲政，作為一種政制觀念，是 19 世紀末開始傳入中國的，梁啟超就是當時宣揚憲政思想的代表人物，而年輕的張君勱也正是在這樣的氛圍中走上了憲政救國之路，並一直為其而奮鬥。如其多年後在回憶自己憲政情懷的心路歷程時說：「我自青年時代即有志於制憲事業。留學日本時，讀威爾遜國家論，蒲萊士美國共和政治，陸克氏政府論，彌爾氏代議政治論，與安森氏英國憲法及其慣例各書。迄於民初，國會或私人團體討論或擬訂憲草，我好與之往還，貢獻意見。他國憲法制成之日，我每求先睹，譯而出之，供國人瀏覽，如蘇俄第一次憲法及德國魏瑪憲法，皆由我介紹於國人。民七之際，上海有八團體國是會議，此會所草憲法，即為我之底稿，嘗著國憲議一書以說明之。國民政府孫哲生先生議憲之日，屢邀參加，我則以基本條件不具辭之。抗戰之中有所謂憲政期成會，憲政實施協進會，雖既往經驗之昭示，將為有頭無尾之局，然以情勢難卻而側身其中。」〔註64〕張君勱通過這短短的自述，把自己對憲政的執著和熱情淋漓盡致地展現在世人面前。

但事與願違，自清末開始，張君勱就投身到中國憲政事業之中，期間為實現自己的理想，甚至不惜屈身於北洋軍閥的卵翼之下，可直到北洋政府的覆滅，其憲政事業仍縹緲無期。為了守望自己的理想，張君勱在國共相爭的政治格局中，不僅集合同志組建國家社會黨，而且繼續宣揚自己的憲政主張。其在與青年黨人合辦的《新路半月刊》發刊辭所提出的「十二條」政治主張中就明顯包含自己的憲政理想，如主張民主政治，反對帝制及一階級專政、一黨專政；主張言論結社自由，反對以黨治或軍治之名義剝奪人權；主張確立文官保障制度，反對事務人員之任意進退及黨化；主張司法完全獨立，反對司法之黨化及軍法裁判之濫用；主張軍隊應用於國防，反對軍隊供私人或黨派內訌之用。〔註65〕張君勱在這裡雖然沒有明說要實行憲政，但如果把其跟當時國民黨所揭櫫的「約法之治」與「黨在國上」的主張聯繫起來，就不難明白，張君勱所提出這些政治主張的實質，其實就是呼籲國民黨實行憲政，因為其觀點中所涉及的核心思想，就是政治民主化、軍隊國家化、人身自由化、司法獨立化、用人制度化等有關憲政方面的內容。此後，張君勱又在 1932 年 5 月《再生》創刊號

〔註64〕張君勱：《中華民國憲法十講·自序》，上海商務印書館 1948 年版。
〔註65〕《發刊辭》，《新路半月刊》1928 年第 1 期。

上發表了《我們所要說的話》，明確提出了「九十八條政綱」。就其精神與理路而言，這些政綱內容，可以說既是張君勱對自己長期憲政思考的一種總結，也是《新路半月刊》中「十二條」政治主張的一種延續與擴展。不過鑒於國民黨高壓的政治現實，張君勱仍如20年代末一樣，刻意地迴避了「憲政」二字，以免招來國民黨及其政府的打壓。

隨著七七事變爆發，國民黨出於團結全國力量進行抗戰的需要，不得不在政治上表現出某種開明的姿態，而中間派人士通過參政會這樣一個參政議政平臺，也加強了彼此間的團結與合作。因此，張君勱借助於這樣一種良機，跟其他中間派人士一起，從抗戰或建國的角度，呼籲國民黨盡快地實行憲政。其中，在1939年9月重慶召開的國民參政會上，張君勱跟青年黨代表左舜生、第三黨代表章伯鈞等聯合提出《請結束黨治，立施憲政，以安定人心，發揚民心而利抗戰案》和《改革政治以應付非常局面案》。提案基於抗戰的需要，明確提出立即結束黨治、實行憲政的主張；並就憲政的實施設計三步走方案，即由政府授權國民參政會本屆大會推選若干人組織起草委員會，來制定一部可以使全國遵守的憲法；在國民大會未召開之前，行政院暫時對國民參政會負責，省縣市政府分別對各級臨時民意機關負責；國民政府於最短期內，頒布憲法，結束黨治，全國各黨派一律公開活動，共維國命。同時還強調：國家乃全國國民之國家，非一黨一派之國家；政府乃全國國民之政府，非一黨一派之政府；只有結束黨治，實行憲政，才能收拾人心與集中人才，達到人人為國勝於為黨、人人愛國勝於愛黨的目的，並最終取得抗戰的勝利。〔註66〕就事實而論，抗戰勝利與實行憲政是否存在某種必然關係，或許沒有人敢給出肯定的回答；但張君勱等人企圖借抗戰救亡的機會，來打破國民黨既有的黨國體制以實行憲政的目的，則是毋庸置疑的。

經過張君勱等中間派人士的努力以及共產黨人的從旁協助，國民黨領袖蔣介石為俯順民心輿情，指定組成了由各黨派人員參加的憲政期成會，名義是協助政府，促成憲政。在此情況下，作為會議召集人之一的張君勱自然倍感興奮，因為畢竟由此似乎可以看到憲政在中國實現的曙光。故而，他不僅積極參加憲政期成會的各項工作，為《中華民國憲法草案修正草案》及其說明書的制定獻計獻策；而且為進一步闡明和宣揚自己的憲政主張，還以民盟領導人的身

〔註66〕孟廣涵主編：《國民參政會紀實》上卷，重慶出版社1985年版，第581～588頁。

份，公開發表了《與居覺生先生論民主憲政書》，希望通過與國民黨高層對話這樣一種方式，來達到擴大自己憲政主張的目的。然而，儘管張君勱及其同志在整個抗戰期間，充分利用一切活動與機會為實現其民主憲政的理想，不斷地嘗試著自己的努力，但以「保姆」自居的國民黨，畢竟難以接受憲政體制下與各在野黨平等競爭國家政權的現實。所以，經過全國人民的浴血奮戰，抗戰是勝利了，但張君勱以抗戰來促憲政實現的理想，不僅沒有隨著抗戰的勝利而變成現實，相反倒有點因為抗戰的勝利而變得更加遙遠。自然，視憲政為神聖使命的張君勱，只得為實現自己的理想而繼續奮鬥。

因此，當 1946 年 1 月政治協商會議在重慶開幕後，作為民盟代表的張君勱積極與會，並在充分瞭解歐美國家憲法優劣和吸取此前中國憲法草稿成果的基礎上，通過《政協憲草》特地就國民黨的《五五憲草》提出了十二條修改原則。其中針對《五五憲草》中將行政權集中於總統一人的弊病，張氏主張中央政府應採取美國總統制與英國內閣制相混合的體制，即總統由國民大會選舉為國家元首，負擔國家重任，但公布法律、發布命令，必須經過行政院院長副署方能生效；而行政院為國家最高行政機關，其行政權力的行使要受立法院的制約，不僅行政院長在得到總統提名後，必須經立法院同意才能任命，而且行政院要對立法院負責。這樣，既克服了總統一人權力獨大的惡果，也防止了行政院一家尾大不掉的隱患，同時也充分維護了立法院作為國家最高立法機關的傳統。並且鑒於《五五憲草》中直接行使民權的國民大會與間接行使民權的立法院，在職能上存在重疊、在隸屬關係上存在法理矛盾的弊端，張君勱建議：國民大會應以選舉總統、修改憲法為限，不必另有任期和職權；而立法院作為國家最高立法機關，應由選民直接選舉之，其地位相當於歐美民主國家的議會。如是，國民大會與立法院在實際運行過程中，便結成了一種「相濟為用」的關係，免去了因同屬代議機關而可能引發的矛盾與衝突，更甚者立法院也能夠真正履行法律監督政府的職責。

不僅如此，張君勱為了實現自己的憲政理想，在鑒於國民黨制定憲法時對自己憲政主張部分吸納的情形下，公然違背民盟決議，帶著自己所屬的民主社會黨，參加非法召開的國民大會，充當起國民黨虛假憲政的民主花瓶。張君勱的此種舉措，在其自身看來，也許是出於對自己憲政理想的忠誠和守望，而不得不採取的一種對策。因為在國共政爭、軍爭益發激烈的情況下，適宜於中間派人士及其中間路線所需要的政治生態已經漸行漸遠，那麼，原先期望依靠中

間派人士力量、通過走中間路線辦法來實現憲政的計劃，已經變得越來越不切實際；這樣，就只能依靠國共兩黨來實現自己的主張，但是，根據當時的實際情況，共產黨相對於國民黨而言，希望更加顯得渺茫，這中間不要說共產黨日後願不願意幫助他落實其憲政主張，單是其在與國民黨政爭、軍爭中是否能保全自我或全身而退，就需打上一個大大的問號，而國民黨不僅擁有國家名器號令全國，在政治、經濟、軍事諸方面，力量遠勝於共產黨，而且折節下士把自己的一些憲政主張吸收到國家憲法之中。因此，權衡得失，即使明知國民黨不是那麼可靠，張君勱也只得為了心中的那份信念，帶著幾分投機與僥倖，而做出了違背中間路線的固有立場、脫離自己隊伍的決策；但在旁觀者看來，張君勱此舉，無異於緣木求魚或揚湯止沸。因為張君勱及其民社黨從民盟中脫離出來而靠近國民黨，不但極大地削弱了中間派人士的力量，造成中間派人士內部不必要的動盪和混亂；而且有力地助長了國民黨對自己專制的自信，從而更加懷疑中間派人士的政治操守與信仰。不過，作為局中人的張君勱，已經無暇顧及這麼多了，因為自晚清到民國，近四十年的憲政追求，已經讓他為實現理想而變得更加的迫不及待。

遺憾的是，不久以後，無情的現實偏偏跟張君勱開了一個殘酷的玩笑，其憲政理念不僅在國民黨黨國體制的揉壓中變得面目全非，而且在中國共產黨新民主主義革命的凱歌聲中變得煙消雲散。因此，從表象觀之，這是張君勱個人的悲哀，但從本質分析，又何嘗不是近代以來追求西方民主憲政的中國知識分子的共同悲哀！是以，就此而言，儘管張君勱的憲政理想以破滅而告終，但其希望通過實現憲政來建構現代國家進而實現民族復興的思路並沒有錯。故此，正如陳先初先生在書中指出：「張君勱憲政思想的提出與展開，以中國歷史上特別是民國以來盛行不衰的專制主義統治為其大背景，它是專制主義思想的對立物。它所包含的一些原則，如強調人民主權、尊重基本人權、法治主義以及國家權力的分立制衡等等，都是近代歐美資本主義國家的憲法中所具有的一些基本原則。張君勱將這些原則吸收過來，並按照這些原則起草憲法，規劃憲政，無疑具有積極的意義……雖然張的憲政理想在近代中國不可能實現，同時在新民主主義憲政思潮的衝擊下它的進步性也日益消退，但在它所處的那個時期內，它所代表的仍是一種與專制主義相對立的進步的傾向，其中包含的某些民主原則，並非與新民主主義格格不入。因此，我們無須將其簡單地、籠統地加以否定，而應將其看作近代中國政治思想中

具有相當進步意義的一部分。」〔註67〕先生的觀點，應該是對張君勱憲政主張的是非功過的最好評論。

其二，構建「修正的民主政治」。如果說「憲政」主張是張君勱建構現代國家的原初觀念的話，那麼，其「修正的民主政治」無疑是其此種觀念的發展和具體化。因為相對於憲政主張而言，「修正的民主政治」也許更具有針對性和可操作性。

根據張氏的自述，「修正的民主政治」在國家政權的建構上，主要由以下內容構成：一、國家之特徵，在乎統一的政府，應以舉國一致的精神組織之；二、國民代表會議，由全體公民每若干萬人選出一代表組織之，凡黨綱公開，行動公開，不受他國指揮之政黨，一律參與選舉；三、中央行政院由國民代表會議選舉行政人員若干組織之，各黨領袖一律被選，俾成舉國一致之政府；四、第一次國民代表會議，議決五年以內之行政大綱，此大綱與憲法同等效力，非行政院所能變更；五、國民代表會議之主要職權，在乎監督預算，議訂法律，不得行使法國之所謂信任投票制，以更迭內閣；六、國民代表會議，關於行政大綱之執行，得授政府以便宜行事之權；七、行政院各部部長，除因財政上舞弊情形或明顯違背法律外，不宜輕易令其去職；八、國民代表會議有權監督行政大綱的執行和落實；九、文官超然於黨派之外，常任次長以下之官吏，不因部長辭職而更動；十、國民代表會議之議員，宜規定其中之若干成，須具有農工商技術家或科學家之資格；十一、關於行政及經濟計劃除國民代表會議議定大綱外，其餘細計劃由專家議定。〔註68〕張君勱認為這樣，既充分地吸取了歐美民主政治的優點，又很好地兼顧了中國的實際情況。所以，他曾在文章中滿懷信心地宣稱：「所以我們心目中的修正的民主政治在一方面固是既打破多黨的紛爭，又防止一黨的專擅；而在他方面卻對於多黨或一黨事實上存在亦未嘗矯揉造作加以不容許。總之，修正之道只在一方面須遵從其自然，而他方面須設法矯正其過甚。」〔註69〕張氏之意，其修正的民主政治主張是解決中國當時政治弊病的良藥。所以，陳先初先生在如後推測張君勱提出該主張的樂觀心態時寫道：「他（張君勱）認為，這樣一種政治方

〔註67〕陳先初：《精神自由與民族復興——張君勱思想綜論》，湖南教育出版社1999年版，第119～120頁。

〔註68〕張君勱：《國家民主政治與國家社會主義》，《再生》1932年第2期。

〔註69〕《再生》記者：《我們所要說的話》，《再生》創刊號，1932年5月20日。

案，既體現了對個人自由與權力的充分保障，使人民有平等參政的機會，又克服了政黨間爭權奪利與空言多而實行少的流弊；既保留了議會的立法權與監督權，又使政府的行政權力得到了加強；而文官制的建立與專家的任用，既保持了政府的穩定性，又提高了政府的決策水平。總之，這種政治方案在原則上完全符合民主政治精神，在實施上將黨派的操縱作用失去憑藉。」〔註70〕應該說，從理論上觀之，張氏的此種主張，在某種程度上確實是根治中國現實政治乃至世界政治弊端的一劑良藥，但現實中是否可行？可能就是另外一個問題了，或者說非張氏所能決定了。

　　張氏所陳述的「修正的民主政治」，其實在內容上遠不止這十一條主張，但就其基本原則與宗旨而言，這十一條主張已大體包含在內。因此，即使沒有把「修正的民主政治」的所有內容完全展現出來，也能夠大體知曉其思想輪廓與政治立場，即他所表達的基本觀點主要有三：第一，在政黨政治的基礎上，召開國民代表會議，組織全國一致的聯合政府。因為張氏認為實現政黨政治，一方面使各黨派組成聯合內閣，從而打破國民黨獨霸政權的局面，另一方面使現行國民代表會議能真正地行使立法權，從而在某種程度上達到權力制衡的目的。第二，在抗擊強敵入侵的前提下，主張強化行政權力。為此，張氏不僅明確規定國民代表會議的職權只限於監督預算和議訂法律等方面，而且明確提出國民代表會議不得對政府行使不信任投票權；第三，在專家政治的基礎上，強調建立文官制度。張氏覺得這樣既可以提高政府的行政效率，也可以保證政府對人才開門而不是對黨員開門。

　　或許有人因為張君勱在「修正的民主政治」中對行政權力的強調，而認為其有反西方議會政治的嫌疑，從而否定其民主政治的性質。其實，張氏在國家政治制度的建構上之所以如此，是因為在國難當頭的情況下，覺得只有加強國家的行政權力，才能更好地集中全國的人力、物力以抗擊日本帝國主義的進攻。從此意義上看，張氏的此種集權傾向，可以歸結為在救亡壓倒一切的特定時空下的權宜之計。正如其在評述當時中國自由知識分子所開展的「民主與獨裁」大討論時說：「我們既不是完全贊成十九世紀式之議會政治，但也不是拋棄民主政治。我們雖反對獨裁，但並不對於獨裁長處全不認識……我們今日站在一面議會政治，一面獨裁政治夾攻之中，自然應該表現我們的思想力，表現

〔註70〕陳先初：《精神自由與民族復興——張君勱思想綜論》，湖南教育出版社1999年版，第145頁。

我們的創造力。」〔註71〕事實上也是這樣，到了 20 世紀 40 年代中後期，張氏再也沒有強調行政集權了。

當然，張君勱之所以提出「修正的民主政治」主張，一方面是基於對西方民主政治與中國現實政治的思考，另一方面是出於對自己政治理想的追求與自信。

就前者而言，張君勱根據 19 世紀歐美國家的民主經驗，提出區分民主與非民主有三條標準，即人權之尊重與否；被治者之同意與否；政府之負責與否。〔註72〕換句話說，如果公民的人權受到統治者與政府的尊重，被統治者擁有同意政府決策的權力，政府是一個負責任的政府，那麼就是民主的；否則，就是不民主的。所以，在此三原則的觀照下，張君勱認為：俄國十月革命所建立的無產階級專政、德國納粹黨所建立的法西斯專政以及中國國民黨所建立的黨國訓政，儘管都標榜自己是民主政權，其實都是打著民主旗號的專制政體。為此，他曾站在維護人權的立場，對國民黨剝奪人民言論自由的行為批評道：「所言者非其心中由衷之言，所不言者，乃其心中所鬱結而不能發者。政府更以黨義奔走全國人才，服從者，代之以高官厚祿，反對者則以反革命之罪罪之，是政府唯恐人民不奴顏婢膝，而安望有獨立自尊之人格之養成乎？」〔註73〕如是，英美式民主體制自然成為張君勱建國理想的唯一藍本，並認為只有如此，方能使中國政治走上民主的康莊大道。然而，張君勱並不是沒有發現，由於西方民主國家對自由權的過分強調，使得出現了自由過度的毛病。如其在文章中說：「法國革命以來，歐洲政局上似乎重自由而忽權力。如議會政治之下，各黨林立，使政府不能安定；如人人有結社之自由，因而工人挾工會以聯合罷工。此皆自由權利之過乎其度。」〔註74〕鑒此，在張君勱看來，英美式民主政治固然是中國建立民主政治體制的模板，但為了防止自由的無度與泛濫，並適合中國既有的國情，就有必要對其做適當的修正，以至於他在闡釋「修正的民主政治」主張時，明確地提出了「組織聯合政府」「加強行政權力」「建立文官制度」和「實行專家政治」等主張。

就後者而言，張君勱從自己的憲政理想出發，一則是為了在中國實施西方

〔註71〕張君勱：《民主獨裁以外第三種政治》，《再生》1935 年第 2 期。

〔註72〕張君勱：《民主方法——中國民主社會黨政綱釋義之一》，《再生》1946 年第 134 期。

〔註73〕張君勱：《國家民主政治與國家社會主義》，《再生》1932 年第 2 期。

〔註74〕黃克劍等編：《張君勱集》，群言出版社 1993 年版，第 265 頁。

的政黨政治。如其在文章中說：「我們所想出的修正的擬案是什麼？首先可說的便是：必須建立一種政治制度在原則上完全合乎民主政治的精神；在實施上使黨派的操縱作用不能有所憑藉。於是這種政制，在平時，不拘兩黨或多黨都能運用，即假定無黨亦可運用；而在緊急時候立刻可以集中全民的意思與力量，不分黨派。我們相信這樣制度不是不能創造的。」〔註75〕張君勱的意思非常明確，其修正民主政治的目的，一方面是對西方民主政治的某種修正，另一方面是為了打破傳統的黨派壁壘，尤其是中國現實中所存在的黨派壁壘。二則是為了在權力與自由之間求得一種平衡。如其在《致蔣介石汪精衛信》中就明顯地表達出此種意向，他說：「同人等以為，政治的社會之要素，不外乎二：其屬於國家者為權力，其屬於個人者為自由。為行政之敏捷與夫應急之處置計，豈能不提高權力；為個人之自發自動與養成自己負責心計，豈能不許以言論結社之自由，地方自治，與夫參政大權。唯有此等權利，而後人民有實際上參與政治之機會，而後知輿論界議場上政府中言論之不可以苟發，而高調與笑罵之無濟於事。蓋民主政治之下，人民得真正參加政策之決定，其責任心自養成，其政治知識自增進。及至國難臨頭，尤貴乎事權之統一，與執行之敏捷，彼此同心一德，以最高權力託之於戰時政府。」〔註76〕張君勱其實是在建言國民黨領袖：國難當頭，實行權力相對集中，固然無可厚非，但也應在盡可能的範圍內顧及與維護民眾的自由權利，只有這樣，才能最大限度地把國人整合起來，進行共同挽救民族危亡的鬥爭。

並且為了進一步彰顯自己的觀點，或者說為了避免引起不必要的誤會，張氏在其文章中繼續闡釋道：「處此生死關頭，大家如不能再一致對外，但知各立門戶，則更加滅亡即在眼前，從而有何民眾自由可言？總而言之，個人自由寄託於國家身上，國家全體亦賴個人自由而得其鞏固之道。此即今後立國之要義。從這個觀點來說，中國民主政治之一線光明，即在自由與權力平衡之中。」〔註77〕張氏言外之意，自己之所以特別強調對個人自由權利的約束，並不是主張無節制的權力集中，而是擔心過分的自由，不利於民族的救亡與國家的抗戰。所以有研究者評價道：「『修正的民主政治』制度設計，固然不同於常態下的議會民主制，在制約政府權力和保護人民自由方面存在著一定的缺陷和盲

〔註75〕《再生》記者：《我們所要說的話》，《再生》創刊號，1932年5月20日。
〔註76〕中國人民大學中共黨史教研室編：《批評中國資產階級中間路線參考資料》第3輯，中國人民大學1962年版，第3頁。
〔註77〕張君勱：《立國之道》，商務印書館1938年版，第99頁。

點，但是作為一種應急之制，置於當時特定的時空背景下來看，又是可以理解和無可厚非的。」〔註78〕並且，出於對行政權力過於集中所造成獨裁專制的防範，張君勱在其「修正的民主政治」主張中，對司法獨立尤其看重。為此他強調道：「為遏制行政之專擅計，為保護人民之權利計，為謀政治上之廉潔計」，司法獨立「實為今後政府之必要的條件」〔註79〕。因為他覺得，既然要保障人民的基本自由，那麼對政府的越權行為，不可不加以防範；而最適宜的辦法就是司法獨立，讓法官超然於黨派政見之外，依法秉持公論。

所以，張君勱的「修正的民主政治」，無論是其提出的動因，還是其提出的內容，都有其合理性與必要性，但是在中國當時的現實中，它並沒有實現的可能。原因固然是戰亂不已的中國，根本不可能為此種溫和性的主張發芽開花，提供所必需的氣候與土壤；同時，張君勱本人為實現此種主張而不斷俯仰於權貴及周旋於黨派領袖的投機行為，在某種程度上更是對其造成了拔苗助長的後果。故而，儘管張君勱在其「修正的民主政治」主張中，標榜的基本原則是求得自由與權力之間的平衡，追求的政治目標是為了尋找一條既有別於代議制又有別於獨裁制的第三種政治形式，但實質上既沒有求得權力與自由的平衡，也不可能實現對代議制和獨裁制的修正，相反，倒有可能異化成專制的護符與幫兇。此故，雖然 30 年代，張君勱及其國社黨在不斷地推銷其「修正的民主政治」主張，可響應者甚是寥寥，即便是進入 40 年代，張君勱及其國社黨成為中間派人士最大聚合體——民盟的一部分，可其主張依然還是局限於國社黨同人的圈內。並且，此後隨著國內外政治形勢的變化，張君勱及其同人越來越意識到其「修正的民主政治」的局限，從而也就在政見的宣揚中不自覺地跟其漸行漸遠了。

其三，倡言「社會主義」。社會主義作為一種社會政治學理論，其核心觀點就是主張應把社會當作一個整體來看待，並由社會基於公眾的根本利益，來管理和分配其所擁有與控制產品、資本、土地、資產等；從而在克服現實剝削與壓迫的基礎上，實現社會的公平與正義。正因為社會主義有這麼一種強烈的救世濟民傾向，所以自然成為 20 世紀上半葉一部分中國精英向西方學習的重要內容，而張君勱無疑就是當中的一個重要人物。

〔註78〕翁賀凱：《「修正的民主政治」辨析》，《自由主義與近代中國（1840～1949）》學術研討會論文集，山東聊城 2007 年版，第 235 頁。
〔註79〕張君勱：《立國之道》，商務印書館 1938 年版，第 159 頁。

　　據張氏自稱，他在民國初年留學德國時就開始接觸了社會主義思想。其後，隨著俄國十月革命的勝利和 1919 年初的赴歐考察，使得其對社會主義學說的瞭解大大加深。因此，當以馬克思列寧主義為代表的各種社會主義學說在中國廣泛傳播的時候，張君勱根據自己對社會主義的認知，從而成為 20 年代初宣揚基爾特社會主義的重要代表。不過，由於其反科學社會主義的政治傾向，導致其基爾特社會主義思想，不僅沒有在思想界產生多大影響，而且在馬克思列寧主義者的批判下，很快為許多信奉者所拋棄。然而，張君勱並沒有因中國共產黨的反對和批評，而放棄自己對社會主義學說的興趣，相反更以此來進一步推動自己對社會主義學說的研究。所以，進入 30 年代，張氏在吸取原基爾特社會主義思想的基礎上，根據中國的實際情況與國際上資本主義經濟大危機的現實，以及蘇聯社會主義建設成就，提出了國家社會主義的主張。

　　因為他通過對世界資本主義經濟大危機原因的總結，認為在資本主義制度之下，以私營企業為主體的經濟活動，最容易造成「個人利益」與「社會利益」的直接衝突，而此種衝突的直接結果，則是對社會生產力的極大破壞，所以，完全放任的資本主義經濟模式顯然不適合中國的需要。同時，資本主義世界經濟大倒退的困境跟蘇聯「一五」計劃的巨大成就所形成的巨大反差，又使張氏突然感到計劃經濟的巨大優越性。為此，他分析道：蘇聯對外貿易權操縱於國家，以一國全體為工商單位，故盤旋餘地廣；蘇聯生產與流通不受資本主義原則支配，而由國家統一設計，故避免了生產過剩的出現；蘇聯合全國之心力，以實現其既定的計劃，故事業日興不已，而人民亦無失業之憂；從而充分證明了由國家統一支配一國經濟遠比資本主義國家的放任經濟有效。〔註 80〕但是，出於對公民自由的看護與捍衛，張君勱認為蘇聯這種國家權力過大的政治經濟體制，不僅不能在權力與自由之間求得一種平衡，而且還會造成私人資本經營靈活性的喪失，故而並不主張對蘇聯計劃經濟模式進行原封不動的移植。

　　是以，張君勱從中國的實際出發，主張建立一種歐美自由放任經濟與蘇聯國家計劃經濟相結合的混合制經濟模式，因為這兩種經濟模式各有長短得失，只有把二者結合起來，實行強強嫁接與優勢互補，才更能夠推動社會生產力的發展，否則，絕對排斥一方或絕對抄襲一方的後果，只會讓中國，要麼陷入貧

〔註80〕黃克劍等編：《張君勱集》，群言出版社 1993 年版，第 276 頁。

富惡化的困境，要麼陷入權力專制的泥坑。如其在論證中國經濟的發展模式既不能走歐美道路也不能走蘇聯道路的原因時說：單一的西方自由放任主義，不僅容易導致個人利益與社會利益直接衝突的後果，而且容易造成唯利是圖和貧富差距懸殊的弊端；〔註81〕同理，單純的蘇聯共產主義，既無益於生產者積極性的提高，也有害於民族主義思想的形成，更助長官僚專制主義的滋生。〔註82〕事實上也是如此，對普通民眾而言，那些建築在私人資本主義基礎上的所謂民主、自由之權，往往因經濟上的不平等而變成一堆空頭的許諾；同樣，那些建築在純國家資本主義基礎上的所謂民主、自由之權，同樣因經濟大權的過分集中，常常淪為專制主義的附庸。

因此，他在國家社會黨綱領中提出：「為個人謀生存之安全並改進其智慧與境況計確認私有財產；為謀公共幸福並發展民族經濟與調劑私人經濟計確立公有財產；不論公有與私有全國經濟須在國家制定之統一計劃下由國家與私人各分別擔任而貫徹之；依國家計劃使私有財產漸趨於平衡與普遍，俾得人人有產，而無貧富懸殊之象；國家為造產之效率增加及國防作用計，得以公道原則平和方法轉移或吸收私人生產或其餘值，以為民族經濟擴充之資本；謀民族經濟在世界經濟上取得平等地位並得輔助之，並促進世界經濟問題之解決。」〔註83〕張氏認為這樣，從長期來衡量可以達到實現社會公道的目的，從短期來評估可以達到實現民族自活的目的，更甚者，還能在成效上推動其「修正的民主政治」理想的實現。

為了進一步強調自己主張的合理性，張君勱針對外界不理解其以國家權力約束私人財產的建議，特地在文章中解釋道：「於私人之財產資本與行動自由，限制者若是，何以故？曰為國家之生存耳。處存亡危急之際，私人之生命，尚非己有，財產之立於國家支配之下，更何論乎！」〔註84〕這裡，張氏從民族利益的高度來論證國家計劃經濟的必要性。同時，為了讓自己的主張跟計劃經濟主義者劃清界限，他繼續聲明道：私人財產權包括使用權、轉讓權、享有權與合法勞動所得不受侵犯的權利，但不包括所有者無視社會全體利益而經營管理其財產的權力。譬如農民擁有的私有土地，他可以耕種並受到保護，但如果他任田地閒置和荒蕪，政府就有權干預甚至沒收；再如國家處於非常時期，

〔註81〕張君勱：《國家民主政治與國家社會主義》，《再生》1932年第2期。
〔註82〕《再生》記者：《我們所要說的話》，《再生》創刊號，1932年5月20日。
〔註83〕《再生》記者：《我們所要說的話》，《再生》創刊號，1932年5月20日。
〔註84〕張君勱：《國家民主政治與國家社會主義》，《再生》1932年7月20日。

有權比照先例而對私人財產實行徵收。〔註85〕言下之意，國家對私人財產的管控，並非是無條件的。

進入 40 年代後半期，隨著國內外政治形勢的急劇變化，以及中國國家社會黨與中國民主憲政黨合併的既成事實，張君勱在其社會主義主張中，開始由國家立場向民主立場挪移，由經濟層面向政治層面轉進，並進而提出了經濟民主加政治民主的「新」社會主義思想。其中為表明從政治民主過渡到經濟民主是社會主義必由之路的目的，他以英美民主與蘇聯民主的殘缺性來論證。他說：英美國家沒有實行社會主義，故其國內沒有經濟民主，但由於人民擁有投票權，能有政治民主，故而很容易過渡到經濟民主；而蘇聯雖有經濟民主，但不容許反對黨存在和否認人民自由表達意見的做法，故政治民主難於實現；所以，二者相比較，經濟民主固然對於社會主義的實現有著非常重要的意義，可政治民主更是實現社會主義必不可少的手段，甚或是唯一的途徑。〔註86〕顯然，張君勱在其所謂民主社會主義思想體系中，企圖建立起一種以英美政治民主為體、蘇聯經濟民主為用的理想構架。

為了強調民主社會主義實現過程的漸進性，張君勱主張採用「民主」這種「上梯的慢的方法」，而不效法「革命」這種「跳牆的方法」。因為他覺得，用前一種方法，日子雖慢，但總有一天可以達到經濟民主，使人人有工作，有飯吃，有衣穿，有屋住，進而實現社會主義；相反，如果用後一種方法，社會主義永遠不可能實現，原因是社會真正的變動和發展，不只是政府表面上的改變，把皇帝變成共和國，還涉及財富生產的分配、內外貿易的調整、國民經濟的服務等，而所有這些的改變，單純的暴力革命，不僅不能勝任，而且還會造成革命愈多內亂愈深的後果。所以，張氏最後結論說：社會主義「不是用炸彈、暴力或政變，而是漸進的，根據知識和科學，用教育的方法和民主的方法，求其一步一步地實現」〔註87〕。張君勱在此把其在社會主義實現途徑上的改良傾向充分地表達出來。

此外，出於顯示自我特色或價值的需要，張君勱還對自己所持的某些社會主義主張，進行重點性闡釋。其中，為了表明社會主義出現的必然性與目的的純潔性，特地說：進入 20 世紀以後，西歐資本主義社會中所存在的財富日趨

〔註85〕《再生》記者：《我們所要說的話》，《再生》創刊號，1932 年 5 月 20 日。
〔註86〕張君勱：《民主社會黨的任務》，《再生》1947 年 5 月 17 日。
〔註87〕張君勱：《民主社會黨的任務》，《再生》1947 年 6 月 14 日。

集中、工人大批失業、商業恐慌迭起、女工童工大量使用等社會病態，隨著大規模的經濟危機而變得益發嚴重。於是，人們在對資本主義的懷疑中開始意識到：「今後局面靠幾個大資本家大公司大廠家是應付不了的，換句話說，老的自由主義和資本主義是無法應付將來的，今後惟有以全社會合作打算，而統籌生產消費分配信用等等制度應該如何。亦就是再不能以個人謀利發財為目的，而應以全社會的各得其所為目的。全社會在一個計劃和一個觀點之下，才能建立起新的社會。」〔註88〕同時，針對資本主義社會在勞工、資本、土地所存在的不公道現象，張氏認為它在資本主義社會是無法克服的，但在社會主義社會是完全能夠解決的。因為社會主義通過計劃經濟模式，對全國的生產、消費、分配由國家統一調控，如「實行大工業國有政策，累進課稅方法，或集體農場，使全國富力操於國家之手，勞資兩方都為其雇用者，並以所得之盈餘，除維持生產事業外，悉用之於全國人民之教育及衛生與社會保險等事。其餘若輕工業，小工業，則讓私人自由經營，免得國家行政處處干預人民，以保持人民自發自動經營之精神。」〔註89〕所以，在張君勱的民主社會主義陳述中，不難發現其在標新立異的同時，也包含著試圖給傳統社會主義開闢出一條新路進而也給中國社會主義者指明前進的方向。

綜觀張君勱的建國方案，他主要希望從英美資本主義國家與蘇聯社會主義政權中吸取其優點，然後通過改良的方法，把二者的長處整合起來，建立起具有中國特色的資產階級民主共和國，並進而達到挽救民族危亡、實現民族復興的目的。儘管其在憲政、修正民主政治與社會主義三個方面論證自己的建國方案時，由於個人識見的局限，難免存在著一些言過其實或自相矛盾的主張，但相對而言，其在對西方民主政治精髓的把握上以及對蘇聯社會主義制度的認知上，確實有其獨到的見解，並且也在某種程度上代表了 30 年代中間派人士在政治追求上的最高成就。

故而，雖然張君勱的建國方案不為全體中間派人士所認同是無可諱言的事實，但是他的政治目標基本體現出許多中間派人士的政治訴求同樣是不可否認的。此外，張氏的此種建國方案無疑也為 40 年代中間派人士求索建國路徑提供了某種思路，因為無論從羅隆基的「十足道地的民主國家」構想中，還

〔註88〕張君勱：《民主社會黨的任務》，《再生》1947 年 6 月 14 日。
〔註89〕《中國民主社會黨組織委員會宣言》，中國第二歷史檔案館編：《中國民主社會黨》，檔案出版社 1988 年版，第 169 頁。

是從其他一些中間派人士所倡言的中間路線的政治主張中，都跟張氏的建國思想明顯有著某種家族類似的印痕和輪廓。從此意義上說，在建國目標上，篤行中間路線的中間派人士在 20 世紀三四十年代並沒有本質的不同。

二、羅隆基的民盟建國方案

在中間路線拮抗國共兩黨政治路線的話語體系中，如果說張君勱的建國方案，是 20 世紀 30 年代中間派人士建構現代國家最有力的代表的話，那麼羅隆基的建國方案無疑是 20 世紀 40 年代的代表。

抗戰勝利後，作為中間派人士最大聚合體的中國民主同盟，出於徵集同志、推行中間路線和應對國共建國主張的需要，在 1945 年 10 月召開了臨時全國代表大會。會上，不僅通過了「中國民主同盟綱領」，而且其秘書長羅隆基代表民盟在政治報告中正式提出了要把中國建成一個「十足道地自由獨立的民主國家」的主張，從而既把中間派人士的建國主張昭然於公眾，也把中間路線的政治目標宣示於黨人。

為了說明中國急需建立民主國家的原因，羅隆基在報告中從兩個方面進行了解釋。國內方面，羅氏根據中國自身環境和外患不斷的歷史，提出：「中國過去不能成為一個民主國家，因為中國有外來的壓迫與內在的阻礙。外來的壓迫不推翻，內在的阻礙亦就無從剷除。這八年來中國的老百姓犧牲了無量數的生命財產，今天把日寇的帝國侵略主義打倒了，把外來的壓迫推翻了，這是中國建立民主國家千載一時的機會。倘我們把這個機會錯過了，我們對不起抗戰時期犧牲生命的先烈，同時亦對不起我們的子孫。這次中國民主同盟召集臨時全國代表大會的目的，就在研討怎樣把握住這個千載一時的機會，實現中國的民主。」〔註90〕羅氏的意思非常明確：建立民主國家，是時代呼喚與歷史使命，作為中國民盟人員有義務承擔此種責任。

國際方面：羅隆基認為，戰後的世界，民主已經成為時代潮流與歷史趨勢。為此，他說道：「今後的世界，不容許非民主國家存在，更容許反民主國家的存在，這是不容懷疑的事實……明白些說，今後的中國，非成立一個民主國家不可。因為非民主的國家，在今日的世界上，已沒有存在的機會。」不僅如此，羅氏還提出，戰後的世界政治格局與中國世界五大國之一的政治身

〔註90〕羅隆基：《中國民主同盟臨時全國代表大會政治報告》，中國民主同盟中央文獻資料委員會編：《中國民主同盟歷史文獻（1941～1949）》，文史資料出版社 1983 年版，第 71 頁。

份，也沒有理由不成為民主國家。因為「舊金山會議決定的世界和平憲章及將要成立的世界和平機構，中國與美蘇英法並列，中國是今後世界五個領袖國之一。今後所要建立的新世界，是一個和平的民主的世界。中國今後必要國家自身有了和平，而後才有參加領導世界和平的資格；中國今後必要國家自身有了民主，而後才有參加領導世界民主的資格。從這個觀點上來說，中國今後除了自身成為十足道地的民主國家以外，就沒有第二條出路了」〔註91〕。所以，世界潮流與國際大勢，都在客觀上要求中國必須把自己建設成為一個十足道地的民主國家。

但是，建立一個怎樣的民主國家呢？羅隆基認為建立民主國家的原則，必須立足國情、放眼世界。他說：「民主的意義是跟著時代在演變進步，民主的制度亦是跟著時代在演變進步。拿民主制度上的經驗來比較，英國從議會革命算起有了三百年的歷史，美國從獨立革命算起有了一百七十年的歷史，蘇聯從十月革命算起，有了將近三十年的歷史。別的國家這些經驗，都是中國今後建立民主制度的好的參考材料。同時在一個國家建立一種政治經濟制度，絕不能抹殺自己國家過去的歷史，更不能忽視自己國家當前的情況。中國民主同盟在中國所要建立的民主制度，絕對不是，並且絕對不能，把英美或蘇聯式的民主全盤抄襲。我們要依靠英、美、蘇的經驗，樹立適合中國國情的民主制度，在我們所需要樹立的民主制度上，我們沒有所謂偏左偏右的成見，我們亦沒有資本主義民主，社會主義民主這些成見。我們對別人已經試驗過的制度，都願平心靜氣的取其所長，棄其所短，以創造一種中國的民主。」〔註92〕故而，正是在此原則指導下，羅隆基設計了建設中國現代國家的總構架：拿蘇聯的經濟民主來充實英美的政治民主，拿各種民主生活中最優良的傳統及其可能發展的趨勢來創造一種中國型的民主制度。

所以，為催生中國型民主制度的早日實現，或者說為早日在中國建立起現代民主國家，內政層面，羅隆基分別提出了召開「政治會議」，建立「聯合政府」與組織「國民大會」的主張。因為政治會議的召開，有利於讓全國各黨各

〔註91〕羅隆基：《中國民主同盟臨時全國代表大會政治報告》，中國民主同盟中央文獻資料委員會編：《中國民主同盟歷史文獻（1941～1949）》，文史資料出版社1983年版，第72～73頁。

〔註92〕羅隆基：《中國民主同盟臨時全國代表大會政治報告》，中國民主同盟中央文獻資料委員會編：《中國民主同盟歷史文獻（1941～1949）》，文史資料出版社1983年版，第75～76頁。

派以及無黨派的代表人士集中起來，共同舉行圓桌會議，用和平協商的方式，對當前國家的一切問題逐步地、積漸地求得全盤徹底地解決；聯合政府的組建，則可以把全國各黨各派及無黨派人士代表納入到國家行政體制之中，既有助於實現政治的民主化，也助於實現軍隊的國家化；國民會議的組織，對於擴大政府的政治基礎、結束黨治、實行憲政都有著重要的作用。為了確保自己的主張不被國民黨操控與利用，羅氏警告道：「假使政治會議只是國內在朝與在野黨派間彼此敷衍面子的應酬交際，重要的問題不拿出來談；談了的結果不能拿出去做，那麼，這個會議就失去了他的意義……聯合政府是中國和平、團結、統一的唯一途徑。就拿軍隊國家化這一點來說罷。只有公平的合理的全盤編遣計劃才是最妥善的解決辦法。只有舉國一致的聯合政府，來執行這種計劃，才能取得全國人民的信賴。」而「國民大會既然是結束黨治制定憲法的機關，那麼，第一個同時最重要的一個原則是國民大會必須名副其實，換句話說，國民大會必須是代表真正民意的機關，而不是任何黨派包辦操縱的機關。」〔註93〕在此基礎上，羅隆基還提出成立各級民意機關、嚴格整頓選舉、推行地方自治、實行政府對人才開門、改善公務員待遇、肅清貪污與提高行政效率等主張。藉此希望在內政上掃除影響民主制度建立的障礙的同時，也初步樹立起中國民主制度的雛形。

外交層面，羅隆基根據國際形勢的發展變化，提出了四點主張，即中國應竭誠努力與全世界的民主國家，特別與美蘇英三個強國互助合作，以實現世界和平憲章，完成世界和平機構；中國應堅持與各民主國家共同努力徹底肅清法西斯殘餘勢力，奠定世界民主的穩固基礎；在遠東方面，中國更應特殊努力維持獨立自主的外交政策，解除美蘇間的矛盾，促進美蘇間的親善；取得獨立自主的中國，更應推己及人，援助遠東一切弱小的民族爭取獨立自主與民族解放的鬥爭。〔註94〕這裡，羅氏之所以特別強調中國應與美蘇搞好外交關係，因為他感受到，二戰結束後在遠東勢力大為增強的美蘇兩國，因國家利益與意識形態的衝突，必然會出現紛爭；而作為二者盟友的中國，自然也就成為彼此在遠

〔註93〕羅隆基：《中國民主同盟臨時全國代表大會政治報告》，中國民主同盟中央文獻資料委員會編：《中國民主同盟歷史文獻（1941～1949）》，文史資料出版社1983年版，第79～81頁。

〔註94〕羅隆基：《中國民主同盟臨時全國代表大會政治報告》，中國民主同盟中央文獻資料委員會編：《中國民主同盟歷史文獻（1941～1949）》，文史資料出版社1983年版，第83頁。

東爭奪的焦點；同時，剛從半殖民地困境中解放出來的中國，在發展和建設過程中又必須依賴美蘇兩國的友好幫助；故而制定外交政策的指導思想，中國必須在堅持獨立自主的基礎上，採取兼親美蘇的政策，而不是依賴投靠或左右逢迎的功利政策，只有這樣，中國才可避免成為美蘇衝突的犧牲品，遠東和世界亦才有和平的希望。

經濟層面，羅隆基針對長期抗戰所造成民眾流離失所與國民經濟蕭條凋敝的現狀，在消極方面，提出了救濟難民、救濟殘廢退伍士兵和救濟貧困破產工商業的主張，以穩定社會的秩序；在積極方面，提出了制定合理的現代化的財政金融政策，以及吸收外資和引進國外專門人才的主張，以增強國家在國際上的工商業競爭能力。此外，出於推進國家工業化目的，羅隆基強調，中國未來的經濟政策，不僅應力求計劃經濟與自由經濟相配合，而且應力求經濟制度與政治制度相配合。因為「今後的中國，正處在資本主義已陷入垂死狀態與社會主義的建設已有成就的國際環境中；是處在個人主義趨於沒落，與集團主義日趨昂揚的國際環境中。因此它今後的經濟政策必須兩者兼顧，取其長而去其短」。因為「今後的中國，應該以民主的政治建設民主的經濟，以經濟的民主充實政治的民主。所以，國家在起手工業化的時期，即應制定法律，以政治的力量，取締經濟上的壟斷，保護工業大眾的利益」〔註95〕。顯然，羅隆基的經濟主張，在很大程度上，就是要在中國建立一種既超越資本主義經濟也超越社會主義經濟的新制度。

教育層面，羅隆基為改變國民黨思想統制與黨化教育的現狀，提出了政府應切實保障學術研究的自由、實行教育大眾化、徹底掃除文盲、改善教師待遇、擴大青年求學機會和踐行篤實學風等主張，希望借助於這一系列措施的推行，在中國營造出一種民主教育的新氣象。

此外，羅隆基站在民主立場，特意在其建國主張中，對婦女的權益和地位做了強調。因為他覺得，中國婦女雖在法律上都已取得了平等地位，但中國幾千年來的封建束縛，使得婦女並沒有真正獲得她們應有的權利。所以，他說：「中國果要實現民主，就應該特殊保障婦女的權利，使中國社會實際上真成為男女平等的社會。要達到這個目的，政府應有幾種措施：第一、任何政治機構

〔註95〕羅隆基：《中國民主同盟臨時全國代表大會政治報告》，中國民主同盟中央文獻資料委員會編：《中國民主同盟歷史文獻（1941～1949）》，文史資料出版社1983年版，第84～85頁。

中，特別是各級民意機關中，法律應該規定婦女參加的名額，以保證婦女的權利。第二、婦女職業保障及平等的待遇，國家尤應切實執行。第三、法律不止保障男女教育之平等權利，並應擴展女子受教育的機會，以提高婦女的文化水準，充實婦女的經濟能力。」〔註96〕羅隆基在其建國方案中，把對婦女權益的維護，提高到內政、外交、經濟、教育同一個層面上來探討，固然有其對中國這個有著嚴重男權主義傳統的深層次認識的因素，但更體現出其對民主在實踐過程中所具有廣泛性特質的看重。

　　當然，上面觀點，不可能全部體現羅隆基建立現代國家的全部主張，但其始終圍繞政治民主加經濟民主這一根本原則，並且也始終抱定把中國建造成一個十足道地自由獨立的民主國家。不過，如果我們想對羅隆基建國方案做進一步瞭解的話，其實，我們只要認真研讀民盟 1944 年 9 月全國代表大會通過的《中國民主同盟綱領草案》、1944 年 10 月發表的「中國民主同盟對抗戰最後階段的政治主張」和 1945 年 10 月臨時全國代表大會通過的「中國民主同盟綱領」，不難發現羅氏建國方案的模板，因為正是民盟制定和通過的這些綱領性文件，為羅隆基提供了豐富的思想養分與理論資源，才使得其「十足道地的民主共和國方案」有了源頭活水，更使得其擁有了成為所有中間派人士建國藍圖的法理依據。比如 1945 年 10 月民盟臨時全國代表大會所通過的《中國民主同盟綱領》，其「政治篇」的內容，就是羅隆基建國方案中建構政治制度的依據，或者說羅隆基在其方案中的政治主張，其實就是「政治篇」內容的提煉與濃縮。〔註97〕

〔註96〕羅隆基：《中國民主同盟臨時全國代表大會政治報告》，第 86 頁。

〔註97〕1945 年 10 月民盟臨時全國代表大會所通過的《中國民主同盟綱領》，其「政治篇」的內容為：「一、民主國家以人民為主人，人民組織國家之目的在謀人民公共之福利。二、國家保障人民身體、行動、居住、遷徙、思想、信仰、言論、出版、通訊、集會、結社之基本自由。三、國家應實行憲政，厲行法治，任何人或任何政黨不得處於超法律之地位。四、地方自治為民主政治之基礎，縣以下應行使直接民權。五、縣設縣議會，省設省議會，中央設國會為代表人民行使主權之機關。六、為求地方自治之充分發展，中央與省，省與縣之權限應以憲法明定其採分權制度。七、省於國憲頒布後，應召集省憲會議，制定省憲，其內容不得與國憲牴觸，並應明白規定省長縣長民選。八、國內各民族一律平等，並組織自治單位，制定憲法，實行自治，但其憲法不得與國憲牴觸，國家對於少數民族利益應加以維護，並發揚其固有語言、文字及文化。九、國會為代表人民行使主權之最高機關，由參議院及眾議院合組之，國會有制定法律，通過預算、決算，規定常備軍備，宣戰、媾和，彈劾罷免官吏及憲法上賦予之其他職權。十、參議院由各省省議會及少數民族自治單位選舉代表組

　　在羅隆基「十足道地的民主共和國」方案提出前後，許多中間派人士發表類似的主張予以鋪墊和呼應。如張申府在 1945 年初提出有關國家目前及將來打算的「十四條建議」，其中政治方面主要有：「第一，應即由各黨派，包括國共在內，以及其他地方有力人士，開成協商，訂定共同綱領，組織國民聯盟，成立全國一致的統一政府，以增加抗戰力量，以促進政治進步。由統一政府切實保障人民言論、出版、集會、結社等自由。第二，地方政治與中央與地方關係應即本發揚民力、增強國力、平衡發展、互相依存的原則，加以改進，盡量誘發人民對於國家政治的興趣，盡量容許地方的自治，避免中央過分集權。第三，國共談判應即恢復，站在國家民族立場，並由其他黨派參加，迅速使一切黨派上的懸案都得到適當的解決。」〔註 98〕其後，張申府又在《民主的三種類型》一文中說：現在有蘇聯的民主，英美的民主，中國的民主將是哪一種呢？「對於這個迫切的根本問題，我的答案是：中國的民主既不是蘇聯的民主，也不是英美的民主。中國的民主只是中國的民主。而且中國的民主，既不能說在經濟上要像蘇聯，更不能說政治上要像英美。」〔註 99〕相對於張氏的觀點，潘光旦的論述又有不同，他在《民主理論導演論》一書中寫道：「中國前途的民主政治，一方面有賴於中國舊有的民本化的背景與趨勢，一方面也有賴於國際環境中的種種影響，包括英、美、蘇俄等國的經驗與榜樣在內，而第三方面更有賴於通達而有遠見的政治家與政論家能夠一面參考國情民性，一面就已有的中外關於民主政治的經驗與理論的資料，斟酌損益，慢慢地蔚成一種中國式與中國精神的民主政治。如果第一與第二方面屬於所謂『演』的範圍，第三方面就屬於『導』的範圍了。目前可能還有人以為我們但須效法英美，或但須效法蘇俄，把英美或蘇俄的政制搬過來，反掌之間，

合之，眾議院由全國人民直接選舉之代表組織之。十一、國家設總統副總統各一人，由人民直接選舉，行使憲法上所賦予之職權。十二、國家最高行政機構採內閣制，對眾議院負其責任。十三、司法絕對獨立，不受行政及軍事之干涉。十四、國家應建立健全之文官制度，設立文官機關，掌管文官之考試、任用、銓敘、考績、薪給、升遷、獎懲、退休、養老等事務，文官選拔實行公開競爭之考試制度，非經考試及格者不得任用，文官機關之長官及全國事務官應超然於黨派之外。十五、國家實行普選制度，人民之選舉權，被選舉權絕對不受財產、教育、信仰、性別、種族之限制。」（中國民主同盟中央文獻資料委員會編：《中國民主同盟歷史文獻（1941～1949）》，文史資料出版社 1983 年版，第 66～67 頁。）

〔註 98〕 張申府：《一個呼籲》，《民主與憲政》1945 年第 12 期。
〔註 99〕 張申府：《民主的三種類型》，《華聲半月刊》1945 年 5、6 期合刊。

中國就可以走上民主的康莊大道，我以為這種看法是一個錯誤，姑不論『橘逾淮為枳』之說有幾分科學依據，我們知道社會制度與政治制度絕不是輕易可以移植而長根的，中國民主政治的實際也必須導演在此。」〔註100〕跟張、潘二氏不同的是，周綏章從讚賞的角度，對英美的政治民主加蘇聯的經濟民主的建國理想進行肯定，他在文章中寫道：「我認為政治的自由與經濟的平等，不僅無任何絕對不可調和的衝突矛盾可言，而且正如車之兩輪，鳥之雙翼，引導人類和平進步，缺一不可。沒有政治自由，經濟平等不能良久保持，而人類的精神生活，不能得到解放；沒有經濟平等，政治自由的根基也不緊實，而人類的精神生活，常有匱乏之虞。只有兼採資本主義制度中政治自由與共產主義制度中之經濟平等兩大原則，調和而為一種新的主義、新的路線，才能夠把人類引上真正的和平幸福之路。」〔註101〕此外，戰後施復亮、張東蓀、周鯨文、孫寶毅等中間路線的踐行者所持「調和國共、兼親美蘇」的主張，同樣跟羅隆基建國思想中的內政、外交主張，有著鮮明的親緣關係。所以，從此意義上說，羅隆基的建國主張，並非是他個人的私見，也並非是民盟觀點，而是大多數中間路線踐行者的共同心聲。

　　中間派人士畢竟是個巨大的政治群體，其政治訴求，相對於國共兩黨的政治路線而言，固然可以歸入到中間路線的範疇之中，但對內而言，彼此的差異還是比較明顯的。所以，在現代國家的建構上，儘管張君勱與羅隆基的建國方案，在20世紀三四十年代很具有代表性，可終究難以涵蓋和囊括中間派人士在踐行中間路線過程中所提出的建國主張。換句話說，中間路線在建構現代國家內容方面，還存在其他一些有影響性的觀點。其中，自20年代後半期開始，青年黨人所標榜的借「全民革命」行「全民政治」的主張；〔註102〕

〔註100〕轉引自潘光旦《自由之路》，上海三聯書店2008年版，第219頁。
〔註101〕周綏章：《政治自由與經濟平等》，《世紀評論》1947年第20期。
〔註102〕根據青年黨第一次全國代表大會「宣言」的解釋：「全民革命是不能容許擁兵殃民的軍閥參加。我們不相信殃民者而能與民眾接近，賣國者而能言革命救國。因此我們的革命軍是能愛國救國的革命群眾，不是做臨時買賣的土匪軍閥；是重紀律保鄉邦而能自動的民團、商團、農團，而不是受外人國賊豢養愚弄的軍隊。全民革命的要求，是反抗一切專制者；無論他是貴族專政，軍閥專政或一階級專政，都不是以全國民眾在國家之下有同等權利為念！因此我們全民革命目的必得是全民政治！只有全民政治，才能實現全國國民政治機會的均等，經濟生活的均等……因此凡主張一黨專政或一階級專政，皆為全民革命所排斥，為全民政治所不容！」(《中國國家主義青年團第一次全國代表大會對於時局宣言》，李義彬編：《中國青年黨》，中國社會科學出版社

30 年代初，作為第三黨前身的中國國民黨臨時行動委員會所提出的以「平民革命」建「平民政權」的觀點；〔註103〕30 年代上半期，胡適派學人所倡言的用「領袖專制」立「新式獨裁」的構想；都可以說代表了一部分中間派人士的建國理想，並在當時的思想界產生了一定的影響。然而由於這些觀點，要麼因內容過於空洞而難以實行，要麼因立場過於偏激而阻力重重，要麼因視野過於狹窄而有違時勢等原因，最終既未能受到中間派人士的應有認同，也未能在中間路線的形成、發展與完善過程中發揮其應有的作用。因而，中間派人士在踐行中間路線過程中，雖然鑒於各自學緣、業緣及政見的差異而在建國主張上見仁見智，但就完善性、系統性及影響性而言，當首推張君勱的建國方案與羅隆基的建國方案。

但須指出的是，作為代表中間派人士及其中間路線的建國理想，無論是張君勱的政治方案，還是羅隆基的政治方案，並非完美無缺，其實也有著自身難以克服的缺點。譬如，他們過於對現存政府的依賴與信任，可能導致其方案陷入鏡花水月的困境中。因為他們強調通過政府對經濟的干預和管制，來克服因經濟上不平等而造成個人自由民主權利落空的弊病；但無疑忽略了政府強制手段所催生的經濟平等同樣給個人在政治上的自由民主權利帶來威脅，原因是政府為了追求經濟上的民主，不僅會加大對公民日常生活的滲透和介入，而且還為自己的集權行為披上了一件華麗的外衣。如有人發現：計劃經濟所想像的經濟平等，將使政府權力為了平等的目的，破壞了法律對個人私領域的保

1982 年版，第 135～136 頁。）根據其民國十九年改訂的政策大綱，全民政治的基本內容為：擁護五族共和，反對一黨專制，並主張由國會或國民會議制定共和保障律；保障人民政治上應享有的權利與自由；實行聯省自治，並貫徹民治原則；國會採兩院制，兼用職業代表制與地方代表制；總統民選，採用責任內閣制；保障司法獨立，不得以軍政勢力干涉之；一切行政官吏，均採用公開考試制度；實行男女平等原則；實行蒙藏自治，並尊重其固有之宗教文化；對海外僑民實施國家教育，發展其經濟事業，並保障其政治權利。（《中國青年黨大綱》，《民聲週報》1932 年 4 月 30 日。）

〔註103〕根據其臨時行動委員會的解釋，所謂平民，即「凡是自食其力而不剝削他人的，無論是直接的或間接的參加生產行程的分子，都應該是勞動者，也就是我們所代表的人們：如參加生產的各種工廠工人、手工業者、自耕農、佃農、雇農及設計生產、管理生產擔任運輸分配等等及其他輔助社會生產的職業人員。這些直接的及間接的參加社會生產的人們都是被現存封建勢力及資本勢力壓迫著，都是求解放的平民，所以我們總稱上述這些人們為平民群眾。」（《中國國民黨臨時行動委員會政治主張》，中國農工黨黨史資料研究委員會編：《中國農工黨歷史參考資料》第二輯，出版社不詳，1982 年，第 15 頁。）

障，政府為了達成財富的平等，而取消法律面前的平等。〔註104〕哈耶克則認為計劃經濟是一條把人類從自由導向奴役的通道，為此，他在著作中寫道：「在一個經濟生活受到徹底管制的國家中，甚至形式上承認個人權利或少數人的平等權利都會失去任何意義。」〔註105〕並且，張君勱、羅隆基在其建國方案的設計中，對個人自由與經濟平等何為目的、何為手段的評判上，也存在明顯的價值判斷困境。因為如果實現經濟平等是以維護個人自由為目的，那麼人為干涉的經濟平等，無疑會造成對個人自由踐踏的後果，如是，經濟平等的合理性何在？反之，若以追求經濟平等為目的，那麼個人自由是否能夠得到維護就很值得懷疑，而沒有個人自由的經濟平等，必然就不是真正的經濟平等，或者說絕不是張君勱、羅隆基所倡言與信奉的經濟平等！

　　也許有人會說，張君勱、羅隆基之所以對經濟民主特別強調，其目的是為了維護自由主義的平等原則。此種觀點，不能說沒有理由，並且也不能否認張君勱與羅隆基在強化經濟平等時不抱有此種動機。因為絕大多數自由主義思想家都信奉「天賦人權、生而平等」的原則。正如有人在論述自由主義跟平等原則關係時指出：「平等是自由主義的另一條基本原則。自由主義宣布所有人一律平等。當然，不應忘記，這種平等並不意味著所有人有同樣的能力、同樣的道德理解力或同樣的個人魅力。它的含義是，所有人在法律面前有同等的權利，有權享受同等的公民自由。任何法律不得授予一些人特權或強加給另一些人特殊的歧視；不論一項法律的目的是援助、保護或懲罰，它必須對所有人一視同仁。」〔註106〕問題是，對經濟平等的過分看重和追求，不僅會造成對個人自由的傷害，而且還會否定平等的本身。

　　因此，面對自己建國方案中所存在的缺陷，究竟該何去何從呢？作為當事人的張君勱與羅隆基，無疑難以給出肯定的回答，原因是造成此種結果的，既有個人識見的局限，也有時代束縛的局限，換句話說，這種錯誤，是他們個人的錯誤，更是時代歷史的錯誤。因為在中國這樣一個古老封建卻又多災多難的國度，建立現代國家，無論主觀上，還是客觀上，其缺點與不足都難以避免。

〔註104〕〔美〕霍伊：《自由主義政治哲學》，劉鋒譯，生活·讀書·新知三聯書店 1992 年版，第 86 頁。

〔註105〕〔英〕哈耶克：《通往奴役之路》，王明毅、馮興元等譯，中國社會科學出版社 1997 年版，第 86 頁。

〔註106〕J.Salwyn Schapiao, Liberalism: Its Meaning and History, Princeton: D.Van Nostrand Co., 1958, p.10.

所以有中間派人士面對當時中國民主政治的歧路，曾感言道：「我們到今日還沒有比較完整的民主理論，在中國沒有，在外國也不能說已經具備。我們所有的始終只是一個籠統的原則，在細節上，可能這裡有一些，那裏有一些，有的還沒有湊起來，有的根本湊不起來，湊起來的部分又未必融洽，而湊合的一些部分的總和在分量上離開全部的需要還遠。」〔註107〕就此而言，現代民主政治的真正實現，對中國人來說，也許還有漫漫的長途需要經歷；而跟現代民主政治緊密相關的現代國家，其真正建立起來又何嘗不是如此？

不過，張君勱、羅隆基在其建國方案中，以追求民主和實現民主的名義，所表現出來的強烈平等傾向，並非全無意義。因為他們之所以在其方案中對經濟民主的強調，是由於他們確實發現了西方政治中經濟不平等所導致政治不平等的嚴重後果。誠如阿伯拉斯特在梳理西方民主的歷史時所感慨：「經濟與社會的不平等將政治利益給予某些集團並相應將不利條件給予了其他人，同時，政治平等的民主原則作為一種原則應當意味著不僅是在投票站的平等，而且意味著在進入政治決策制定層的平等，以及在影響整個社會制定的政策和方針中的平等機會，因此，前者和後者之間存在著緊張關係。事實證明，在多數代議制民主政治中，在投票站是我們都擁有龐大權力的地點和時刻——人人皆有投票權。而其他形式權力的分配卻很不均勻，很不平等。」〔註108〕顯然在阿伯拉斯特的話語中，造成這種「不均勻」「不平等」的事實，根本原因就是經濟社會的不平等。

第三節　崇尚民主自由

挽救民族危亡，建立現代國家，固然是中間派人士在踐行中間路線過程中所追求的基本政治目標，但崇尚民主自由，亦同樣是其孜孜以求的目標。因為在中間路線的踐行者——中間派人士看來，民主自由既是挽救民族危亡的重要工具，也是建立現代國家的重要內容；並且正由於對民主自由的追求與捍衛，中間路線才有了異於國共兩黨政治路線的特質。事實上也是這樣，自中間路線在國共政爭的政治格局中逐步形成發展以來，追求民主自由就是其表達政治主張最為常用的方式。

〔註107〕潘光旦：《自由之路》，上海三聯書店 2008 年版，第 219 頁。
〔註108〕〔英〕安東尼·阿伯拉斯特：《民主》，孫榮飛等譯，吉林人民出版社 2005 年版，第 113 頁。

一、宣傳自由觀念

　　何謂民主與自由？對中間派人士來說已不是什麼新鮮的話題，因為早此之前就曾有人做過論述。嚴復在其譯著中說：「自繇（自由）者，凡所欲為，理無不可，此如有人獨居世外，其自繇界域，豈有限制？為善為惡，一切皆自本身起義，誰復禁之？但自入群而後，我自繇者人亦自繇，使無限制約束，便入強權世界，而相衝突。故人曰得自繇，而必以他人自繇為界，此則《大學》絜矩之道，君子所持以平天下者也。穆勒此書，即為人分別何者必宜自繇，何者不可自繇。」〔註 109〕梁啟超則告誡人民不得濫用其自由，因為「濫用其自由，必侵人自由，是謂野蠻之自由。無一人濫用其自由，則人人皆得全其自由，是謂文明之自由。非得文明之自由，則國家未有能成立者也」〔註 110〕。而後的孫中山等革命派對民主自由也有過很好的解讀，如宋教仁在起草的《中華民國鄂州約法及官制草案》中就明確規定人民享有各種自由與權利，如人民法律面前一律平等；人民有言論、集會、結社的權利；人民有通訊自由；人民有信仰自由；人民遷徙自由；人民有保護私有財產的自由等。〔註 111〕特別是新文化運動時期的陳獨秀對所謂「德先生」的鼓吹，更是讓民主作為一種觀念深入人心。

　　進入 20 世紀三四十年代，中間派人士針對國民黨的專制獨裁，從中間路線的政治理念出發，更是大力鼓吹民主自由。救國會人員吳敏在文章中針對輿論界「抗戰需集權」的反民主論調，撰文說：「所謂民主，就是人民經過自己的代表，可以影響政府的政策，決定政府所執行的政策的方向，使政府必然是代表大眾公意的，同時人民又有言論集會等自由。」〔註 112〕同為救國會人員的史良鑒於人們對民主的誤解，特別在大會演講中說：「說起民主兩字似乎很簡單，好像就是叫老百姓做主人，其實並不就這樣簡單。民主是做人的道理，是人類共同生活的方法，也可以說是人生哲學。民主的意義不但包含政治民主、經濟民主，他的基本意義，就是『我是人，大家是人，我尊重自己意見，也尊重別人意見』。」〔註 113〕羅隆基在民盟臨時全國代表大會的政治報告中提出：「民主是人類生活的一種方式，是人類做人的一種道理。這種道

〔註 109〕王栻主編：《嚴復集》第一冊，中華書局 1986 年版，第 132 頁。
〔註 110〕梁啟超：《梁啟超全集》，北京出版社 1999 年版，第 883 頁。
〔註 111〕宋教仁：《宋教仁集》（上），中華書局 1981 年版，第 351 頁。
〔註 112〕吳敏：《反民主運動批判》，《全民週刊》1937 年 12 月 11 日。
〔註 113〕史良：《婦女與民主》，《現代婦女》1945 年第 4 期。

理認定人是目的，社會一切政治經濟的組織，只是人類達到做人目的的工具，人是一切組織一切制度的主人。根據這個道理，所以美國的林肯就說政府應該是『民治、民有、民享』。人是目的，於是許多做人的必要的條件成了不可侵犯的東西。這些必需的條件就是通常所說的人身保障、思想、信仰、言論、出版、集會、結社等等自由。民主承認人是自己的主人，所以承認人的尊嚴與價值是平等的。根據這個道理，人人做人的機會應該平等。人人有了自由平等這些權利，人人做了自己的主人，人人能夠達到做人的目的，使人人得到最大的發展，這就是民主。」〔註114〕梁漱溟在文章中也說：「民主是人類社會生活之一種精神或傾向。」〔註115〕蕭公權則在通過對國內外民主政治的審察後說：「什麼是民主？我們的簡單答覆是：人民有說話的機會，有聽到一切言論和消息的機會，有用和平方式自由選擇生活途徑的機會，有用和平方式選擇政府和政策的機會——而且這些機會，不待將來，此時此地，便可得著，便可利用，——這就是腳踏實地的起碼民主。假使這種起碼的民主尚且辦不到，卻明唱玄虛的高調，暗用武斷的方法，那絕不是民主，而是民主的蟊賊。」〔註116〕施復亮針對國共「黨主」的現實，就什麼是真民主的問題，提出了自己的看法，他在文章中在寫道：「當前民主政治的基本內容，就是要有一個政府，保障一切黨派在同等的機會和條件之下自由存在和發展，不許任何黨派享有政治的、法律的、軍事的、經濟的和文化的特權。倘使缺乏這一基本內容，不管形式如何，一律是假民主或反民主。因此，倘使國民黨不肯改變其政府的性質，即不肯放棄其『絕對政權』，即使有了『憲法與選舉』，也絕不是民主。同樣，倘使共產黨也採用了同樣的做法，那自然也不是民主。」〔註117〕所以，在中間派人士看來，民主不是一種空洞的憲法與選舉，而是一種實實在在的制度與生活。

　　中間派人士在闡釋自己對「民主」認知的同時，也提出了自己對「自由」的看法。周鯨文在文章中寫道：「在消極方面來講，自由是讓人自由自在地活

〔註114〕 羅隆基：《中國民主同盟臨時全國代表大會政治報告》，中國民主同盟中央文獻資料委員會編：《中國民主同盟歷史文獻》，文史資料出版社1983年版，第74～75頁。

〔註115〕 中國文化書院學術委員會編：《梁漱溟全集》（第六卷），山東人民出版社2005年版，第460頁。

〔註116〕 蕭公權：《說民主》，《觀察》1946年第7期。

〔註117〕 施復亮：《中間路線與挽救危局》，《時與文》1947年第8期。

著，如身體自由、居住自由等可以列入這一類。在積極方面來講，自由又是創造人類幸福生活的動力，人們可以自由的思考，自由的創作，自由的結合，如集會結社言論思想等等自由，可以列入這一類。」〔註118〕同樣，吳恩裕也發表了類似的觀點，他說：「自由有消極自由與積極自由兩種意義。消極方面，所謂自由有取消約束或限制之意，例如信仰自由，便含有旁的人和政府不干涉個人不信仰宗教之意。又如言論自由，也同樣反對任何人干涉的意思。積極方面，自由有任意選擇辦法或觀點的意思。例如上述兩種自由，在積極方面，便含有任意選擇宗教信仰、任意選擇言論觀點的意思。」〔註119〕此外，潘光旦也提出了對自由的看法，他說，一個人若同時具有自我認識與自我控制的能力，「則不求自由而自由自至，別人在外表上不容許他自由，在實際上自由還是他的，剝奪不了；否則一切都是空談。」「因為不認識自己，不能度德量力，不知誠中形外之理，便不免妄自尊大，希圖非分；因為不能控制自己，便不免情慾橫流，肆無忌憚……以個人言之，勢必至於放縱不羈，流連忘返，以團體言之，勢必至於散漫凌亂，爭嚷不休。」〔註120〕潘氏的言外之意，自由既非散漫，也非放縱，而是責任與約束。相對於上述諸人對自由的認知，張申府的看法或許更加的開放，他說：「我們所謂自由，本尤在於機會，尤在於發展，尤在於盡性。必須以組織的途徑、設計的方法，著眼在社會，時時在在都以遂生、大生、美生的人生觀或人生理想為所採的道德準衡，而使各個個人都得到最大的發展，都竭盡性分之所能，都踐履職分所應耳，都對人類社會作最大的貢獻，有最多的收穫，達到盡可能地最高的造詣成就。」〔註121〕顯然，張氏並沒有從正面回答自由是什麼的問題，而是用一種寫意的筆調從人性的釋放與個性的發展上來談自由。

儘管中間派人士是如此大力的宣言民主自由，但什麼是民主自由，他們仍如此前的中國知識分子一樣，依然處於見仁見智的狀態。對此，張申府在全面抗戰時期曾針對國人有關民主內涵的不同言說感慨道：「就是對於民主本身，又何嘗已有一致的認識？對於它的本性，又何嘗是人人都已深入或都願深入？豈不是還有許多人還在那兒胡吹？豈不是還有許多人還在那兒哄騙？甚

〔註118〕周鯨文：《論多數人的政治路線》，《時代批評》1947 年第 86 期。
〔註119〕吳恩裕：《自由乎？平等乎》，《觀察》1947 年第 12 期。
〔註120〕潘乃谷、潘乃和選編：《潘光旦選集》（第三集），光明日報出版社 1999 年版，第 66～67 頁。
〔註121〕張申府：《我們為什麼要民主與自由》，《民憲》1944 年 6 期。

至幻想魚目混珠，以假亂真？或則厭惡空談，而卻迴避實行？」〔註122〕不過，他們如此的認知不一，無疑證明了作為一種政治理念，民主自由在中間派人士的政治座標上所處的重要地位，同時也正是這種理念使得奮鬥中的中間派人士有了前進的目標和動力，而且也正是這種理念，使得他們所信奉的中間路線有了組織同志喚起民眾來反抗現實中的獨裁專制的有力武器。當然，中間派人士之所以在宣揚民主自由觀念時，陷於一種各執一詞的困境中，除了各自的識見與立場差異，民主自由本身在內涵上的模糊性與外延上的伸縮性，也是其中的原因。

因此，民主自由究竟是什麼東西？作為其異鄉的中國人沒有統一的答案，固是無可避免；就是其故鄉的西方人，其實又何嘗不是如此？

其中在自由的認知上，孟德斯鳩認為：「自由僅僅是：一個人能夠做他應該做的事情，而不被強迫去做他不應該做的事情。做法律允許我們做的事情的權利……如果一個公民能夠做法律所禁止的事情，他就不再有自由了，因為其他的人也同樣會有這種權力。」〔註123〕阿克頓勳爵給「自由」的定義是：「我用自由一詞指某種保證，使每個人在做他認為屬於自己之義務的事情的時候，都可以受到保護而不受權力當局、多數、習俗和輿論之左右。」〔註124〕布魯諾・萊奧尼則認為：「『自由』可能是指某種狀態，注定了適合那些讚美它的人；自由可能是某種感官體驗不到的對象，會誘導人們關注價值、信念等超乎物質層面的東西。」〔註125〕麥克卡倫則把自由解釋成一種三者之間的統一關係，他說：「任何時候在詢問某個或某些行動者的自由時，它總是這樣的自由，即擺脫某種限制或干涉、阻礙做某事或不做某事，成為或不成為某物的自由。」〔註126〕福柯指出：「自由是一種實踐。因此，事實上可能有許多計劃，其目標是修正某些限制，去鬆開，甚至摧毀它們，但是從其性質來看，這些計劃沒有一個能保證人們將自動地擁有自由，儘管保證計劃本身可以建立這個自由……我認為永遠不會有一個先天性的事物結構來保證自由的運作，只有自

〔註122〕張申府：《民主問題》，《憲政》1945 年第 14、15 期合刊。

〔註123〕〔法〕孟德斯鳩：《論法的精神》上冊，張雁深譯，商務印書館 1978 年版，第 154 頁。

〔註124〕〔意〕布魯諾・萊奧尼等：《自由與法律》，秋風譯，吉林人民出版社 2004 年版，第 31 頁。

〔註125〕〔意〕布魯諾・萊奧尼等：《自由與法律》，第 50 頁。

〔註126〕Gerald C.MacC allum, Jr.,"Nagative and Positive Freedom", Philosophical Review, Vol.76, No.3 (1967), p.314.

由才能保證自由。」〔註127〕與此類似，心理學家馬斯洛以自己特有的視角提出了對自由的看法：「真正的自由意味著：從可供選擇的多種可能性中作出深思熟慮的選擇，這個選擇反映了你真正的願望和最深刻的價值觀，堅決抵制迫使你的意志自由向外部的或內心的力量妥協的壓力。」〔註128〕相對於上述諸種議論，貢斯當對自由的解釋也許更為精當，他說：「自由只是受法律制約而不因某一個人或若干個人的專斷意志而受到某種方式的逮捕、拘禁、處死或虐待的權利。它是每個人表達意見、選擇並從事某一職業、支配甚至濫用財產的權利，是不必經過許可、不必說明動機或事由而遷徙的權利。它是每個人與其他個人結社的權利，結社的目的或許是討論他們的利益，或許是信奉他們以及結社者偏愛的宗教，甚至或許僅僅是以一種最適合他們本性或幻想的方式消磨幾天或幾小時。最後，它是每個人通過選舉全部或部分官員，或通過當權者或多或少不得不留意的代議制、申述、要求等方式，對政府的行政行使某些影響的權利。」〔註129〕什麼叫自由？西方思想家們顯然並沒有統一的答案，相反，而是根據自己的理解與認知，提出自己對自由的看法；也許每個人都認為自己是說法是正確的，可悖論的是，一旦把這些所謂「正確」的說法聚在一起時，人們就會發現，原來每一種說法都不那麼正確！

與此類似，西方學者們在對民主的認知上，也同樣如此。阿伯拉斯特認為：「民主的實質是人民有權力使政府以及使他們的代表們同意接受公眾意志和公眾要求。」「民主不僅僅意味著是誰在做出決定，而且也是一個程序，通過這個程序哪個決定和政策被做出。」〔註130〕而熊彼特認為：「民主方法就是那種為做出政治決定而實行的制度安排，在這種安排中，某些人通過爭取人民的選票取得做出決定的權力。」〔註131〕同時，他針對民主的古典含義：「人民的統治」的說法，尖銳指出：「民主並不是指，也不可能指，按照『人民』和『統

〔註127〕包亞明主編：《後現代性與地理學的政治》，上海教育出版社2001年版，第6～7頁。
〔註128〕〔美〕馬斯洛：《馬斯洛人本哲學》，成明編譯，九州出版社2003年版，第131頁。
〔註129〕劉軍寧等編：《公共論叢·自由與社群》，生活·讀書·新知三聯書店1998年版，第308頁。
〔註130〕〔英〕安東尼·阿伯拉斯特：《民主》，孫榮飛等譯，吉林人民出版社2005年版，第136頁。
〔註131〕〔美〕約瑟夫·熊彼特：《資本主義、社會主義與民主》，吳良健譯，商務印書館1999年版，第395～396頁。

治』這兩個詞的明顯的意義說的人民確實在那裏統治的意思。民主不過是指人民有機會接受或拒絕要來統治他們的人的意願。」〔註132〕杜威提出：民主不僅是一種政治形式，而且是一種生活方式。〔註133〕哈耶克主張：民主只是意味著最高權力應該掌握在人民的多數人或多數人民代表手中，但並沒有指明那一權力應該擴展到什麼程度；所以民主制遠不是理想的政治制度，而僅僅是一種做出大家都能接受的政治決定有所助益的方式：一種「契約」，當人們忘掉這一切，而把它變成一種旨在把實質上的平均主義目標強加於人的藉口時，其缺陷就會立即暴露出來。〔註134〕薩托利強調：「民主是這樣一種制度，其中誰也不能選擇自己進行統治，誰也不能授權自己進行統治，因此，誰也不能自我僭取無條件的和不受限制的權力。」〔註135〕達爾說：「民主既是指一種理想，又是指一種現實。」所以，「當注意力完全集中在什麼上時，就會造成一種處置和使用不當的現實主義。當我們單純強調應是什麼時，我們就會跌進至善論陷阱。當現實主義者與理想主義者發生誤會並為對立的目標相互攻擊時，真正的輸家是民主」〔註136〕。豬口孝等則主張：「民主是一種把公共偏好轉化為公共政策的機制。」〔註137〕學者們的上述觀點，無疑都是自己對民主經過深思熟慮後所形成的真知灼見，但如果要從這些真知灼見中去尋找一個最為權威的答案，顯然是一件不可能的事情。

所以，民主是什麼？一種制度？一種理念？一種決策？一種生活方式？還是什麼都不是？沒有人能夠從正面做出完美的回答。故而，有研究者在思考「民主」究竟是什麼時，不禁感慨道：「然而，只要我們一開始嚴肅思考民主是什麼時，這術語的一般性意思是什麼以及已經意味著什麼時，某些正當的懷疑將開始籠罩自我慶賀的情緒。因為民主在成為事實之前是一種觀念，並且正

〔註132〕轉引自〔英〕戴維・赫爾德：《民主的模式》，燕繼榮等譯，中央編譯出版社1998年版，第225頁。
〔註133〕〔美〕杜威：《新舊個人主義》，孫有中等譯，社會科學院出版社1997年版，第3頁。
〔註134〕〔意〕薩爾沃・馬斯泰內羅主編：《當代歐洲政治思想》，社會科學文獻出版社1996年版，第58~59頁。
〔註135〕〔美〕喬・薩托利：《民主新論》，馮克利、閻克文譯，東方出版社1993年版，第214頁。
〔註136〕〔美〕羅伯特・達爾：《論民主》，林猛、李柏光譯，商務印書館1999年版，第14~15頁。
〔註137〕〔日〕豬口孝等編：《變動中的民主》，林猛等譯，吉林人民出版社1999年版，第5頁。

因為它是一種觀念，故它就沒有單一準確和一致認同的含義。實際上在民主的漫長歷史中，它有著非常不同的意思和內涵，即使今天在不同社會和經濟體制下對它的理解也存在著很大的差異。」〔註138〕

　　因此，既然民主自由原生地的學者們在什麼是民主自由的問題上，見解尚且是如此的不一致，那麼作為移植地的中國知識分子，在民主自由的看法上出現五花八門的情形，也就自在情理之中了。不過，從某種意義上說，中國知識分子對民主自由的不同主張，對於中間路線的不斷彰顯與抵禦來自國共兩黨政治路線的壓力，也許是一種不錯的方式，因為這樣更容易把不同政見、不同背景的人士與團體集結到中間路線的旗幟之下。

二、倡言自由權利

　　對中間派人士來說，民主自由不僅是一種政治理念，而且是一種涉及政治、經濟、思想、文化等各方面的權利。為此他們在宣傳中間路線的各種主張的時候，對民主自由權利的提倡和維護，無疑是當中最為核心的元素。

　　團體方面，如救國會同人在其政治綱領中提出：「保障一切人民有言論、思想、出版、集會、結社、信仰、營業、遷徙、通信之自由，及免於恐懼與免於貧乏之自由，並切實保障人身絕對不許侵犯之自由，廢除現行一切有礙上列自由權利之法令，並撤銷一切特務機關，停止一切特務活動，撤銷一切有形無形的集中營，明令承認各民主黨派的合法地位，釋放一切政治犯。無男女、信仰、種族、財產、教育程度之差別，人民應立即享有創制、復決、選舉、罷免四權。」〔註139〕救國會所強調的這些民主自由權利，雖不是十分全面，但畢竟囊括了民主自由中最為基本、最為重要的權利，並且，這些權利，也是同屬中間派人士的胡適派學人、國社黨人、青年黨人乃至鄉建派人士所共同追求的。

　　全面抗戰爆發後，由三黨三派為主體構建的中國民主同盟，代表中間派人士在其政治綱領中提出：「民主國家以人民為主人，人民組織國家之目的在謀人民公共之福利，其主權永遠屬於人民全體。國家保障人民身體、行動、居住、遷徙、思想、信仰、言論、出版、通訊，集會、結社之基本自由……國家實行

〔註138〕〔英〕安東尼‧阿伯拉斯特：《民主》，孫榮飛等譯，吉林人民出版社2005年版，第3～4頁。
〔註139〕《中國人民救國會政治綱領》，周天度、孫彩霞編：《救國會史料集》，中央編譯出版社2006年版，第721～722頁。

普選制度，人民之選舉權、被選舉權，絕對不受財產、教育、信仰、性別、種族之限制。」並且在經濟綱領中規定：國家應確認人民私有財產權，保障人民有不虞匱乏之自由，保障人民之生存權、勞動權及休息權，並擔負老弱殘廢者之扶養。同時又分別在教育綱領和社會綱領中強調：國家應保障人民學術研究之絕對自由，確保人民享受教育之平等權利；國家應確立適當的人口政策，倡導民族優生，增進兒童福利，建立公醫制度，開闢保險事業，屬行勞工福利政策。此外，針對婦女在社會上的弱勢現實，民盟還特別要求政府：「保障婦女在經濟上、政治上、法律上、社會上之絕對平等。國家對於婦女參政權、教育權、工作權及休息權，並應特別予以保障。」〔註140〕民盟希望通過這樣一種綱領性文件來強調和呼籲人民的民主自由權利，一方面喚起所有中間派人士共同維護屬於自己的合法權利，另一方面引起當政者在施政過程中能夠切實尊重人民正當的權益。

個人方面，一些中間派人士也紛紛要求政府對人民民主自由權利給予應有的尊重。如張君勱針對政府任意踐踏人民思想、言論、出版、信仰等自由權利所產生的嚴重後果，進行描繪道：「國家命脈，寄託於個人之心思才力，個人本其所經歷而思索之，而發表之，以形成一國之輿論，或思想界之論戰，乃一國文化所以進步之大因也。19 世紀以來之憲法，無不公認思想言論出版信仰種種自由為國民之根本權利。反是，雖欲有所言而不能言，所不欲言者，而不能不言，欲有所思者而不能思，所不欲思者而不能不思，如意大利不許反對法西斯主義，蘇俄不許反對馬克思主義，令全國人民屈服於一種主義之下，而學術界惟以低聲下氣為能，則在思想上如喪自由，在道德上不得為獨立自尊之人格，欲求國性民俗之進步，不可得焉。」〔註141〕張氏的意思是，政府對民主思想言論、信仰的禁錮，不僅於國民獨立人格的培養不利，而且還會有害於「國性民俗」的進步。而一個筆名叫「春木」的作者，特意從「人」的角度來強調思想自由的重要。他說：「思想自由，在習慣奴隸生活的來看好像不覺得重要，其實人之所以異於禽獸，便是有了思想自由的緣故。人之所以貴於禽獸，不待什麼哲學家來下定義或給予標準，是不是現今的人都知道因為他能自由支配其活動，規定其目的的緣故？至少在有人類歷史以來，這點人類的可貴處

〔註140〕《中國民主同盟綱領》，中國民主同盟中央文獻資料委員會編：《中國民主同盟歷史文獻》，文史資料出版社 1983 年版，第 66～70 頁。
〔註141〕張君勱：《國家民主政治與國家社會主義》，《再生》1932 年第 2 期。

是證明了的。但是人類能有這點價值，是不是因為人類能自由思想的緣故？所以人之可貴，以其思想能自由也。我們要求思想的自由，也就是因為我們是『人』的緣故。」〔註142〕所以，作者在告誡國民黨當政者，既然我們都是人，為什麼還要限制思想自由呢？

　　沈鈞儒鑒於國民黨借抗戰試圖控制人民自由的行為，批評道：「國內向固不乏反對人民自由者。或謂抗戰要求人民之意見一致，而倡導人民自由，有使人民流入渙散分歧之弊，故於抗戰為不利。殊不知抗戰之所要求者，乃人民意見之真趨一致，而非人民之言論故作和同，更非人民之緘口不言。後者乃限制人民自由之當然結果，實於抗戰為絕對不利。反之保障人民自由，則可使人各盡所欲言，言各得其評價，加此切磋爭辯，方能見說服感動之效，去意見一致之效……或又有人恐言論苟得自由，則國是將難確定。殊不知言論自由之目的，乃在求得真理與真情。人之言論而是，則我將從之惟恐不速；人之言論而非，則我正可利用其發表之機會，而加以根本之克服。」〔註143〕最後，沈鈞儒建議，在抗戰進入最嚴重階段的時刻，切實保障人民言論、出版、集會、結社、信仰等自由，實在是刻不容緩，且無絲毫流弊。同理，鄧初民則建言國民黨「為政不在多言，固力行如何耳」，為此他說道：「如能『力行』，不要說一半的民主動員不成問題，各種設施的民主化不成問題；就是要實行人民的直接選舉及創制、復決、罷官諸權，也決非難事。例如創制權可先從改善兵役保甲制度和動員民眾自定施政綱領開始，以啟發縣鄉區人民的自治自動精神。復決權可先從審查地方政府的預算決算開始，以樹立地方政府廉潔政治的楷模；同時，即以養成人民監督政府的習慣。罷官權可先從人民有權控告任何官吏之非法行為開始，之肅清地方的貪官污吏；同時，即以助長真正的民權。」〔註144〕鄧氏希望國民黨能夠實實在地履行自己的責任與義務，確保人民各項法定的民主自由權利的實現。張申府則在闡釋「我們為什麼要民主與自由」的原因時說：因為在根本上人與人差不多，所以在根本上所有人都應有差不多的權與責；因為國家是大家的，所以國家的事都應有權過問，且都負有一種責任；因為要廣泛地動員，以至統一心志，團結力量，進而打敗強敵；因為只有民主，

〔註142〕春木：《從思想自由到政治自由》，《新路》1928年第2期。
〔註143〕沈鈞儒：《請政府訊即對於言論與研究加強積極領導，修正消極限制，以通民隱而利抗戰提案》，周天度、孫彩霞編：《救國會史料集》，中央編譯出版社2006年版，第687～688頁。
〔註144〕鄧初民：《略論民主》，《聯合週報》1944年3月。

乃能適應國際已經造成的民主潮流，並與民主的盟國聯合作戰，然後才能立國於斯世；因為只有民主，才能容許人人或最大多數人的才力都得到最大化的發展和利用；因為民主最合乎於科學，最合乎於科學法；因為民主最近於中國天下為公的大同理想，最近於「仁」與「中」的哲學，最近於恕道，最近於講情理、講理性的風尚。而我們要自由，因為沒有自由，民主是不可能實現的；所以我們需要言論、出版、機會、結社、身體、居住、職業、思想、學術、學習、研究、講學以至於免除匱乏、擺脫恐懼、不至賦閒的自由。〔註145〕顯然，張申府一方面從人、國家、抗戰、世界潮流、個人發展、科學方法及傳統文化等角度，論述了民主之於國人的重要性；另一方面從民主的角度，指明了自由的重要性。

不過，國民黨及其政府並沒有接受中間派人士的建議，相反，而是出於維護自己的政治路線與鞏固自己的政權統治需要，不時對人民合法的自由民主權利進行踐踏。此故，戰後著名中間派人士儲安平為了捍衛人民自由權利，特地在《觀察》雜誌創刊號撰文說：「自由不是放縱，自由仍須守法。但法律須先保障人民的自由，並使人人在法律之前一律平等；法律若能保障人民的自由與權利，在人民必守法護法之不暇。政府應該尊重人民的人格，而自由即為維護人格完整所必要。政府應該使人民的身體的、智慧的及道德的能力，作充分優性的發展，以增加國家社會的福利，而自由即為達到此種優性發展所不可缺少的條件。沒有自由的人民是沒有人格的人民，沒有自由的社會必是一個奴役的社會。我們要求人人獲得各種基本的人權以維護每個人的人格，並促進國家社會的優性發展。」並要求：「民主不僅限於政治生活，並應擴及經濟生活；不但政治民主，並須經濟民主。」〔註146〕顯然，儲安平在告誡國民黨當政者，不要視自由民主權利為洪水猛獸，相反，而應該保障人民正當的民主自由權利，因為這樣，既有助於國人個體的健康發展，更有助於國家社會的「優性發展」。

可見，中間派人士為維護人民的民主自由權利，不僅在中間路線的主張中，把民主自由權利一一列舉出來，告訴人民民主自由權利是什麼，而且在踐行中間路線主張時，對破壞民主自由權利的行為進行譴責和批判。不過，中間派人士也非常清楚，在國民黨一黨專制的政治生態下，這種文字上的要求、言

〔註145〕張申府：《我們為什麼要民主與自由》，《民憲》1944 年第 6 期。
〔註146〕儲安平：《我們的志趣和態度》，《觀察》1946 年第 1 期。

論上的宣傳，雖然有助於民主自由權利的維護，但畢竟在制度上缺少可操作性，是以，中間派人士在大力倡言民主自由權利的同時，其實也在大力鼓吹憲政法治，試圖建立起一種真正現代意義上的憲政體制，藉此以確保中間路線所崇尚的民主自由權利的實現。

三、鼓吹法治

憲政法治，如同民主自由一樣，自 19 世紀末以來就是中國知識精英救亡過程中經常言及的話題，不同的是，前者更側重於制度的建構，而後者更傾向於權力的維護，不過，關係上兩者卻緊密相連，即前者為後者的貫徹與落實保駕護航，後者則是前者價值與意義的重要體現。所以，如果談憲政法治，民主自由就是繞不過去的話題，反之亦然。就此而言，兩者本質上其實是一個銅板的兩面。遺憾的是，儘管自 20 世紀初開始，無論是當政者，還是知識界人士，都試圖在中國建立起一種憲政法治的制度，但其成效，卻如同人民的民主自由權利一樣，除了充當武人政治的合法性花瓶外，就只能經常停留在文本與口號當中。即使歷史的車輪進入到 30 年代，中國的憲政法治體制，仍然沒有建立起來，而人民的民主自由權力也一如從前，依然是當權者用來籠絡與蒙蔽人民群眾的工具。對此，陳啟天曾對中國長期以來缺乏法治的現實有過非常精準的陳述，他說：「近十數年來，我國亦知法治的重要，先後仿行依法治國的辦法。然以政治積習偏重人治，迄猶未能建立起法治。故頒布的新法律雖多，多半等於具文，未曾實行。法律於己有利，可以偶而引用，否則便棄之不管。實在說來，人人心中，幾無法律這個東西。縱令迫於功令，稱引法律，也多是虛應故事，毫無實際。政治難上軌道，自難怪了。」〔註 147〕

故而，自 20 年代末開始，處在國共兩條政治路線所構建的政爭格局中的中間派人士，鑒於憲政法治與民主自由的相互關係以及它們在中國的現實境遇，特別強調實行憲政法治，藉此來防範和取代國民黨的黨國體制，進而在此基礎上來確保人民自由民主權利的實現並維護自己所篤行的中間路線。因為他們非常清楚，在現實中的黨國體制下，即使國民黨不想侵犯人民的自由民主權利都難，更不用說有意為之了。為此，早在南京國民政府建立初期，胡適針對國民黨隨意踐踏人權的行為，發出了「快快制定約法以保障人權」的呼聲。羅隆基則在對國民黨黨頒「約法」進行逐條批駁的基礎上，發表感言說：「我

〔註 147〕陳啟天：《新中國與現代化問題》，《國光旬刊》1938 年 7 月 9 日。

們覺得走上法治的軌道，重要的條條，是守法的精神。是全國人民，站在平等的地位，遵守法律的精神。在法治上，『智者做法，愚者守法』的傳統，一定要打倒的……我們對這次約法，儘管有許多不滿的話，然而，公開地說，約法是你們國民黨製造出來的，是國民黨的要人起草且舉手通過的。如今，我們小民就恭恭敬敬的要求兩件事：（一）黨國的領袖們，做個守法的榜樣！（二）國民黨的黨員，做個守法的榜樣！」〔註148〕羅隆基的意思非常清楚：國民黨所制頒的「約法」，並不是傳統意義上的憲法，在本質上缺乏對民眾的約束力；不過，既然國民黨制定了約法，那麼就不能只當作用來約束別人的工具，也必須用來規範自己的思想與言行。

　　但是，國民黨並沒有因為中間派人士的批評而改變一黨專政的政治格局，也沒有為維護人民的自由權利而收斂自己的獨裁行為，而是不斷地通過行政立法的形式來掩蓋自己黨國專制的事實。誠如王世杰、錢端升在 30 年代所感慨：「約法雖已頒布，而黨治制度初未動搖，統治之權仍在國民黨的手中。」〔註149〕所以，王造時、彭文應、潘大逵等一批自由知識分子在其所主辦的刊物創刊號上，明確揭櫫「依法治國」的主張，以對抗國民黨「黨在國上」「黨外無法」的現實，其中宣稱：「我們認定所有國家的組織、職能及事業，國家與個人及團體的關係，個人與個人的關係，個人與團體及團體與團體的關係，皆須建築在國家法律規定之上。國家必須有憲法及其他法律，而為全國國民及政府人員所共同遵守。人民在法律上，應一律平等，不應有超法律的個人、團體或階級。凡個人或團體有違背國家法律的行動，不論其居何地位，有何權勢，皆應受同等的制裁。我們又認為法理性須為國民公共意志的表現，其指定應有國民直接的或間接的參加；否則，沒有統治全民的權威。因此，我們反對個人立法、黨派立法、階級立法，及一切欽定的憲法、約法及法律；更反對數千年來的人治主義。」〔註150〕王造時等人的政治主張，顯然是對國民黨「黨即國家」「我即法律」政治行為的否定，更是對憲政法治體制的呼喚。

　　為了引導民眾對憲政法治的瞭解與認同，同時對國民黨藉口憲政條件不具備而緩行憲政的行為進行揭露，中間派人士還特地就什麼是憲政與法治進行了詮釋。

〔註148〕羅隆基：《對訓政時期約法的批評》，《新月》1930 年第 8 期。
〔註149〕王世杰、錢端升：《比較憲法》，商務印書館 1999 年版，第 471 頁。
〔註150〕王造時等：《我們的根本主張》，《主張與批評》1932 年 11 月 1 日。

　　就憲政而言，胡適針對國民黨所強調的軍政之治、訓政之治、憲政之治的三階段論，認為實行憲政，沒有必要經歷那樣煩瑣的過程。他說：「憲政不是什麼高不可攀的理想，是可以學到的一種政治生活習慣。憲政並不需人人『躬親政治』，也不必要人人都能行使『創制、復決、罷免』各種政權。民主憲政不過是建立一種規則來做政府與人民的政治活動的範圍；政府與人民都必須遵守這個規定的範圍，故稱憲政；凡有能力的國民都可以參加政治，他們的意見都有正當表現的機會，並且有正當方式可以發生政治效力，故稱為民主憲政。」「憲政可以隨時隨地的開始，但必須從幼稚園下手，逐漸升學上去。憲政是一種政治生活的習慣，唯一的學習方法就是實地參加這種生活。憲政的學習方法就是實行憲政，民治的訓練就是實行民治。就如同學游泳必須下水，學網球必須上場一樣。」「現在需要的憲法是一種易知易行而且字字句句都就可實行的憲法。憲政的意義是共同遵守法律的政治；憲政就是守法的政治。如果根本大法的條文就不能實行，就不能遵守，那就不能期望人民尊重法律，也就不能訓練人民養成守法的習慣了。」〔註151〕因為在胡適看來，憲政並沒有如國民黨說的那樣複雜與煩瑣，也不一定需要老百姓具有很高的政治素養。與此類似，王造時也用同樣的筆調則對憲政的重要性予以說明，他說：「政治好比球戲，憲法好比規則，憲政好比有規則的球戲。若比賽足球，而沒有規則，或有規則而不遵守，那麼結果只有踢得頭破血流。政治勢力的鬥爭，若沒有根本大法，或有憲法而大家不執行，結果也只有打得落花流水。」〔註152〕從這些通俗易懂的話語中不難發現，雖然胡適、王造時沒有用非常嚴謹的專業術語來詮釋憲政的內涵，但確實非常具體生動地把憲政的性質、內容與作用表達出來了，同時也順帶地對國民黨故意借憲政而行專制的現實提出批評。所以，張佛泉曾針對國民黨用中山學說中的憲政理論來敷衍國人憲政要求的舉措，一針見血地指出：「孫中山所講的『四權』不過是他的遠大理想，如果我們將孫中山的理想誤當為現實，非要待人民有能力實行『四權』之後而開始憲政，那麼所謂憲政，便不啻畫餅充饑了。」〔註153〕

　　就法治而言，羅隆基《什麼是法治》一文中寫道：「法治的真義是執政者

〔註151〕胡適：《我們能行的憲政與憲法》，《獨立評論》1937 年 7 月 11 日。
〔註152〕王造時：《我們為什麼主張憲政》，《荒謬集》，自由言論出版社 1935 年版，第
　　　　53〜54 頁。
〔註153〕張佛泉：《幾點批評與建議》，《國聞週報》1934 年 9 月 30 日。

的守法。是縮小執政者的特權，提高法律的地位。是執政者與人民居平等守法的地位，他們的一舉一動，要以法律為準則。」「法治的主要條件，不止在國家的基本大法上承認人民權利上一切的原則，而在原則施行上，要有審慎周詳的細則。」〔註154〕法學家韓德培認為：「法治如不建築在民主政治之上，則所謂法治云云，定不免成為少數人弄權營私欺世盜名的工具。惟有在民主政治的保證之下，法治才能成為真正於人民有利的一種制度。也唯有在民主政治的保證之下，法制才更易求其充分徹底的實施。」〔註155〕法學家李浩培則強調：「要講究法治，就更須講求對統治者的權力如何用法律加以限制，使其僅能在法律的範圍內行使其權力。」〔註156〕可見，中間派人士對法治的宣傳，其根本目的就是告訴人民，所謂法治，就是依法治理國家，沒有誰能置於法律之外；同時，告誡執政的國民黨，無論立法者還是執法者，一方面必須遵守法的合法性原則，另一方面必須貫徹「法律面前人人平等」的原則；否則，即使有法，也難以保障人民民主自由之權利，相反只會助長當政者行專制獨裁的作風。

針對國民黨玩弄民主憲政的把戲，中間派人士也予以相應地揭露。其中，法學家錢端升出於對憲政法制理念的信守，就《中華民國憲法草案》中「總統權力」過分膨脹的現實，不無擔憂地指出：「誰能保障國民代表真能由人民自由選舉？真能代表人民？又誰能保障國民大會能行使憲法所賦予它的權力？誰能保障政府各部門的官吏能遵守憲法及法律？又誰能保障違法者會受適當的制裁？」〔註157〕而同為法學家的張友漁就國民黨在憲法草案中對「國民大會」所做出的一些不切實際的規定，特地撰文予以修正，他說：政府召集的國民大會，在性質上，「既不是單純的『制憲機關』，也不能完全漠視『制憲』的任務，它應該是一方面『制憲』，它方面解決實際問題，抗戰建國並重的會議」；在職權上，「（1）制定憲法；（2）審核、決議政府對內對外的重要政策；（3）行使中央統治權，即四種民權等」〔註158〕。因為國民黨在憲法草案中，對國民大會的性質與功能具有明顯單一化傾向，而目的就是借國民大會的外衣來掩蓋其專制的事實。

〔註154〕羅隆基：《什麼是法治》，《新月》1931年第11期。
〔註155〕韓德培：《我們所需要的法治》，《觀察》1946年第10期。
〔註156〕李浩培：《法治實行問題》，《觀察》1947年第12期。
〔註157〕錢端升：《評中華民國憲法草案》，《東方雜誌》1934年11月1日。
〔註158〕張友漁：《國民大會的性質與任務》，鄒韜奮等編：《憲政運動論文選集》，生活書店1940年版，第242頁。

　　此外，出於從制度上再現民主自由的價值取向與功能上保障民主自由的實現，中間派人士還試圖把憲政法治理念貫徹到政治制度的設計之中。

　　在全面抗戰時期的第一次憲政運動高潮期間，由於中間派人士的努力，國民參政會一屆四次會議上通過了《召集國民大會實行憲政決議案》，該決議案分別從治標與治本兩個向度提出了實行憲政的辦法，治本方面：政府明令定期召集國民大會，制定憲法，實行憲政；由議長指定參政員若干人，組織國民參政會憲政期成會，協助政府，促成憲政；治標方面：政府應明令宣布，全國人民除漢奸外在法律上政治地位一律平等；因戰時需要，政府行政機構應加以充實並改進。〔註159〕鄒韜奮為了確保國民黨所實施的憲政能夠真正體現出民主政治的特質，提出了憲政實施前必須解決的三大問題：（一）怎樣得到真正代表民意及鞏固黨派團結的民意機關；（二）怎樣得到真正合於抗戰建國需要及能滿足一般人民希望的憲法；（三）怎樣使憲政不限於少數人，而能成為普及全國人民的政治教育運動，能反映全國人民的公意。〔註160〕因為在鄒韜奮看來，只有解決了此三大問題，不僅憲法內容、民意機關選舉及職權等種種問題可以迎刃而解，而且國民黨在「訓政時期約法」等文件中所規定的最低限度的人權有了切實的保障，只有這樣，方能夠把憲政的制定與實施提上國家政治生活的工作日程，否則只能是一場虛有其表、自欺欺人的政治鬧劇。不僅如此，羅隆基等人通過對國民黨所制頒的《五五憲草》的認真研讀，認為其存在三個重要缺點：「（一）人民政權運用不靈；（二）中央地方權限不清；（三）行政方針列入基本法。」並且，該缺點還會相應造成政府萬能而人民無權、中央與省治權界限模糊以及憲法條文冗長繁複、虛文陳飾的弊病。〔註161〕此故，中間派人士出臺了《期成憲草》，直接對《五五憲草》進行了相應的修正。

　　第二次憲政高潮期間，中間派人士則就民主政治、憲政的實施條件與人權保障等問題又進行社會性大討論。為此，張瀾在《中國需要真正的民主政治》一文中提出了從速實行憲政的四個先決條件：立即公開法定的協議機關，容納各黨派參政員及參政會以外人士，共同審查憲法，促進憲政；立即宣布人民依法享有言論、出版、集會、結社、居住、身體之自由；立即承認國民黨外各黨

〔註159〕孟廣涵主編：《國民參政會紀實》上，重慶出版社1985年版，第593頁。
〔註160〕鄒韜奮：《抗戰三年來民主政治的發展》，《全民抗戰》1940年7月6日。
〔註161〕羅隆基等：《五五憲草修正案》，楊力主編：《中國抗戰大後方中間黨派文獻資料選編》下冊，重慶出版社2016年版，第649頁。

派之合法存在與活動；在憲政實施前，各級準民意機關如國民參政會等應具有
審核同級政府預算和彈劾不法官吏的權力。〔註162〕黃炎培等人在憲政座談會
上認為國民政府若實施憲政，應首先在以下幾個方面採取措施：即地方自治要
切實推進；司法制度應真正改良；廢除特權和特種法律。〔註163〕特別針對國
民黨政制建構不民主的現狀，以沈鈞儒、張君勱、傅斯年等中間派人士為主體
的一批國民參政員在提案中明確提出：政府行動應法律化、政府設施應制度
化、政府體制應民主化等主張，希望國民黨在行政過程中嚴格遵循與實施〔註
164〕。中間派人士黃墨涵則在憲政座談會上認為立憲國家的最基本要求是：保
障人民的身體自由，維護人民的財產自由，承認人民的言論自由；否則，就不
是立憲國家。〔註165〕與此類似，《大公報》針對社會各方人士對憲政的討論，
就其實施步驟提出了四點建議：一、組建能夠容納各黨派參加的籌備國民大會
的工作機構；二、把各方有關憲草討論的意見彙集成冊，公開發表以供各機關
重行研討；三、修改民國二十五年制頒的「國民大會組織法及代表選舉法」有
關過時或不適用的條文；四、重選國民大會代表。〔註166〕可以想見，隨著此
種憲政討論的深入，中間派人士的憲政法治思想也自然為越來越多的人所瞭
解與接受。

當然，中間派人士之所以在全面抗戰時期特別強調憲政法治，一致對外、
共同抗日也是其中的重要目的之一。「因為只有實行憲政，才能推進民主，保
障民主。也只有民主政治的進一步充實，才能解決糾纏不清的黨派問題，並且
完成全國的國民總動員。」〔註167〕故而，為了在國人面前彰顯憲政之於國家
民族的重要性，褚輔成、黃炎培等許多中間派人士在憲政座談會上提出：「抗
戰中實施憲政，是中國憲政的特質，因為只有實行憲政，才能使全國人民有參
加救國的途徑。也只有用民主的方法，政府才能動員全國人民。比方兵役問題、
肅清貪污問題、肅清漢奸問題、後方生產問題，如果不是實行了憲政，實現了

〔註162〕章伯鋒、莊建平主編：《抗日戰爭》第3卷下，四川大學出版社1997年版，
　　　　 第1303～1307頁。
〔註163〕轉引石畢凡《近代中國自由主義憲政思潮研究》，山東人民出版社2004年版，
　　　　 第192頁。
〔註164〕《提請確立民主法治制度以奠定建國基礎案》，《中央日報》1939年2月24
　　　　 日。
〔註165〕《憲政月刊第五次憲政座談話》，《憲政月刊》第6號1944年6月。
〔註166〕《社評》，《大公報》1945年1月5日。
〔註167〕《抗戰與憲政——〈國民公論〉短評》，《國民公論》第2卷第7號。

民主，讓全國人民在政府領導之下積極地努力，來督促，則是很難解決的。所以抗戰中實行憲政，是可以加強抗戰力量，爭取最後勝利。而且抗戰中實現了憲政，抗戰勝利之後，國內團結才能鞏固，勝利才有保障。」〔註168〕而著名中間派人士許德珩針對抗戰不可行憲政的觀點也進行了批評，他在接受採訪時也說：「有些人認為抗戰期間根本就用不著憲政，這是錯誤的觀點。因為要抗戰必須立憲。規定了人民的法律地位，給予人民以民主自由，才能使每個人都能發揮它的力量，才能配合起各方面的力量成為偉大的民族力量。」〔註169〕顯然，中間派人士希望從抗戰救亡的高度來強調實行憲政法治的必要性，同時確保自己所篤行的政治路線在抗戰救亡的大潮中發揮應有作用。

抗戰勝利後，在政協會議上民盟又與中國共產黨一起對國民黨原有的憲法提出了十二條修改原則：即國民大會有選舉與罷免總統的權力；立法院為國家最高立法機關，由選民直接選舉之；監察院為國家最高監察機關，具有同意、彈劾及監察權；司法院為國家最高法院，有大法官若干組織之；考試院實行委員制，其成員須總統提名和監察院同意；行政院為國家最高行政機關，對立法院負責，其主要長官由須總統提名和監察院同意；總統有召集各院院長會商和依法頒布緊急命令的權力；省為地方最高自治單位，省長民選，制定省憲，但不得與國憲衝突；人民享有各項自由及權利，少數民族聚居區擁有自治權；選舉應列專章；基本國策應包括國防、外交國民經濟與文化教育等；憲法修正權屬於立法監察兩院聯席會議，修改後之條文應交選舉總統之機關復決之。〔註170〕中間派人士希望這樣，既能把體現民主自由價值取向的三權分立制度移植到中國的政治制度之中，又能保證人民在國民黨統治下真正享有憲法規定的民主自由權利。即使到了1948年中間路線已經處於內外夾擊的困境，以胡適為代表的一部分中間派人士依然癡心不改。他們在《中國社會經濟研究會的初步主張》中聲言：我們的基本政治主張，是政治制度化，制度民主化，民主社會化；法治必須代替人治，因制擇人，而不能因人設制，執法與制法並重，憲政尤重於憲法；民主制度必基於政黨組織之運用，國內應有並立的政黨，互相批評與監督，並各致力爭取民意的支持，政黨不得假借任何口實，施用暴力壓

〔註168〕《十九位參政員召集重慶第二次憲政座談會》，《新華日報》1939年10月19日。
〔註169〕《給人民以民主自由，才能發揮抗戰力量》，《新華日報》1940年4月9日。
〔註170〕四川大學馬列主義教研室中共黨史科研組編：《政治協商會議資料》，四川人民出版社1981年版，第282～285頁。

迫異己，民意的最後表現為選舉，政權的轉移，應視選舉的結果而定；民主政治，不應只重形式，也應注重行政對於大眾所發生的實惠，我們所要的民主政治，應保障人民基本自由與權利，務使免於恐懼，免於匱乏，免於壓迫，免於剝削。〔註171〕遺憾的是，在當時情況下，中國自由主義者這種最低限度的要求，只能化為中間派人士淡出歷史舞臺前的一曲絕唱。

不過，中間派人士為維護和實現人民的自由民主權利，在踐行中間路線過程中，對憲政法治的不懈追求，還是值得肯定的；儘管成效沒有預想中那麼豐碩和顯著，但畢竟推動了中國民主運動的發展，並有助於中華民族救亡使命的完成與建國任務的推進。

四、本質使然

作為一條處於國共政爭夾縫中的政治型路線，中間路線包含著許多種政治理念，應該是毋庸置疑的事實，但是民主自由為何能從諸種理念中脫穎而出，成為中間路線踐行者——中間派人士的基本政治目標呢？

其一，自由主義使然。中間路線的理論基礎，有好幾種主義與學說，但就其影響與作用而言，自由主義無疑是決定中間路線理論基礎的主導思想。而自由主義之所以能稱其為自由主義，一個根本原因，就是在其構成要素中，自由和民主是當中最為重要的組成部分。因為自由主義若沒有民主，其很可能滑向利己主義或無政府主義的泥坑；若沒有自由，則又極容易墮落成專制主義或極權主義。並且，中外學者在給自由主義定性時，無不考慮到民主自由的因素。羅爾斯在其《正義論》中給自由主義總結出六大基本原則，其中就有個人自決原則，最大限度的平等自由原則；薩皮羅在給自由主義定義時說：「自由主義在所有時代的典型特徵是它堅定地相信自由對於實現任何一個值得追求的目標都是不可或缺的。對個人自由的深深關切激發自由主義反對一切絕對權力，不論這種權力來自國家、教會或政黨。」〔註172〕中國自由主義代言人的胡適認為：自由主義第一層含義是自由，第二層含義是民主，第三層含義是容忍，第四層含義是和平漸進改革。〔註173〕可見，自由主義之所以成為自由主義，根本原因就是在內涵上有著民主自由的思想因子。

〔註171〕《中國社會經濟研究會的初步主張》，《新路》週刊1948年第1期。
〔註172〕J.Salwyn Schapiao, Liberalism: Its Meaning and History, Princeton: D.Van Nostrand Co., 1958, p.9.
〔註173〕歐陽哲生編：《胡適文集》第12卷，北京大學出版社1998年版，第810頁。

　　此外，民主自由作為一種政治理念一直受到那些信奉或主張自由主義人們的尊重與忠誠。早在雅典民主政治時期，其領導人伯里克利在《喪禮上的演說詞》中就非常清楚地表達了此種傾向，他說：「我們的政府為大多數人而不為少數人謀利，這就是它被稱為民主政體的原因。法律方面，所有個別情況不同的人都得到同樣的公平對待。至於人們的社會地位，在公眾生活中獲得擢升的人均具有真才實學而非徒負虛名。有才幹的人不容易受其所屬階級的影響，貧窮亦不至阻擋其前進的道路。能為國家服務的人不因出身低微而受困阻。我們在政府工作中享受的自由，在日常生活中也可得到。我們絕不因嫉妒而互相監視，不因鄰人做自己喜歡的事而生氣，甚至不喜歡常常臉露不豫之色……我們恪守保護受害人的法律，不論其是否明載於法典。即便這類法律不成文，違反者必定蒙受恥辱。」〔註174〕17世紀英國資產階級革命時期，激進派自由主義約翰·彌爾頓就對思想言論自由特別看重，為此他在《論出版自由》一書中寫道：「殺人只是殺死了一個理性的動物，破壞了一個上帝的像，而禁止好書則是扼殺了理性本身，破壞了瞳仁中的上帝聖像。許多人的生命可能只是土地的一個負擔；但一本好書則等於把傑出人物的寶貴心血薰製珍藏了起來，目的是為著未來的生命……因此我們必須萬分小心，看看自己對於公正人物富於生命力的事務是不是進行了什麼迫害；看看自己是怎樣把人們保存在書籍中的生命糟蹋了。」〔註175〕此後美國開國領袖托馬斯·傑弗遜為了防止專制和獨裁、確保人民的基本權利，特意在《獨立宣言》中寫下了這樣一段話：「我們認為這些真理是不言而喻的：人人生而平等，造物主賦予他們某些不可轉讓的權利，其中包括生命權、自由權和追求幸福的權利。為了保障這些權利，所以才在人們中建立政府。而政府的政治權力，則係得自統治者的同意，如果遇有任何一種形式的政府變得損害了這些目的的，那麼，人民就有權利來改變它或廢除它，以建立新的政府。」〔註176〕即便到了現代，自由主義經歷了從古典自由主義到功利自由主義再到新自由主義的滄桑巨變，但民主自由作為其核心價值仍得到自由主義者的普遍尊重。其中無論是對個人自由比較看重的傳統自由主義者如奧克肖特、哈耶克、弗里德曼、諾齊克等人，還是對平等權利更為強調的現代自由主義者如羅爾斯、德

〔註174〕伯里克利：《喪禮上的演說詞》，《名人演說一百篇》，中國對外翻譯出版公司1987年版，第3～4頁。
〔註175〕〔英〕彌爾頓：《論出版自由》，吳之椿譯，商務印書館1989年版，第5頁。
〔註176〕編寫組編：《外國法制史資料選編》，北京大學出版社1982年版，第440頁。

沃金、麥金太爾、泰勒、桑德爾等人，都並不因為在對民主與自由的二者選取中有所偏好而否定其中一方。如哈耶克之所以對社會主義的計劃經濟模式持堅決否定的態度，就是他認為該模式的實施，不僅會破壞自由，而且會威脅民主，從而把人民導向奴役之路。

　　當然，歐美自由主義者這樣，中國自由主義者也是如此。簡單地說，作為中國自由主義之父的嚴復晚清時期就明確提出「自由為體，民主為用」的口號；五四時期新文化運動的知識分子們，在倡言民主法治的時候，同樣對自由相當的看重。高一涵在《自治與自由》一文中寫道：「吾所以以自治與自由命題者，欲以明自由之福，匪可幸致，設不盡自治之功，即無由享自治之報耳……自由乃自治之歸宿，自治實自由之途徑。二者常相得相用，捨自治以求自由，自奴而已矣，自縛而已矣，北轍而南其轅，寧有能達之時邪？」〔註177〕高一涵雖然沒有直接說自由如何重要，但通過對自由與自治關係的議論，無異於無聲勝有聲了。再到國共相爭時期，自由主義思想更是成為許多中間派人士政治言說中的重要內容。1930 年前後，針對國民黨及其政府隨意踐踏人權的現實，胡適一方面要求國民政府快快制定約法以保障人權，另一方面對國民黨的專制獨裁進行強烈的批評。而羅隆基則高居維護人權的旗幟，提出：「人權是做人的那些必須條件。人權是衣、食、住、行的權利，是身體安全的保障，是個人『成我至善之我』，享受個人生命上的幸福，因而達到人群完成人群可能的至善，達到最大多數享受最大幸福的目的上的必須的條件。」〔註178〕40 年代後半期，鑒於來自左右兩大政治勢力對中間路線及其自由主義的批評，鄒文海為自由主義辯護道：「許多人認為自由主義是思想上不負責的態度。一切放縱的行為，都可以美其名曰自由。所以，自由主義盛行以後，社會中就變成漫無標準了。這是對自由主義完全缺乏理解的人的說法。自由不是一個人的自由，而是容許所有人的自由。一個人的自由是專制，而允許大家自由，則我的行為無往不受他人自由的限制，如何能盡量放縱自己而變成漫無標準？自由的社會才可以產生公是公非，一切人當以此公是公非為規範，決不能假自由之名以胡作胡為。」〔註179〕施復亮則在文章中呼籲道：「自由與民主，是要人民自己用力量去爭取的，不是任何人所能恩賜的。老實說，不僅國民黨不能賜給人民以

〔註177〕高一涵：《自治與自由》，《青年雜誌》1916 年第 5 期。
〔註178〕羅隆基：《論人權》，《新月》1929 年第 5 期。
〔註179〕鄒文海：《民主政治與自由》，《觀察》1946 年第 13 期。

自由和民主，就是共產黨也不能賜給人民以自由和民主……我以為保障人民的自由要靠人民自己，保障自由主義者的自由也要靠自由主義者自由。而且自由主義者的自由，主要是用來保障廣大人民的自由的，而不是用來保障自己的自由的。」「自由主義者，可能不是革命主義者，但必然是民主主義者。中國民主政治的實現，必然有待於自由主義者的努力。只有自由主義者，才能自由批判『異見』，同時充分尊重『異見』。只有自由主義者，才能始終堅持民主的原則和民主的精神來從事民主運動，解決政治問題。」〔註180〕可見，民主自由同樣是中國自由主義者政治主張的重要內容。

從此意義上看，對自由主義來說，不管是過去還是現在，是歐美還是中國，作為其核心理念的民主自由，在表現形式上並沒有發生根本的改變。故而，以自由主義作為主導思想的中間路線，其踐行者把民主自由當作其基本的政治理念有其必然性。

其二，民主自由自身使然。如果說自由主義讓民主自由成為中間路線踐行者的基本政治理念，有其內在因素的作用，那麼下面的緣由無疑是其外在的根源。對近代以來中國知識分子來說，他們之所以要熱情接納並倡言自由主義這麼一種異質文明，主要原因就是認為它所包含的民主自由，可以當作一種救亡圖存的工具。譬如新文化運動時期的陳獨秀在陳述其反孔教理由時說：「西洋所謂法治國者，其最大精神，乃為法律之前，人人平等，絕無尊卑貴賤之殊。雖君主國亦以此為立憲之正軌，民主共和，益無論矣……吾人倘以為中國之法，孔子之道，足以組織吾之國家，支配吾之社會，使適於今日競爭世界之生存，則不徒共和憲法為可廢，凡十餘年來之變法維新，流血革命，設國會，改法律及一切新政治、新教育，無一非多事，且無一非謬誤，應悉廢罷，仍守舊法，以免濫廢吾人之財力。萬一不安本分，妄欲建設西洋式之新國家，組織西洋式之新社會，以求適今世之生存，則根本問題，則不可不首先輸入西洋式社會國家之基礎，所謂平等人權之新信仰，對於與此新社會、新國家、新信仰不可相容之孔教，不可不有徹底之覺悟，勇猛之決心，否則不塞不流，不止不行。」〔註181〕陳獨秀在這裡明確表達了西方的憲政法治，是中國建設「新社會、新國家、新信仰」的重要工具，也是中華民族適應於現代世界的必然選擇。

後來的中間派人士，把自由主義當作中間路線的主導思想，不能說沒有抱

〔註180〕施復亮：《論自由主義者的道路》，《觀察》1948 年第 22 期。
〔註181〕陳獨秀：《憲法與孔教》，《新青年》1916 年第 3 期。

有同樣的目的。所以，一方面他們對民主的功能進行熱烈的謳歌。如全面抗戰時期，民盟主席張瀾面對「人才未能集中、民意未能伸展、黨爭未能消弭」的憂危，認為只有實行民主，才能解決當前的危局。他在致蔣介石書中說：「今國民政府已有憲政實施之籌備，憲法草案亦在各地研究討論之中。如能及此時機，加強實行民主，則人才可以集中，民意可以伸展，競爭可以消弭，上下一心，團結奮鬥。目前艱危之局勢，固可以支持，即戰事結束之後，國內統一，國際平等，亦可以順至。如或昧於大勢，遷延不決，徒貌民主之名，而不踐民主之實內不見信於國人，外不見重於盟邦，則國家前途，必更有陷於不幸之境者。」〔註182〕相對於張瀾對民主的滿懷希望，陶行知的期望值或許更高，他在《民主教育》創刊號上撰文說：「照我看來，真正的民主必須包含：一，政治民主；二，經濟民主；三，文化民主；四，社會民主；五，國際民主……民主是中國之救命仙丹。民主能叫四萬萬五千萬老百姓團結成一個巨人。民主能給我們和平，永遠消除內戰之危機。民主好比政治的盤尼西林，肅清一切中國病。民主又好比是精神的維他命，給我們新的力量來創造一個自由、獨立、進步的新中國和一個富足、平等、幸福的新世界。」〔註183〕不難發現，在陶行知的觀點中，民主無所不包，民主無所不能。

　　與此類似，章伯鈞為了強調中國實現民主的重要性，不僅把其跟國家統一、民族抗戰結合起來，而且跟遠東和平、世界和平聯繫起來，他在一篇文章中提出：「中國必須是民主國家，而且民主的制度必須徹底。中國的民主如不能徹底地實現，其結果即是不民主的中國或半封建的中國之延長，對內將無由統一，達到和平的經濟的發展；對外更無以戰勝暴日，立足於民主國際的舞臺。民主國際的舞臺如缺少民主的中國，即等於世界和平的體系不能堅實地建立起來。遠東的危機，太平洋的風雲，將使整個的世界不能得到永久的和平。」〔註184〕無獨有偶，韓兆鶚等也在提案中倡言：「中國抗戰能否勝利，建國能否成功，關鍵是民主；世界和平能否永保，關鍵亦莫不是民主。民主在今天已成為不可抗拒的巨流，我們一切不可落後，我們要迎頭趕上。」「因為只有民主，才能使每個人自願地貢獻出一切來。亦只有民主，方能使貪污斂跡，而增加政

〔註182〕張瀾：《中國民主政團同盟主席張瀾致蔣介石書》，中國民主同盟中央文獻資料委員會編：《中國民主同盟歷史文獻》，文史資料出版社1983年版，第17頁。
〔註183〕陶行知：《民主》，《民主教育》創刊號，1945年11月1日。
〔註184〕章伯鈞：《歡迎民主戰士共同奮鬥》，《民憲》1945年第1期。

治的效能。」〔註 185〕沈鈞儒等則針對戰後人民生活痛苦與國家地位下降的現實，在《民主生活》發刊詞中寫道：「問題的癥結，都在於不民主。只有民主，才能保證我們的勝利，使人民得到勝利果實，享受各種自由，過著和平、幸福的日子。只有民主，才能保持我們已經取得了的崇高的國際地位，才能使中國成為維持遠東以至世界的和平的柱石。」〔註 186〕所以，在一部分中間派人士看來，中國是否實行民主已經超越了國家民族的意義。

另一方面，他們對自由的價值特別看重。如自由主義者潘光旦對自由肯定道：「自由是生命的最大目的，個人要自由，社會也要自由；西方自希臘時代起，中國自先秦時代起，都有此看法。唯有自由的生命才能比較長久的保持它的活力，個人如此，社會也是如此。」〔註 187〕同樣，胡適也在《大公報》上撰文說：「只有自由可以解放我們的民族精神；只有民主政治可以團結全民族的力量來解決全民族的困難；只有自由民主可以給我們培養成一個有人味的文明社會。」〔註 188〕而沈鈞儒鑒於國民黨對人民思想言論的控制，在國民參政會上明確要求政府保障人民言論思想自由，其理由是：「人民自由在平時為重要，在戰事為尤甚。我以半殖民地之國家欲最後戰勝帝國主義之日本，必使全國人民發揮其最高值力量；而欲使全國人民發揮其最高之力量，實必須予人民以充分發表意見之機會，使其一切願望與需要能相當之適應。此理實至顯明。」〔註 189〕因為在他看來，只有廣泛地實行民主自由，給人民以充分的權利，才能真正激發起人民的愛國熱情，實現國家的團結，從而集中力量抵抗日本帝國主義的進攻，並最終戰勝侵略者，把貧窮、落後、專制的中國引向和平、繁榮、文明的道路。相對於前述諸觀點，第三黨人在其戰時政治主張中有關實現自由的作用說得更加具體：「人民有了言論、出版、集會、結社及武裝諸自由，即可以發揮其自發的救國能力。不僅可以在宣傳方面收到增強人民的民族意識，提高人民政治文化水準的效果；而在組織方面，更可以使幾萬萬散沙似的人民，按照其職業、信仰、共同利益等等組織起來，產生行動，發揮力量。

〔註 185〕 《請政府實行民主以利抗戰建國案》，楊力主編：《中國抗戰大後方中間黨派文獻資料選編》上冊，重慶出版社 2016 年版，第 329 頁。
〔註 186〕 《〈民主生活〉週刊發刊詞》，《民主生活》創刊號，1946 年 1 月 9 日。
〔註 187〕 潘光旦：《自由之路》，上海三聯書店 2008 年版，第 34 頁。
〔註 188〕 胡適：《我們必須選擇我們的方向》，《大公報》1947 年 3 月 27 日。
〔註 189〕 沈鈞儒：《請政府迅即對於言論與研究加強積極領導，修正消極限制，以通民隱而利抗戰提案》，周天度、孫彩霞編：《救國會史料集》，中央編譯出版社 2006 年版，第 686 頁。

政府就可以運用人民組織的力量來解決：（一）徵兵和服役問題；（二）集中物力的問題；（三）輔助前方軍隊，擾亂敵人後方；（四）組織已失地區中的人民，並領導其作抗敵運動；（五）維護社會秩序，肅清漢奸；（六）實現政府戰時生產計劃，推行戰時教育。」〔註190〕由此觀之，自由的價值如同民主的功效一樣，都是身處半殖民地、半封建社會深淵的中國人實現民族救亡、建國與復興的必不可少的要素，而以救亡與建國自期的中間路線，其踐行者把它作為自己的政治目標，自當是應然之事。

當然，中間派人士在踐行中間路線的過程中，之所以把民主自由置於跟救亡建國的同等行列，一方面是因為近代以來中國知識分子常把其當作救亡的重要工具，另一方面是由於中間派人士把其當作建立現代國家的重要內容。故此，為了引起國人對自己此種政治目的的認同與支持，中間派人士既在宣示中間路線主張時，從價值上宣揚民主自由的理念；也在批判國民黨獨裁專制時，從功能上倡言民主自由的權利；並且，出於尊重民主自由理念和維護民主自由權利的目的，中間派人士還大力鼓吹憲政法治，希望從法律與制度上來確保民主自由在中國的實現。不過，必須指出的是，儘管中間派人士在現實政治活動中，對民主自由表現出強烈的熱情與執著，但由於民主自由所屬異質文明的特性，以及中間派人士個人間的識見差異，從而造成了言說中的民主自由，不僅呈現出見仁見智的紛亂局面，而且出現相互矛盾甚至截然對立的情形，而中間派人士此種認知上的不統一，或許也是其所奉行的中間路線在與國共政治路線競爭中落敗的重要原因。

小結

中間派人士在篤行中間路線過程中，之所以把救亡、建國與民主自由當作自己的政治目標以拮抗國共兩黨政治路線。因為救亡，既是鴉片戰爭以來所有炎黃子孫所面臨的共同問題，也是所有政治組織建構自己合法性的必要條件；而建國則不僅是戊戌變法以來改良者用來革新現存制度的基本途徑，而且也是革命者用來號召民眾起來推翻現存政權的重要武器，但是用什麼來救亡？所建立的國家又是什麼？長期以來，不同的政治派別或個人，囿於所處時代的

〔註190〕《中華民族解放行動委員會抗戰時期的政治綱領》，楊力主編：《中國抗戰大後方中間黨派文獻資料選編》上冊，重慶出版社2016年版，第277頁。

局限與自身識見的差異，所提出的應對方案各有自己的特色。在此情形下，作為國共政爭格局下逐步成型而發展壯大起來的中間派人士，鑒於當時的政治生態與自身的實際情況，為踐行中間路線，民主自由自然成為其用來宣揚救亡的重要工具與建國的基本內容。正因為如此，民主自由如同救亡與建國一樣，不僅成為中間派人士的基本政治目標，而且成為中間路線的基本政治目標。

　　不過，在當時情況下，無論是救亡還是建國，甚或是民主自由，對中間派人士來說，其所產生的作用與意義，更多的只是形式與表象，因為中國現實的政治問題，畢竟不是崇尚調和與改良的中間路線所能解決的，自然更不是強調理性與自由的中間派人士所能回答的。所以，套用現代常說的一句話，中間路線的政治目標固然很豐滿，但其所處的現實就是很骨感！易言之，中間派人士為踐行中國路線所宣揚的救亡、建國甚或民主自由主張，在當時情況下，更多地只能屬於難以衝出書齋的論政！誠然如此，但中間派人士的愛國熱忱是值得肯定的，因為其在篤行中間路線過程中所表述的觀點與主張，國家民族的利益是第一位的。誠如國社黨領袖張君勱在論及其修正的民主政治之精神時說：「總之，我人之修正的民主政治：（一）以國家之利害，置於第一位，而視各黨之利害居於次位。如是庶可一掃黨爭間爭奪權利與空言多而實行少之流弊。（二）抬高行政權之重要性，而以國民代表會議立法以輔助之。（三）行政之事，部長與文官共同負效率上之責任。庶幾行政處於安定之地位，不致因黨派意見而紛亂。」〔註191〕張君勱意在告訴國人，其為國家所設計的民主政治，目的是在政府與議會之間以求得一種權力的平衡，即防止政府不因議會而動搖，議會也不因自身權力過大而自取滅亡，而不是刻意地標新立異，以張黨勢與聲威。

〔註191〕張君勱：《修正的民主政治之方案》，中國人民大學中共黨史教研室編：《批判中國資產階級中間路線參考資料》第三輯，中國人民大學 1962 年版，第 59 頁。